中文社会科学引文索引(CSSCI)来源集刊
中国知网(CNKI)全文收录

对外汉语研究

第 二 十 七 期

上海师范大学
《对外汉语研究》编委会　编

《对外汉语研究》编委会

主　　编：齐沪扬

编委会成员（按音序排列）：

陈昌来　　崔希亮　　范开泰　　范　晓　　古川裕〔日本〕
李宇明　　陆俭明　　孟柱亿〔韩国〕　　潘文国　　齐沪扬
邵敬敏　　沈家煊　　石定栩〔中国香港〕　　史有为
吴为善　　信世昌〔中国台湾〕　　张谊生　　赵金铭

本期执行编委：齐沪扬　吴为善

本期执行编辑：杜　轶

编辑助理：黄贞贞

目　　录

汉语本体研究

也说副词"干脆"和"索性" ……………………………………… 李宗江（1）
语义羡余的种类、原因及机制 ……………………………………… 卢英顺（16）
语篇宏观结构对复句运用的制约 …………………………………… 李晋霞（27）
现代汉语多音节复合词生成机制初探
　　——以菜名为例 ………………………………………………… 邓　盾（38）
自然口语中"对了"话语功能的浮现 ………………………… 史金生　李　萍（52）
立场调整："话说回来"的功能与规约化 ……………………… 郑娟曼　彭水琴（68）
视点移动的主观加工：虚拟位移意义建构的认知理据 ………… 白雪飞（81）
"VP+的+人称代词"结构的篇章分析 …………………………… 王　敏（90）

世界汉语教学学会"国际中文教育"专栏

国际中文教育标准体系的构建与《等级标准》的落地 ………… 吴勇毅（104）
《国际中文教育中文水平等级标准》和《HSK 考试大纲》
　　语法项目对比研究 ………………………………… 王鸿滨　王予暄（111）

汉语应用研究

英、韩母语学生主谓宾语序组合习得发展研究 …………… 周文华　贾红红（128）
汉语二语句法复杂度测量研究的焦点与进展 ……………………… 张迎宝（143）
外向型离合词学习词典的释义和用法问题：基于词典用户视角
　　……………………………………………………… 韩晓明　王海峰（160）
基于中高级汉语二语口语语篇的指示代词习得考察
　　——以"这"类指示代词为例 ……………………… 黄长彬　许迎春（176）

留学生书面作文中与时间有关的数字使用问题
　　——以 HSK 动态作文语料库为例…………… 钟小勇　盛梦明（192）
实境直播短期中文教学模式师生互动研究
　　……………………………… 丁　涵　丁安琪　刘青华　宋艳杰（206）

补白

《全球华语研究文献索引》出版 ………………………………（37）
"华文水平测试丛书"出版 …………………………………（103）
周小兵等《汉语教材词汇研究》出版 …………………………（110）
《近代汉语官话方言课本文献集成》出版 ……………………（142）
张宝林《汉语中介语语料库建设研究》出版 …………………（205）

也说副词"干脆"和"索性"*

李宗江

摘　要："干脆"和"索性"是两个同义语气副词,对其研究有很多。现有的研究结论如何？是否适合对外汉语教学的应用？对其功能如何表述才更方便教学？这是我们要讨论的问题。本文试图论证这两个副词的主要功能是标记一个超常规事件,尝试以"素描"性方式(少用语言学专业术语)说清两个词的主要功能及其差别,并探讨两词的功能与其历时演变的关系。

关键词:语气副词;功能描写;教学应用

〇、引言

"干脆"和"索性"是现代汉语中的一对常用同义副词,但在对外汉语教学中却不是易教易学的词。《国际中文教育中文水平等级标准》(2021)将"索性"定为高等级词,把"干脆"定为中等级词,也就是说,具备中高级中文水平的外国学习者才能掌握这两个词。从事对外汉语教学的老师要将这两个词的意思和用法给外国学生说明白,并不是一件简单的事。众所周知,在对外汉语教学中,对一个实义的词,要说清意思相对容易,比如用英语的对译词、用汉语的同义词,或者直接用图片、动作等,办法很多。但是对虚词,特别是对类似"干脆""索性"之类意义较虚的语气副词,一方面难以找到严格的外语对译词,①另一方面如用汉语同义词来解释,其前提是学生要熟悉这个同义词,否则就成了以生词解生词。当然,也无法用相对形象化的方式来让学生理解语气副词的意思和用法。在这样的背景下,我们试图在已有研究的基础上,探索一种非专业的表述方式,即少用或不用专业理论、概念,对副词"干脆""索性"的意思和用法做出"素描"性的

---

* 此文主要内容曾在2021年10月10日复旦大学"语言学前沿论坛"上报告,得到多位听讲者的指点,匿名评审专家也给了很好的意见,谨此一并致谢!

① 例如陈灼主编(2012)用"simply,just"来对译"干脆",用"might just as well"来对译"索性",显然学生无法仅仅通过这些对译词来准确理解两个副词的意思(上册72页)。

解说。下文就是我们对此做出的尝试,希望本文的探索能够有利于对外汉语教学的应用,同时也能为针对对外汉语教学的虚词研究提供案例参考。

一、已有研究

已有研究对"干脆"和"索性"的解说和研究,主要有两种方式:

一是同义词释义法。主要体现在工具书和教材里。如:《现代汉语词典》(第7版)(2016)、《现代汉语规范词典》(第3版)(2014)和《1700对近义词语用法对比》(2005)都是用"索性"来解释"干脆",用"直截了当"来解释"索性"。《汉语水平考试词典》(2000)把"干脆"释为"简单爽快",把"索性"释为"直截了当,干脆"。《桥梁:实用汉语中级教程》(2012)的解释是:"'索性',副词,直截了当,相当于口语里的'干脆'。"①学术论文中也有用这种方法的,如魏兆惠、宋春芳(2011)认为北京话的"干脆"有两个副词义,一是"索性"义,二是"根本"义。上文已经说过,这种方法在对外汉语教学中不实用。

二是功能释义法,也就是从副词和中心语或说话者的关系上来说明。主要体现在学术论著里。如史金生(2003a)将"索性"的意义概括为:"用于前景句(因果关系的结果分句)中,表达对于因先行行为不充分而采取的更直接更彻底行为的一种肯定的评价。"邓葵(2005)认为"索性"后的VP为"更彻底超常的行为"。赵春利、何凡(2020)从认知的势迫性、情感的不得已、态度的果断性和意向的自主性四个角度论证"索性"的情态内涵。工具书也有从这个角度释义的,如《现代汉语虚词例释》(1982):"修饰动词,表示某种行为动作在说话者看来,是最干脆最彻底的。"这类研究中一般提到的"干脆"和"索性"的用法特点有:

其一,主要用于谓语之前,也可用于主语之前;

其二,具有话语功能,用于后续句,与前列句之间具有因果或递进关系;

其三,其后的动词为自主动词;

其四,所修饰的动词具有以下语义特征:决断性、可控性、主观意愿性、施动性等。

以上研究结论从不同的侧面,概括出了这两个副词语义和用法的某些方面。但也存在以下两个问题:

一是有的结论经受不住事实的检验。如:

(1)钱康从皮包中掏出一只大钱夹,掖在西服口袋里转身欲走,又回头:"你们

---

① 这说明,目前用于对外汉语教学的辞书和教材与主要的内向型词典,在对两词的释义上没有实质性的差别。

这儿商店在哪儿?""下楼一拐弯。"李缅宁说,"干脆你再带瓶醋算了,家里醋早光了。"(王朔《无人喝彩》)

(2)她悄悄道:"我一个人先进去。你们在外面将木屋围住,等到我招呼时,你们再闯进去。"她为什么要一个人孤身进去涉险?为什么不索性一起闯进去?大家都不懂。(古龙《碧玉刀》)

(3)陈文新任支书伊始,就向干部们宣布:要么一心一意当干部,要么干脆"下海"去!无私才能无畏。(《福建日报》,1994年)

(4)它并不在身体的某一个部位刺激你,或者使你干脆昏迷;它无处不在,无所不到。(张贤亮《绿化树》)

(5)桃子为什么不生得像香蕉,剥皮多容易!或者干脆像苹果,用手帕擦一擦,就能连皮吃。(钱锺书《围城》)

(6)不然就是他和琴妹妹也有了什么不对的地方,所以设下这个毒法儿,要把我拉在浑水里,弄一个不清不白的名儿,也未可知。想到这里,索性倒怕起来。(《红楼梦》第九十回)

(7)他们都小看了这双英国进口高跟鞋。嘉和怎么砍,那鞋跟也稳如泰山,纹丝不动。叶子这就急了,……接过那刀来继续砍。这一刀下去不要紧,高跟鞋索性一个大反弹,一下子蹦到五斗橱上,砸破了一只茶杯,又掉到地上。(王旭烽《筑草为城》)

例(1)中"干脆"用于话轮首句,并不是后续句,与上一话轮也没有关系。例(2)、例(3)中,"索性""干脆"用于后续句中,但与前句的关系不是因果或递进关系。例(4)—例(7)中的主要谓语动词"昏迷""像""怕""反弹"都不是自主动词,也没有决断性、意愿性、施动性等。

二是所用专业理论概念偏多。讲给外国学生,就需要增加理论介绍的内容,如什么叫话语功能?什么叫自主动词?什么叫决断性、可控性、主观意愿性和施动性?等等。这在基础教学阶段讲清楚是不可能的,甚至有些在题目或提要中明确提到教学应用目标和教学建议的文章,也用了过多的专业术语,表述复杂,在教学中难以应用,如邓葵(2005)、赵万勋(2015)等。

由上可知,无论在理论上还是应用上,对副词"干脆"和"索性"的研究仍然存在较大的探讨空间。在现有的研究中,多位学者都提到了其后动作行为具有"超常性"或"超常规性",如史金生(2003a)、邓葵(2005)等,这使我们受到了启发。但大家提到的超常规性,是从中心语语义特征的角度说的,没有对超常规性做出具体分析。什么叫超常规?与"干脆""索性"的功能相关的超常规概念包括哪些内容?下文将做出分析。

二、"干脆"的形、副之分

在现代汉语中,"干脆"不光做副词,还可做形容词,因而在讨论它的功能之前,需要先搞清二者的区别,特别是当二者都做状语的时候。先来看以下的歧义句:

(8) a. 干脆说|吧。　　　　　　　　b. 干脆|说吧。

以上两句话中"干脆"的结构层次如竖线所画,例(8)a 中在"干脆"的"脆"上读重音,例(8)b 中在"说"上读重音。除此之外,二者还有以下区别(表1):

表1　形容词"干脆"与副词"干脆"的区别

区别项	形容词"干脆"	副词"干脆"
后加"点"或"地"	+	-
可重叠(AABB式)	+	-
回答怎么说的问题	+	-
回答说不说的问题	-	+
可移至句尾	-	+
可用"索性"替换	-	+

以上的区别说明例(8)a 句的"干脆"是形容词,例(8)b 句的"干脆"才是副词。前述有的词典和研究中将副词"干脆"释为"直接"或"直截了当",这只能解释形容词"干脆"做状语的情况。

副词"干脆"所在的例(8)b 句预设了一个前提,即存在着不利于"说"发生的因素,这些因素可能是主观的,如原本当事人不想说;也可能是客观的,如利益驱使,上级不准许,等等。一个动作或事件如果是在有利的条件下发生的,是大概率事件,就是符合常规的;如果是在不利的条件下发生的,是小概率事件,就是偏离常规的,或叫超常规的。

基于以上的观察,我们倾向于将副词"干脆"和"索性"的功能表述为:它表示其所在句子代表一种超常规事件,或者说它们是超常规标记。

三、常规与超常规

我们这里所讲的与"干脆"和"索性"相关的"超常规"概念是相对于"常规"所讲的。所谓常规事件包括以下三种情况,即事件的发生符合常理和正常秩序,符合当事人计划、约定或以往做法,符合逻辑规律。超出以上常规的事件就是超常规事件。

3.1　符合常理和正常秩序

在实际的生活中,符合常理和正常秩序的事件是有利于发生的,是大概率事件;否

则是不利于发生的,是小概率事件。如:

(9)(这个小青年不听话),你去劝劝他/你去打他一顿。(自拟)

(10)上完小学上初中。/上完小学上高中。(自拟)

例(9)斜杠前的话代表符合常理的事件,斜杠后的话代表不符合常理的事件;例(10)斜杠前的话代表符合正常秩序的事件,斜杠后的话代表不符合正常秩序的事件。这种常规是由事理或社会规则决定的。

3.2 符合当事人计划、约定或以往做法

人们做事一般是有计划的,遵守约定和习惯的,照这样发生的事情是大概率事件,是常规行为;反之则是相对的小概率事件,是超常规事件。如:

(11)我想明天去见张处长。/不等明天了,今天就去见张处长。(自拟)

(12)连长走前约定,等他回来再撤退。/连长到现在还没回来,咱们撤退吧。(自拟)

(13)这孩子经常做作业做到一半就放下。/既然做了,就一气做完它。(自拟)

以上例中斜杠前的话分别代表计划或约定的事件,或者代表以往做法的事件,如果实际事件是按此发生的,那么就是合常规的。如果实际不是这样,而是如斜杠后所说的这样,那么就是与原来的计划、约定或以往做法不合,这也是一种超常规现象。这种超常规现象是由语境决定的。

3.3 符合逻辑规律

正常的人思考问题、做出判断,要遵守逻辑规律,根据前提得出结论,这样的判断是最常见的,因而是符合常规的,否则是超常规的。如:

(14)他跟好几个女人好过,是个多情种/是个流氓。(自拟)

(15)她偏胖,是个体态丰满的女人/是一堆肉。(自拟)

以上例中斜杠前的话,代表正常的前提和结论关系;而斜杠后的话,在同样的前提下所得出的结论给人以思维跳跃的感觉,与前提的联系较为突兀。无论从逻辑意义上,还是从情感意义上,都很少会这样讲。如果这样讲,需要特殊的语境,如说话人与所谈论的人之间有特殊关系。

3.4 超常规范畴与"干脆""索性"的功能

超出上述常规的事件,就是超常规的事件。在语言中表达常规事件往往是无标记的,如以上例(9)—例(15)所代表的常规事件中,没有特定的语言手段来表示。但表达

超常规事件,往往是有标记的,作为语法范畴的"超常规"事件具有以下特征:

其一,在语言上多由谓词性成分或小句来表达;

其二,由特定形式手段来表示;

其三,判断是否"超常规"的标准是主观性的,即超常规事件是由说话者认定的;

其四,超常规是相对于常规来说的,二者没有绝对客观的界线。

我们认为现代汉语中的副词"干脆""索性"就是用来标记超常规事件的,或者说它们是超常规标记。而含有"按时、按理、准时、逐级、照常"等副词的句子所代表的事件具有常规性,它们不能与"干脆"或"索性"共现。如果共现,只能位于表示常规性的副词或主语之前,这时常规性被改写,如:

(16)干脆(索性)咱们按时上班去/咱们干脆(索性)按时上班去。(自拟)

如果像例(16)这么说,当事者一定是经常或计划不按时上班的人。

再比如"偷、抢、炸、打、杀、讹、欺骗、敲诈"等行为,在文明社会是罪恶或野蛮行为,是不合常规的。"罚、抓、封(号)、开除、驱逐、赶走、关起来"等惩罚性行为就整个社会来说接受者总是少数,也是不合常规的。"撕、摔、拆、砸、烧、毁、弄坏、丢弃、抛弃"等破坏性行为,也是在极端情况下才会发生的,也是不合常规的。由以上这几类词做谓语中心的句子用"干脆""索性"很自然。"提前、拖后、延期、改期、撤销、推翻、离婚、分手、翻脸、绝交"等代表改变计划或违约的行为,以及由"不V了""别V了"所代表的中断某一计划或行为的短语,由它们做谓语的句子,用"干脆""索性"也很自然。

现代汉语中标记超常规事件的不光是副词"干脆"和"索性",语气词"算了""得了""好了"也具有类似的作用,因而可以与这两个副词共现:

(17)干脆把狗打死算了,还能白吃上一顿狗肉。(梁晓声《冉之父》)

(18)这些废品除了糟蹋粮食还有什么用?有关领导批个字儿,干脆毙了算了。(张炜《柏慧》)

(19)索性上午都出来了,干脆你陪我去一趟邮局得了。(电视剧《编辑部的故事》)

(20)既然日本人把坏事做绝了,我看索性就和他们拼个你死我活好了。(窦应泰《李嘉诚家族传》)

在以上例子中,副词与语气词前后共现,构成一个框式结构,也可以只用其中的一个。当然这两种超常规标记有区别,语气词只能构成虚拟句,表示决定、建议、命令等,而"干脆""索性"不受此限,因而这两个副词是汉语中更为典型的超常规标记。

四、"干脆"和"索性"标记超常规事件

4.1 标记超出常理或正常秩序的事件

(21)雅赫雅当初买霓喜进门,无非因为家里需要这么个女人,干脆买一个,既省钱,又省麻烦……(张爱玲《连环套》)

(22)亡国奴当够了。一人做事一人当,决不连累你们,我索性杀了大牙,去自首去。(邓友梅《别了,濑户内海!》)

(23)张天奇的语气体贴多了,却仍绕了个弯子,不让自己显得像是被朱怀镜吓唬了:"怀镜,你自己有个具体设想吗?我想你要在市直厅局里面回旋,可能难度大些。你可以考虑到地市去任个职嘛。"朱怀镜早就想过干脆趁自己年轻,到地市去干几年。换个环境,说不定又是另一番天地。(王跃文《国画》)

(24)小弟更玄乎了,高中毕业后没有考上大学,先去做临时工,说是半工半读,准备再拼搏一回,适逢市场开放,他连临时工也不做了,索性去摆摊头,卖西装和牛仔裤什么的。(陆文夫《清高》)

以上例(21)、例(22)中,"干脆""索性"后面的事件如"买一个(女人)""杀了大牙"都是超出常理的事件。例(23)、例(24)代表超出正常秩序的事件:例(23)讲的是公务员职务晋升的方式可以是在市直机关直升,也可以是到下属地市去做主要领导。在前一种选择因难度大而无法实现时,朱怀镜才想剑走偏锋,走第二条路。例(24)中讲"小弟"没考上大学,然后先去做临时工,准备明年再考,这是落榜后常见的做法,"小弟"开始也是这么做的。但形势改变后,他放弃了考学,选择去做小生意。在过去的年代,"上大学——做工人——做小生意"等三个选项,人们当时的常规选择是由前到后,因而"小弟"直接选择最后一项,是超出当时的常规选择的。

以上例中的超常规事件,由"干脆"或"索性"的中心语本身就基本可以表达,去掉"干脆"和"索性"并不影响事件的超常规性质,这时的"干脆"和"索性"起到加强超常规信息的作用。

如果是一个符合常理和正常秩序的常规事件,不能用"干脆"或"索性",如"周末休息""三十岁娶老婆"等都是公认的常规事件,或者不能加上"干脆"或"索性"(对于周末正常休息或准备在常规婚龄结婚的人来说),或者加上"干脆"或"索性"后预设其他的语境信息,比如说"干脆周末休息一天",预设了当事人是个特殊职业的人,他们一般周末不休息。如果说"索性三十岁娶个老婆",预设当事人原来是个单身主义者,等等。

4.2 标记超出当事人计划、约定和以往做法的事件

在更多的例子里,从"干脆"或"索性"后的中心语看不出是超常规事件,但因为"干脆"和"索性"标记超常规事件的功能已经规约化,所以在这类句子里,它预设了超常规事件的特定语境,或者说这种超常规性可由语境做出解释。如:

(25)他见这会儿才十一点多钟,又没有什么事做,就想干脆去医院看一下余姨。(王跃文《国画》)

(26)杨过原不想招惹她,但听她说话奇怪,倒要试试她有何用意,于是索性装痴乔呆。怔怔地望着银子,道:"这亮晶晶的是甚么啊?"(转引自赵春利、何凡,2020)

(27)我一听就不对账嘛!干脆我走,你爱唱什么唱什么。(相声《马路红》)

(28)我这个人不值得爱,她索性和别人另建立家庭,我也就死了这颗心了。(叶祖孚《爱新觉罗·溥杰和嵯峨浩的跨国婚姻》)

(29)鸿渐说这次回去,不走原路了,干脆从桂林坐飞机到香港。(钱锺书《围城》)

(30)他们一起去西班牙前线采访,也一同回巴黎,到最后他索性不再像以前那样小心谨慎,向别人遮盖他和玛莎的关系……(余凤高《海明威的婚恋冒险》)

以上例中,"干脆""索性"在例(25)、例(26)中标记无计划或改变计划的事件,在例(27)、例(28)中标记违背约定的事件,在例(29)、例(30)中标记改变以往做法的事件。以上句子删除"干脆"或"索性",仍然可以说,但超常规性得不到凸显。

4.3 标记超出逻辑规律的判断

"干脆"可以用于一个"是"字判断句之中,表示这个判断是超常规的。如:

(31)虽然殿上廊下积着铺着,不知是鸟粪呢,也不知是蝙蝠屎,或者什么都不是,干脆是多年的灰尘。(俞平伯《梦记》)

(32)所长太太!不!干脆就是所长!(老舍《四世同堂》)

(33)瑞丰太太,往好里说,是长得很富态;往坏里说呢,干脆是一块肉。(老舍《四世同堂》)

以上例句听上去有点跳跃,所得的判断似乎没有逻辑前提,如例(31)、例(32),或者与前提有较大的情感距离,如例(33),这种跳跃性与超常规的性质是相通的,只不过它不是个客观的事件而是一个主观的判断。蒋协众(2004)、魏兆惠和宋春芳(2011)认为此类例句中的"干脆"是表示"根本"义,这是同义替换,不是功能描述。如果用同义替换的方式,不只可以替换为"根本",还可替换为"完全"或"不妨说",等等。

五、"干脆"和"索性"副词用法的来源

上文我们描写了"干脆"和"索性"的副词用法,即标记一个超常规事件。但它们为什么会有这种功能?这种副词用法是怎么来的呢?下面我们通过两词与相关词语演变的历史来做出回答。"干脆"和"索性"是现代汉语中最常用的两个超常规标记,它们都是来自形容词,"索性"产生于宋代,"干脆"产生于现代。近现代除了它们之外,还有其他的超常规标记或类似的成分,依据来源(即演变为副词之前的意义),可以分为两类:一类以"索性"为代表,下文称为"索性"类,包括"索性、率性、使性";另一类以"干脆"为代表,下文称为"干脆"类,包括"干脆、爽利、爽快、爽性"。

5.1 "索性"类

5.1.1 索性①

"索性"做形容词本义是表示"随着性情(做事),由着性子(做事)"。如:

(34) 如今人见学者议论拘滞,忽有一个说得索性快活,亦须喜之。(宋《朱子语类》卷四十)

(35) 咄哉老性空,刚要馁鱼鳖。去不索性去,只管向人说。(宋《五灯会元》卷十八)

例(34)中的"索性"是讲人想说就说、想说什么就说什么,不吞吞吐吐、思前想后。例(35)中的"索性"虽然处于状语的位置上,但还只能理解为形容词,表示想要去做什么,就痛快地去做,不用向人说。有时"索性"有贬义,就是做事不理性,不考虑后果。如:

(36) 终是先主规模不大,索性或进或退,所以终做事不成。(宋《朱子语类》卷四十七)

(37) 心上委决不下,肚里又闷,提一角酒,索性和婆子吃个醉,解衣卸带了睡。(宋《宋四公大闹禁魂张》②)

以上的例子里,"索性"都是做状语,在例(36)中只能理解为形容词,因为焦点只能是它,表示由着性子决定进退,这时表示主语不管不顾的情状。但例(37)中就可能有两

---

① "索性"在有的作品中也写作"索兴",如:偏偏那女子又是有意而来,彼此阴错阳差,你越防他,他越近你,防着防着,索兴防到自己屋里来了。(《儿女英雄传》第五回)

② 刘坚、蒋绍愚(1992)将此篇收入"宋代卷"。

个焦点,一是说主语由着性子,不加控制地狂饮;二是忽略主语的情状,而是着眼于其后事件的超常性,即喝醉了。后者就是副词意义的来源。

  由着性子做事,想做就做,当然就是按照行为主体自己的意愿行事。反过来,如果是别人让某人做某事,当然也就谈不上某人的意愿。史金生(2003b)将"索性、爽性、率性"等归入表示意愿的语气副词,说它们"都体现主体对某种行为、状态等的主观选择"。其实当"索性"以形容词做状语而表示主体情状时固然是这样,但作为副词并不都是这样。如果"索性"用于使令或祈使句时,当然也就不是体现行为主体的意愿,这时"索性"不可能成为焦点。如:

  (38)只心术间微有些子非礼处,也须用净尽截断了。他力量大,圣人便教他索性克去。(宋《朱子语类》卷四十一)

  (39)你这里若有披挂,索性送我一件。(明《西游记》第三回)

  例(38)是个有使令动词"教"参与构成的句子,"索性"的中心语"克去"不是反映其主体的意愿。例(39)是个祈使句,"送我一件"也不代表其主体"你"的意志。这种情况下,"索性"作为形容词的本义就无法实现了,只能按副词来理解,即着眼于事件的性状。

  作为语气副词,其语义辖域为整个句子而不只是谓语动词,表现在语序上,就是有的可以用于句子主语之前,这种文献用例在清代才见。如:

  (40)李纹笑着道:"宝哥哥钓罢。"宝玉道:"索性三妹妹和邢妹妹钓了我再钓。"(清《红楼梦》第八十一回)

  (41)老兄弟!索性咱们作事作个全始全终,一半押解差使,一半保着老爷。(清《小五义》第七十八回)

5.1.2 率性

  "率性"做形容词表示"由着真性情""不受外物影响"的意思。如:

  (42)公等应各据一方,建立药山宗旨。予率性疏野,唯好山水,乐情自遣,无所能也。(宋《五灯会元》卷五)

  当它用于状语位置时,就有了形容词和副词两种意义,即突出主语的情状或者突出中心语的性状。如:

  (43)初时还来搭他,到后来李夫人渐渐支应不来,不能去。便去公子小,不入达,没有来理他,他率性竟不去了。(明《型世言》第十八回)

  (44)从半夜读到天明,将这《两地书》读完之后,已经觉得愈兴奋了,六点敲过,就率性走到楼下去洗了一洗手脸,换了一身衣服,踏出大门。(郁达夫《移家琐记》)

  例(43)中,如果以"率性"为焦点,而突出主语"他"任性的情状,这时是形容词;如果以"不去"为焦点,而突出说话者对"不去"超常规性的认定。例(44)中如以"率性"为焦点,则突出主语"郁达夫"的兴奋劲;如以其后的一系列动作为焦点,则突出打破一般作息规律的超常规性。

"率性"在明代就可见到用于祈使句的用例,如:

(45)一客不烦二主,没奈何,哥看我面,有银子借与他几两,率性周济了这些事儿。(明《金瓶梅》第三十一回)

5.1.3 使性(儿)

"使性(儿)",也做"使性子",是个习语性的动宾短语,其构成理据与"索性"和"率性"相同,但它没有完成向形容词的词汇化,其在句中主要做谓语,也很难见到受程度副词修饰的用例。从语义上看,"使性(儿)"含贬义,表示"由着性子""带着负面情绪"的意思,用于另一动词性成分之前时,表示主语的情状。如:

(46)金莲道:"再要来,休要与秋秋奴才穿。"说毕,见西门庆不来,使性儿关门睡了。(明《金瓶梅》第三十五回)

(47)随到德清县投那个知县时,又正遇这几日为钱粮事情,与上司争论不合,使性要回去,告病关门,无由通报。(明《警世通言》卷十七)

(48)林黛玉素知丫头们的情性,他们彼此顽耍惯了,恐怕院内的丫头没听真是他的声音,只当是别的丫头们来了,所以不开门,因而又高声说道:"是我,还不开么?"晴雯偏生还没听出来,便使性子说道:"凭你是谁,二爷吩咐的,一概不许放人进来呢!"(清《红楼梦》第二十六回)

人如果"由着性子""带着负面情绪"做事,往往是不理性的、欠妥的,例(46)—例(48)中的"使性(儿)""使性子"后面的成分都是代表这种事件,也就是超常规事件,因而也非常像"索性"的副词用法。"使性(儿)""使性子"既没有完成向形容词的演变,也没有完成向副词的演变,但通过这个没有演变完成的词例,可以从类比中清楚地看出"索性"等词的原义和副词义之间的紧密联系。

5.2 "干脆"类

5.2.1 干脆

"干脆"作为形容词,具体表示说话做事爽快,不犹豫,不牵绊拖延。如:

(49)及至鼓着气、冒着劲、横着心,要就那把雁翎宝刀上作个了当,这正是件迅雷不及掩耳的事情,说句外话,叫作"胡萝卜就烧酒——仗个干脆"。(清《儿女英雄

传》第十九回)

(50)姑娘听这话说的层层有理,再不想大远的从德州憋了这么一个干脆的招儿来,才使出来就乏了。(清《儿女英雄传》第二十三回)

(51)小文没有摇头,也没有点头。他干脆的把这一页揭过去,而另提出问题。(老舍《四世同堂》)

"干脆"在上述例子中做不同的句子成分,但都是表示做事爽快。当评价一个人说话、做事爽快的时候,是与不爽快相对而言的。不爽快就是说话吞吞吐吐、做事犹豫拖拉。所以不爽快就是因为有不好说的话或不好办的事,这种事往往就是超出常规的事。"干脆"不带"地"直接做状语的例子到现代才见。其做状语时,句子有不同的焦点。如:

(52)流苏沉思了半晌,不由得恼了起来道:"你干脆说不结婚,不就完了!"(张爱玲《倾城之恋》)

例(52)当以"干脆"为焦点时,表示主语说话爽快的情状;当以"不结婚"为焦点时,语义指向其后的中心语,侧重于中心语的性状,即表示"不结婚"的超常规性。以下的例子中,"干脆"都无法重读,其中例(54)是个祈使句,因而只能按副词理解。如:

(53)老人若不教她垂手侍立吧,便破坏了家规;教她立规矩吧,又于心不忍,所以不如干脆和长孙媳妇商议商议家中的大事。(老舍《四世同堂》)

(54)"英国先生只跟学生同吃晚饭,并且分桌吃的,先生坐在台上吃,师生间隔膜得很。这亦得改良,咱们以后一天三餐都跟学生同桌吃——""干脆跟学生同床睡觉得了!"(钱锺书《围城》)

以上的例(53)、例(54)中,"干脆"后的动作发生前,都存在着其他环节或不利于动作发生的因素。如例(53)中,在旧式家庭,家长是不能跟孙子媳妇商量家中大事的,而是应该先教她立规矩。而在这个例子中,老人不教她立规矩,而是跟她商量大事。例(54)中另一个人说了"一天三餐都跟学生同桌吃",而方鸿渐在心里抬杠说了这句话。显然两例代表的事件都具有超常规性。

"干脆"也可用于主语之前。如:

(55)好汉不求人;干脆,自己有命买得上车,买;不求人!(老舍《骆驼祥子》)

(56)说实话,我真的帮助过不少人,全是无条件的。干脆你们写写我不成?(电视剧《编辑部的故事》)

5.2.2 爽利、爽快、爽性

近现代汉语中与"干脆"同义的形容词兼副词还有"爽利、爽快、爽性"。它们作为副词都是由表示"爽快"义的形容词在状语位置上演变而来。

它们在以下的例(57)、例(59)、例(61)为形容词,在例(58)、例(60)、例(62)中是副词:

(57)在这奴才手里讨针线,好不爽利!(明《警世通言》卷二十四)

(58)大姐,你不要这红锁线子,爽利着蓝头线儿,好不老作些!(明《金瓶梅》第七十九回)

(59)索性让我一不做二不休,见一个杀一个,见两个杀一双,杀个爽快!(清《儿女英雄传》第六回)

(60)王中!王中!你也该与我留一点脸。胜如你骂我,你爽快把我扎死了罢!(清《歧路灯》第五十三回)

(61)陪同接见的人全笑了,我也爽性笑起来……(刘心武《难为情》)

(62)天色使人犹疑苦闷;他几乎要喊出来:"爽性来一场大雪,或一阵狂风!"(老舍《新韩穆烈德》)

综上所述,无论是"干脆"类还是"索性"类,虽做形容词时意思并不相同,但它们的意义中包含一个共同的语义成分,即表示当事人临事不受约束的自由情状,这种情状的突出表现就是会做超出常规的事情。当它们单独做状语时,如以状语为焦点,则语义指向主语,突出主语当事人的情状——顺性而为,不为外物所囿;若以中心语为焦点,则语义指向说话者,突出对事件的性状——超常规性的认定。副词就是后一种语用意义的规约化。

如上两类副词中只有"索性"和"干脆"可以位于句子主语之前,其他都没有发现这种文献用例,语感上将其移至句首也难以接受。因而"索性"和"干脆"是演变最彻底的语气副词,也是近现代最典型、最常用的超常规标记。

六、结语

综上所述,作为副词,"干脆"和"索性"的共同功能是标记超常规事件,二者标记超常规事件的用法是由形容词做状语演变而来的。二者在用法上包括以下几个要点:

其一,用它们的句子,都表示某种意义上的超常规事件;

其二,表示常规事件的句子,加上它们,则变为超常规事件:

(63)索性/干脆周一照常上课。(对原本决定周一不上课的人说)(自拟)

其三,如果一个句子不能加上它们,那可能是绝对的常规事件,如"冬去春来""旭日东升""夕阳西下",它们前面不能加上"干脆"或"索性",除非在神话里;或者与常规性无关,比如某些情态句:

(64)(?干脆)你必须去一趟。（自拟）

(65)公务员(?索性)应该廉洁奉公。（自拟）

(66)(?干脆)他可能不会来了。（自拟）

(67)(?索性)他一定会来的。（自拟）

其四，有饰句功能。作为超常规标记，它们是标记整个事件的，其语义辖域是整个句子，因而出现位置可以是句子的开头或末尾。当用于句中时，必须位于句子焦点成分的左侧。如：

(68)既然来了，你干脆/索性在我家 e 多住几天 g 再走吧。（自拟）

(69)既然他家没地方，你干脆/索性 e 在我家 g 住几天吧。（自拟）

以上例中的"干脆"和"索性"可以移至主语"你"之前、句子末尾或 e 的位置，而不能移至 g 的位置。因为在例(68)中句子的焦点为"多"，在例(69)中句子的焦点为"在我家"，如果移到 g 的位置，就处在了焦点成分的右侧。再比如：

(70)他忍受不了继母的打骂，索性/干脆 15 岁就 e 离家出走了。（自拟）

(71)他不想读高中，索性/干脆 15 岁就 g 上了大学。（自拟）

例(70)中，"索性(干脆)"移至 e 的位置很自然，但例(71)中移至 g 的位置就难以接受。这是因为"离家出走"本身就具有超常规性，而"上大学"本身没有超常规性，只有前加"15 岁"后才具有超常规性。

但是，副词"干脆"和"索性"也是有区别的。已有研究谈得较多的是认为"索性"用于书面，而"干脆"用于口语。① 可是二者在同一段话语里同时出现的事实显然不支持这种说法：

(72)我觉得你索性干脆就全我们接管了，比如说你把我，就是你养家，我在家里待着。（凤凰卫视《锵锵三人行》2013 年某期，转写自 https://www.bilibili.com/video/BV1KY411C7a81)

我们观察的结果是：同为超常规标记，"索性"不能标记超出逻辑规律的判断。如以下例中原本是"干脆"，换作"索性"语感上可接受性差：

(31')虽然殿上廊下积着铺着，不知是鸟粪呢，也不知是蝙蝠屎，或者什么都不是，(?索性)干脆是多年的灰尘。（俞平伯《梦记》）

(32')所长太太！不！(?索性)干脆就是所长！（老舍《四世同堂》）

(33')瑞丰太太，往好里说，是长得很富泰；往坏里说呢，(?索性)干脆是一块肉。（老舍《四世同堂》）

---

① 如杨寄洲和贾永芬编(2005)、邓葵(2005)、陈灼主编(2012)等都做了类似的表述。

在文献中也很难找到"索性"用于典型"是"字判断句的例子。①

综上所述,作为副词,"干脆""索性"在超常规类型方面的区别如下:

表2 副词"干脆""索性"的超常规类型差异

超常规类型	干脆	索性
超出常理或正常秩序	+	+
超出计划、约定或以往做法	+	+
超出逻辑规律	+	−

参考文献

北京大学中文系1955、1957级语言班编(1982)《现代汉语虚词例释》,商务印书馆。
陈 灼主编(2012)《桥梁:实用汉语中级教程》(第三版)(上)(下),北京语言大学出版社。
邓 葵(2005)试说"索性"及"干脆",《海外华文教育》第1期。
蒋协众(2004)副词"干脆"另有"根本"义,《汉语学习》第6期。
李行健主编(2014)《现代汉语规范词典(第3版)》,外语教学与研究出版社。
刘 坚、蒋绍愚主编(1992)《近代汉语语法资料汇编(宋代卷)》,商务印书馆。
邵敬敏主编(2000)《汉语水平考试词典》,华东师范大学出版社。
史金生(2003a)"索性"的语篇功能分析,《南开语言学刊》第2期。
史金生(2003b)语气副词的范围、类别和共现顺序,《中国语文》第1期。
魏兆惠、宋春芳(2011)北京话"干脆"一词的演变,《北京社会科学》第5期。
杨寄洲、贾永芬编(2005)《1700对近义词语用法对比》,北京语言大学出版社。
赵春利、何 凡(2020)副词"索性"的话语关联与情态验证,《世界汉语教学》第3期。
赵万勋(2015)"索性"与"干脆"语义结构分析及教学应用,《宁夏大学学报》(人文社会科学版)第6期。
中国社会科学院语言研究所词典编辑室编(2016)《现代汉语词典(第7版)》,商务印书馆。
中华人民共和国教育部、国家语言文字工作委员会(2021)《国际中文教育中文水平等级标准》,北京语言大学出版社。

(215300 江苏苏州,解放军战略支援部队信息工程大学昆山校区)

---

① 在北京大学CCL语料库和北京语言大学BCC语料库中偶尔可见"索性"用于"是"字前的用例,但从上下文看"是"并不是典型的判断动词,而是焦点标记,如:
a. 我的一个梦想是:多读到一些外国人著作的原著全译本,或者索性是原文书。(《读书》1991年)
b. 红包马屁型这时就从怀里掏出一块布料,或两罐奶粉,或两筒烟丝,或索性是一百元美金。(柏杨《暗夜慧灯》)

语义羡余的种类、原因及机制*

卢英顺

摘 要:语义羡余现象从不同角度可分为:单向羡余和双向羡余,语内羡余和语外羡余。语义羡余的原因有三种:语义潜隐、思后忘前和语义凸显。语义羡余机制主要有三种:韵律机制、语义细化机制和凸显机制。语义羡余不同于语义重复。

关键词:语义羡余;羡余种类;羡余原因;羡余机制

〇、引言

一谈及语义问题,人们往往会想到命题的逻辑真值、指称等问题。实际上,关于语义方面的问题远不限于这几个方面,语义羡余现象就值得重视。Lyons(1977:43)认为"一定程度的羡余不仅不可避免,而且还是值得拥有的"①。Lyons(1977:44)还指出:"如果被传递的信号完全没有羡余,在传递过程中丢失的信息可能就不能被接收者恢复,信号就会被错误解码。"②

"羡余"(redundancy),原为信息论术语,引进语言学之后,较早指的是这样一种现象,即"一个特征(语音的,语法的等)如果为识别一个语言单位所不必出现的,就是羡余的",后来又拓展到语义分析。(戴维·克里斯特尔编,2000:300—301)。易萍萍(2005)把羡余分为语音羡余、词汇羡余、语法羡余、语义羡余和语用羡余。她所说的词汇羡余指的是"人民、国家、倘若"之类词的"内部羡余"问题。樊立三(2006)专门讨论的是词的内部羡余问题。本文所说的"羡余"虽然也涉及词汇的问题,但不是着眼于词的内部问题,而是在句法结构层次上讨论词与词之间的语义关系问题,有的可能涉及词的内部的

---

* 《对外汉语研究》编辑部及相关匿名审稿专家为本文初稿提出了宝贵的修改意见,诚表谢意!
① 该引文的原文是:A certain amount of redundancy is not only inevitable,but desirable。此处为笔者自译,供参考。
② 该引文的原文是:If the transmitted signal were free of redundancy, the information lost in the course of transmission could not be recovered by the receiver and the signal would be incorrectly decoded。此处为笔者自译,供参考。

义素的问题。本文所说的"语义羡余"指的是这样一种现象:"某成分在传达信息过程中因另一成分的存在而显得信息重复,因为它所传达的信息已包含在另一成分之中。"(卢英顺,2015:32)例如:

(1)中韩自贸区和中韩货币直接交易对韩国的好处<u>非常</u><u>巨大</u>。(新浪博客,2016年11月10日)

(2)一年前,我受死者生前之托,<u>破天荒</u><u>第一次</u>写了一幅墓碑,碑文曰"酒公张先生之墓"。(余秋雨《酒公墓》)

(3)她想没什么可说的干脆不说,陈家人后来都发现颂莲变得沉默寡言,他们推测那是<u>因为</u>她失宠于陈老爷的<u>缘故</u>。(苏童《妻妾成群》)

例(1)中的"巨大"已经包含"程度深"的意义,所以"非常"所传达的程度深的意义纯属多余;例(2)中"破天荒"和"第一次"表示同样的意义,所以其中一个显得多余;例(3)中的"因为"和"缘故"都表示原因,语义重复。类似这种表达在语言中比较普遍,卢英顺(2015)把这种现象看作语言运作和理解的一种基本原则——羡余原则。

较早全面而深入地讨论语义羡余的专门论文有施春宏(1998)和杨明义(1999)等。[①] 语义羡余既然是语言运作和理解的一种基本原则,那就有必要对此进行更全面而深入的探讨。本文拟以笔者所搜集到的句法结构层次上的其他语义羡余现象为基础,试图就语义羡余的种类、羡余原因及机制等方面进行论述。

一、语义羡余的种类

根据相关词语羡余的特点,语义羡余从不同的角度可以有不同的种类。

从存在羡余现象成分之间的关系来看,语义羡余分为单向羡余和双向羡余两种。假设这两个相关成分分别为A和B,如果A或B的存在使与其相关的另一方显得信息多余,反之则不然,这种羡余是单向羡余;如果A或B的存在都能使对方显得信息多余,则为双向羡余。例如:

(4)城里的猫人对于外国人的畏惧心,据我看,不象乡下人那么厉害,他们的惊异都由那一喊<u>倾泻</u>出来,然后他们要上来仔细端详了。(老舍《猫城记》)

(5)特派员是个<u>漂亮</u>的<u>美女</u>。(电视剧《决战江南》第1集)

(6)吃完饭后,他<u>独自</u><u>一个人</u>在书房的桌子上玩一种个人牌局。(钟道新《权力

---

① 汉语学界对语义羡余的讨论主要集中在羡余/冗余否定方面,本文的讨论对象暂不涉及这方面,相关文献恕不一一列举。

(7) 泰国漂亮的美女警花，长相太撩人！请逮捕我吧（搜狐新闻标题，2016年4月2日）

例(4)中，"仔细"和"端详"之间就存在语义羡余现象，因为"端详"本身就是"仔细地看"的意思，"仔细"义已蕴含在"端详"之中。所以，相对"端详"来说，其前的修饰成分"仔细"在语义上是羡余的；反之则不然，我们不能说"端详"相对"仔细"来说是羡余的，因为"仔细"一词并不蕴含"看"的意思。像例(4)这样的语义羡余就是单向羡余。例(5)类似，"美女"蕴含"漂亮"义，但"漂亮"并不蕴含"女性"义，所以这也是单向羡余。例(6)情况有所不同，"独自"和"一个人"之间存在语义羡余，省略其中任意一个，在基本语义上没有变化，这样的语义羡余是双向羡余，即相对"独自"，"一个人"是羡余的，相对"一个人"，"独自"也是羡余的。例(7)中的画线部分"漂亮的"和"美女"作为"警花"的修饰语，省略其中的任意一个不影响原有的语义表达，所以它们之间的羡余是双向羡余。但是它们相对"警花"来说又是单向羡余："警花"蕴含"美女、漂亮"的意思，这是因为我们常常以"花"比喻美女；但"美女、漂亮"并不蕴含"警"的意思。值得一提的是，我们在讨论语义的单向羡余和双向羡余的时候，有时候需要考虑与之相关的成分，比如其所修饰的成分。上述例(5)和例(7)都有"漂亮"和"美女"，我们说在例(5)中它们是单向羡余，在例(7)中是双向羡余；这是因为在例(5)中"美女"是中心成分，而在例(7)中它与"漂亮"都只是修饰成分，其共同的中心成分是"警花"。

从羡余成分是否存在于语言内部来看，语义羡余可以分为语内羡余和语外羡余。语内羡余指的是只需通过对相关成分进行语义分析就知道的羡余信息；语外羡余指的是需要通过相关成分的认知激活才能知道的羡余信息。相对来说，后者的羡余更为隐蔽。例如：

(8) 如果不是我自己曾亲自地去调查了解过，我永远也不会、不能、不敢相信我的叔祖父正爷，曾经"绅士"过。（王泽群《正爷》）

(9) 招弟才只学会了两出戏，一出《汾河湾》，一出《鸿鸾禧》。（老舍《四世同堂》）

(10) 为了不让娃娃们受苦，他几乎满年四季让这两个亲爱的小东西住在他家。（路遥《平凡的世界》第一部）

(11) 这些国民党的军政高官在高呼"抗战胜利万岁"的同时，纷纷更换结发的"抗战夫人"，集体引进由城市女学生、女演员、女护士、女商人、女律师、女记者、女秘书、女掮客、女党棍，甚至舞女、妓女等，组成新的"胜利夫人"队伍。（陆天明《省委书记》）

例(8)中的"自己"和"亲自"之间语义羡余，例(9)中的"才"和"只"之间的羡余，都是语内羡余。例(10)有所不同,其中的"满年"和"四季"之间存在认知上的激活问题,即一年有四季,虽然这种激活很容易;这样,"满年"和"四季"之间就存在羡余问题。例(11)中,我们对"护士"的原型认知是"护士是由女性充当的"(卢英顺,2011),这是一般的默认理解,所以前面的修饰成分"女"是羡余的;与此形成对照的是,其他"女 X"中的"女"都能起到区别的作用,传递了一定的信息。类似的说法如"漆黑的煤炭"。由"煤炭"激活的认知要素之一是黑色的,所以其前的"漆黑"也是一种羡余成分。因此,例(10)和例(11)都是语外羡余。

施春宏(1998)把与羡余相关的两个成分分别称为"本用部分"和"叠用部分"。"本用部分,它往往是叠架结构的基本的、核心的部分;语义内涵被另一部分涵盖或基本涵盖的成分,我们称之为叠用部分,它往往是叠架结构中的附属的、强调的部分"。前者如上述例(4)中的"端详",后者如"仔细"。考虑到有些情况下我们很难判断哪个是本用部分,哪个是叠用部分,如例(6)中的"独自"和"一个人",以及类似例(11)中的例子,我们没有沿用这一对术语。

二、语义羡余的原因

从所搜集到的语料来看,语义羡余主要与语义潜隐、思后忘前和语义凸显有关。①

2.1 语义羡余与语义潜隐

所谓语义潜隐,是指相关词语的某个义素未被说话人意识到,因而说话人为了表达相关的语义,就在其前或其后加上相应的词。② 例如:

(12)大雨终于滂沱而下,在凹凸山麓奏响了犹如万马奔腾的<u>天籁之音</u>。(徐贵祥《历史的天空》)

(13)随着娱乐界明星刘德华已婚信息的<u>公诸于众</u>③,"隐婚族"一词眼下在社会上悄然流行了起来。(《文汇报》,2009 年 10 月 13 日)

(14)请问公司的业务<u>涉及到</u>现在国家提倡的数字经济领域吗?(新浪财经,2022 年 2 月 7 日)

(15)文中<u>涉及到</u>专业内的部分全是拍脑袋想的,经不起推敲,轻拍。(新浪微

---

① 本节所作的羡余原因的分类是为了叙述的方便。就具体的语言现象而言,可能由多种原因造成。
② 感谢匿名审稿专家指出此处原来表述上的失误。
③ 有审稿专家指出这是韵律问题使然。笔者以为,这里虽然存在韵律问题,但主要原因似乎还是对"诸"的语义不够了解;如果仅仅是韵律问题的话,完全可以说成"公之于众"。

博,2021年1月1日)

例(12)中的"天籁"意为"自然界的声音",可见"天籁"一词自身已蕴含[+声音]这一义素,所以其后的"之音"实为羡余。但对很多人来说,其中的[+声音]义素可能没有意识到。例(13)中的"诸"实为"之于"的合音,可见"于"成为羡余成分。前面例(4)中"端详"的"仔细"义也属此类。例(14)和例(15)中的"涉及"和"到"就存在羡余现象,因为其中的"及"就是"到"的意思。不过,由于"涉及"已经词汇化,"及"所包含的"到"的意义实际上已经潜隐。说话人明明知道这点,但还是喜欢说"涉及到",也没有强调的意图。

施春宏(1998)从语义演变的不平衡性、层次性以及语义磨损等方面讨论了语义羡余的原因,从所涉及的例子来看,大体与我们这一类有关。

2.2 语义羡余与思后忘前

所谓思后忘前,顾名思义,是指说话人在言说过程中往后说的时候忘记了之前所说的。"思后忘前"可能是这类羡余现象的初始原因,但久而久之,有些表达实际上已经固化,成了框式表达,已经构式化,可归于 Traugott & Trousdale(2013/2019:36)所称的"语法构式化",说话者因此可能处于无意识状态;有时即使意识到这点,也愿意这么说。如"由于……缘故""如果……的话""像……似的"等。这里用"思后忘前"概括这类现象,主要是为了表述的方便。例如:

(16)(九哥对黎可说)现在啊,你就是要把江影为什么要回国的目的搞清楚。(电视剧《红罂粟》第25集)

(17)她想没什么可说的干脆不说,陈家人后来都发现颂莲变得沉默寡言,他们推测那是因为她失宠于陈老爷的缘故。(苏童《妻妾成群》)

(18)一切都在意料之中,一切又都出于意料之外。(唐弢《琐忆》)

例(16)中,"为什么"问的就是目的,因此与其后的"目的"形成羡余现象;正因为如此,该例的相关部分说成"你就是要把江影为什么要回国搞清楚"或者"你就是要把江影要回国的目的搞清楚"都可以。类似地,例(17)中的"因为"和"缘故"都表示原因,因而它们之间存在羡余问题;实际上,"因为"和"缘故"保留其中的任意一个都不会影响语义表达,如"他们推测那是因为她失宠于陈老爷"和"他们推测那是她失宠于陈老爷的缘故"。例(18)中,"出于"和"之外"形成羡余。该例中的"意料"存在隐喻用法,属容器隐喻;"出于/出乎意料"和"意料之外"都表示在"意料"这一容器之外。张谊生(2013)列举了很多介词叠加现象的例子,如"于在、因为由于、从自打、遵照按照"等,他认为"这类反复叠加的形式,很可能是一种言语思维重复浮现(emerge)的流露"。但笔者认为,诸如此类的叠加与这里所说的思后忘前还是不同的,因为这些羡余的成分并没有被其他成分隔开。

2.3 语义羡余与语义凸显

有的语义羡余现象与语义凸显有关,就是某羡余成分的存在是为了凸显某一语义成分。汉语中不乏此类情况,例如:

(19)(祥子)拉到个僻静的地方,细细端详自己的车,在漆板上试着照照自己的脸!(老舍《骆驼祥子》)

(20)国家统计局发言人付凌晖:下阶段来看,中国的内需仍然具有非常巨大的潜力。(新浪财经,2021年12月15日)

例(19)中,"细细"修饰"端详"虽然存在语义羡余问题,但由于"仔细"义蕴含在"端详"之中,处于潜隐状态,不被人注意,加上"细细"修饰之后,祥子看车的仔细状态就能得到凸显。例(20)中,"巨大"虽然含有"程度高"的意思,但它毕竟只是其义素之一,不足以凸显,加上"非常",更容易凸显"大"的程度之高。杨明义(1999)中有很多例子属于这一类,如"用剪子剪""用筛子筛""用鼻子闻""用耳朵听""用水洗""用火燎"等。潘先军(2010)也认为,"羡余的成因与认知上的凸显有密切关系"。

三、语义羡余机制

上文我们探讨了语义羡余的种类和原因,接下来我们探讨一下语义羡余的机制。这里所说的语义羡余机制是指利用何种表现手段促成语义上的羡余。它和语义羡余原因是从不同角度来说的,因此有些地方可能存在交叉情况。根据所搜集到的语料,我们把羡余机制归纳为以下三点。

3.1 韵律机制

所谓韵律机制,是指利用汉语的韵律特点而形成的语义羡余现象。

可能受《诗经》及骈体文等的影响,国人对"四字格"有着特殊的偏好,这不仅体现在大量的成语是四字格这一事实,而且也体现在一般的叙述中。四字格能给人以很强的节奏感,有其自身的修辞效果。四字格的这一特点对语义羡余也有着一定的影响。例如:

(21)"谁给你的底气要三胎?"家长晒幼儿园缴费单,老人看后沉默不语。(新浪新闻,2022年1月24日)

(22)天空非常巨大,卫星却很小。(新浪新闻,2022年1月1日)

前面例(12)的"天籁之音"部分或许与此有关。其他的如:

(23)凯旋而归 悬殊很大 免费赠送 平民百姓 大声嚷嚷

再看下面一例：

(24)清明时节雨纷纷,路上行人欲断魂。(杜牧《清明》)

例(24)是杜牧《清明》诗的前两句,有个好删改古人诗的人认为,"清明"和"时节","路上"和"行人"之间存在语义羡余问题,觉得应该予以删减,成了"时节雨纷纷,行人欲断魂"。(参阅卢英顺,2015:36)不过这样一来还是原来的韵味吗？吴礼权(2020)也认为:"'羡余'现象本质上是一种修辞现象,是表达者为了听觉韵律效果或是为了视觉均衡效果而在特定的语境下通过临时配字的结果。"不过,笔者以为,听觉韵律效果或视觉均衡效果的追求只是语义羡余机制之一种,而不是全部。

3.2 语义细化机制

Langacker(1987:68,489)提出了 elaboration(细化)的概念,指的是不同的 symbolic structure(象征结构)所表示的 schema(图式)其具体性程度有所差异。比如 under 和 under the table,后者就比前者更为细化,或者说更为具体。因为 under 给我们的图式印象只是"在某物之下",到底是何物,我们不清楚；而 under the table 则不然,其中 the table 明确了这某物是何物(桌子)。这是从意象图式来说的,也可以说是从语法上来说的。其实,在语义上也存在类似的情况。语义细化机制可以表述为,为了明确句法结构中某一词语的具体内容而采用的进一步说明手段。例如：

(25)哲仁央宗依然健在,今天已是年近古稀的老人了。(白桦《香格里拉在哪里？》)

(26)公安局的一个警察在商店里抓到了一个偷钱包的小偷,已经人赃俱获了,可是小偷仍然撒泼要赖说自己没有犯罪。(张继《遍地羊群》)

(27)主要就是因为我基本上是个城里人。长得很"文化"。这使得我的家乡的乡亲们始终不肯把我当成一个一无所有的穷学生来对待。(王泽群《正爷》)

例(25)中,"年近古稀"和"老人"之间虽然存在羡余成分"老",但中心语"老人"之"老"到底老到什么程度,我们不得而知。过去我们说"年过半百的老人",耄耋之年也是老人,期颐之年也是老人。所以,加上修饰语"年近古稀"之后,就使得"老"具体化了。类似地,例(26)中的"小偷"自然是偷东西的人,但到底偷的是什么东西,我们并不清楚,加上修饰语"偷钱包"就明确了所偷的东西。例(27)也一样,"穷学生"到底穷到什么程度,我们也不得而知,有了"一无所有"则把穷的程度细化了。

3.3 凸显机制

Langacker(1990/2018)在谈到凸显的时候着重论述了两类凸显:"相关参与者的相

对凸显"(relative prominence of relational participants)和"强调凸显"(enhanced salience of elements that are explicitly mentioned)。后者指的是这样一种现象：

(28) a. father ～ male parent
　　　b. pork ～ pig meat

从义素分析的角度来看，例(28)a 中的 father 包括[直系亲属][长辈][男性]这样的义素，而 parent 包括[直系亲属][长辈][±男性]，就是说它是否表示男性，不确定；这样看来，male 和 parent 之间就存在某种程度的羡余现象。因此，如果表达需要，就可以在其前面加上修饰语 male 进一步明确。例(28)b 中的 pork 组有所不同，其义素可简单分析为[来源于猪]和[肉]，而 meat 的义素只是[肉]，没有[来源于猪]这一义素，充其量只能算作一种潜在的可能性；所以 pig 和 meat 之间不存在羡余问题。但这两组例子有个共同的地方，就是其后者都凸显了某一语义要素，前者凸显了男性，后者凸显了肉的来源，因为它们都是以修饰语的身份明确地表达出来了。从这一点来看，有些语义羡余就是语义凸显的一种方式。

上文我们把语义凸显看作语义羡余的原因之一，然而换个角度来看，凸显也可以看作是语义羡余的机制之一。正是因为要凸显某一语义要素，才造成有些情况下的语义羡余。例如上文的相关例子。再如：

(29)商务部：大肆炒作"强迫劳动"等涉疆议题纯属<u>凭空捏造</u>，毫无事实依据。(新浪财经，2021年12月25日)

(30)快乐王子的雕像<u>高高地耸立</u>在城市上空一根高大的石柱上面。他浑身上下镶满了薄薄的黄金叶片，明亮的蓝宝石做成他的双眼。(新浪微博，2021年11月18日)

(31)"姐姐，这是妹妹亲手做的小点心，专程来此献给姐姐的。"白珂玥满脑子都是江楚清的事，便<u>草草敷衍</u>几句："哦，那真是劳驾妹妹了。"(新浪财经，2020年12月25日)

例(29)中，"捏造"就是"假造事实"，因此它与"凭空"之间存在羡余现象；例(30)中的"耸立"就是"高高地直立"，"高高地耸立"存在羡余问题；例(31)中的"草草"和"敷衍"都表示做事马马虎虎，因此它们之间也存在羡余现象。但这些语义羡余都能起到凸显的作用。为什么上述表达能够起到凸显的作用？我们经常把语言中的词语比作装满内容的容器，词语的形式(口头上的语音形式或者书面上的书写形式)是容器，词语所承载的词义是其所装的内容。这样看的话，词义就处于容器之类。如果这个容器不太透明的话，里面装的东西我们就看不清楚。但是，如果在该词语之外加上与该词语语义相关的其他词语，就相当于把容器内的东西的一部分或全部在容器外面展示出来，这时人们

自然就能注意到这些东西,这种手段的凸显作用就油然而生了。图示如下:

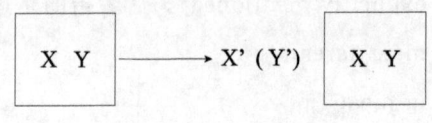

图 1 词义内容凸显

上图中,方框表示容器(词语的形式),X 和 Y 是容器里装的东西(词义的义素),X'和 Y'是指语义分别相当于 X 和 Y 的独立的词语。箭头右边表示将容器里的东西在外面展示出来,这样我们就能清楚地知道容器里装的是什么东西,相关的东西自然就得到了凸显。如果只展示其中的一部分(如 X),方框外面就是 X';如果将 X、Y 整个拿出来展示,方框外面就是 X' 和 Y'。就词语而言,前者(方框外面只出现 X' 的情况)相当于展示词义的一部分义素,如"高高地耸立"中,"高高"展示的是"耸"的意思;后者(方框外面同时展示 X'Y' 的情况)相当于展示词义的全部内容,X'Y' 与 XY 之间是同义或近义关系,如"草草"和"敷衍"。

凸显的目的就是起到强调的作用。关于羡余的强调作用,已有多人指出过,如杨明义(1999)、易萍萍(2005)、张谊生(2013)等。卢英顺(2015:32)把强调看作羡余现象存在的合理性因素之一。张谊生(2013)针对介词叠加的现象提出了这样的看法:"尽管从简洁性的角度看,高度羡余的双层叠加式确实给人以一定程度的累赘感,但客观上无疑起到了凸显表达效果的强化作用。"我们承认语义羡余有这样的作用,但是否所有的羡余现象都有强调的作用,则需斟酌,例如:

(32)安蓉蓉后宫几个姐妹<u>从打</u>自心里替她怀孕而开心之后,逐渐转为忌妒、愤怒。(阿喇《苍天笑番外——纳妃》。转引自张谊生,2013)

(33)实际上,一切考古的发现所发掘的文物并不是<u>用以拿</u>来作为一个民族或国家骄傲炫耀的资本的,而是<u>用以拿</u>来揭示全体人类历史文化的真相的。(搜狐博客,2006 年 10 月 31 日。转引自张谊生,2013)

潘先军(2010)认为,"汉语羡余现象是主观性表现的结果,是主观化的一种形式"。但从我们前面的论述来看,情况并不完全如此。

四、语义羡余与语义重复

与语义羡余相仿佛的是下面这样的现象:

(34)<u>现在而今眼目下</u>,有良心的人还是多嘛。(《花溪》,1988 年第 3 期)

例(34)中的"现在"和"而今、眼目下"表达的是同样的意思,这点与语义羡余很像,但我们不把它看作语义羡余。从上述语义羡余机制来看,语义羡余都能取得一定的积极的修辞效果;从羡余原因来看,或因语义潜隐或因表达固化;而例(34)则似乎不然,其中的另外两个纯粹显得多余,是赘瘤,这种表达根本不能取得积极的修辞效果。类似的如"梵婀铃提琴"。为了与语义羡余相区别,我们称这种现象为语义重复。语义重复在表达上既不能取得积极的修辞效果又不符合语言运转的经济原则,在言语实践中应力求避免。

电视剧《知否知否应是绿肥红瘦》中的一些台词似应归为语义重复一类。如:"我不能悉数全收""手上的掌上明珠",有的打油诗也"深得其昧",如:

(35)一个孤僧独自归,关门闭户掩柴扉;半夜三更子时分,杜鹃谢豹子规啼。
(转引自卢英顺,2015:33)

语义羡余与语义重复,有时候我们不容易区分开来,但从理论上把这两者区分开来是必要的,这有助于指导我们的言语实践。施春宏(1998)"赞成具体问题要具体分析,即用有没有特定的表达效果,语用值有多大来为衡量的标准。这才是规范语言叠架形式的根本的原则"。王艾录(1994/2004)主张把"语义的羡余干涉"和"语义的冗余干涉"区别开来,前者如"白白浪费",后者如"白色的白纸"。他指出了羡余成分的两种积极作用:一是"羡余成分可以对被它干涉的义位产生渲染和强化的作用,从而给人留下更为深刻的印象";二是"有时羡余成分起补足音节的作用,从而使某些单音词双音化,以适应现代汉语词语双音化总趋势"。王文所说的与我们前面所说的语义羡余的"韵律机制"和"凸显机制"是相通的。易萍萍(2005)也认为"羡余在某种程度上是种积极的语言现象"。

五、结语

关于羡余,既往研究多从不同角度(如句法结构角度、语音和语义的对应角度、语用角度)、不同层次(如词的层次,句法组合的层次)等对其进行分类描写,探究其原因。本文专门探讨汉语中句法组合层次的语义羡余现象及其相关问题。

本文从不同角度将语义羡余现象分为不同的两类:从存在羡余现象成分之间的关系来看,语义羡余可分为单向羡余和双向羡余两种;从羡余成分是否存在于语言内部来看,语义羡余可以分为语内羡余和语外羡余。语义羡余的原因可归结为三种,分别与语义潜隐、思后忘前和语义凸显有关。就语义羡余的机制而言,主要有三种:韵律机制、语义细化机制和凸显机制。

本文最后指出,语义羡余不同于语义重复。两者有个基本的判别标准,即相关现象能否起到积极的修辞效果或者相关表达是否已经固化,成为一个特定的构式存储在人们的大脑中。能够取得积极修辞效果的或者已经构式化的是语义羡余,否则是语义重复。当然,就具体的例子而言,有时可能难以将它们泾渭分明地分清,因为从语法现象到修辞现象之间有时所呈现的是一种连续统状态。但从理论上将这两者区别开来是必要的,不能认为凡是言语现象中存在的就是合理的,甚至还要给它们找个存在的"合理"的理由。

关于语义羡余所涉及的范围,可能因研究者的观察角度和观察层次等的不同而见仁见智。因此对相关问题的研究也就异常纷繁复杂。对该类问题的全面而细致的论述也不是一篇文章所能胜任的。本文所论及的只是语义羡余的某些方面,其目的是想引起同人对该类现象的进一步关注。有些重要的语言现象不能因为"潮流"的逝去或者研究热度的减退而永远成为"过去时"。

参考文献

戴维·克里斯特尔编(2000)《现代语言学词典(第四版)》,沈家煊译,商务印书馆。
樊立三(2006)现代汉语词汇中的羡余形式及形成原因,《烟台师范学院学报》(哲学社会科学版)第1期。
卢英顺(2011)几种语汇现象的认知解释,《语言研究集刊》第八辑;又载卢英顺《语言问题新探索》,上海社会科学院出版社,2020年。
卢英顺(2015)《语言学讲义》,复旦大学出版社。
潘先军(2010)羡余现象生成的认知解释,《内蒙古大学学报》(哲学社会科学版)第6期。
施春宏(1998)语义叠架原因论析,《语言教学与研究》第2期。
王艾录(1994/2004)语义干涉和义素脱落,王艾录《现代汉语杂论》,中央编译出版社。
吴礼权(2020)汉语"羡余"现象的本质及其修辞功能,《江苏师范大学学报》(哲学社会科学版)第1期。
杨明义(1999)现代汉语状之于动的羡余现象探略,《南开学报》第4期。
易萍萍(2005)"羡余"修辞功用论——羡余属性论析,《求索》第9期。
张谊生(2013)介词叠加的方式与类别、作用与后果,《语文研究》第1期。
Langacker, R. W. (1987) *Foundations of Cognitive Grammar: Theoretical Prerequisites* (Vol. 1). Stanford: Stanford University Press.
Langacker, R. W. (1990/2018) Introduction to Concept, Image, and Symbol. In Geeraerts, D. (ed.). *Cognitive Linguistics: Basic Readings*. Berlin: Mouton de Gruyter.(《认知语言学:基础读本》,上海外语教育出版社,2018年)
Lyons, J. (1977) *Semantics* (Vol. 1). Cambridge: Cambridge University Press.
Traugott, E. C. & Trousdale, G. (2013/2019) *Constructionalization and Constructional Changes*. Oxford: Oxford University Press.(《构式化与构式演变》,詹芳琼、郑友阶译,商务印书馆,2019年)

(200433 上海,复旦大学中文系)

语篇宏观结构对复句运用的制约*

李晋霞

摘 要:文章以叙事语篇、论证语篇、说明语篇为例,探讨语篇宏观结构对复句运用的制约。叙事语篇是故事性语篇,语篇主干凸显"时间性";论证语篇是说服性语篇,语篇主干凸显"逻辑性";说明语篇是解释性语篇,语篇主干凸显"条理性"。语篇类型不同,宏观结构也不同,这对复句运用产生了明显制约,突出表现在三个方面:第一,语篇类型对优势复句的选择性;第二,语篇结构对复句分布的选择性;第三,语篇及物性对复句及物性的制约。语篇的宏观结构对于复句这种微观层面的连贯关系具有明显制约。语篇的宏观结构也正是在包括复句在内的微观连贯的基础上才得以建构、实现。

关键词:宏观结构;叙事语篇;论证语篇;说明语篇;复句

〇、引言

语篇的宏观结构,是语篇的全局性结构,决定了语篇的展开方式,体现了语篇的认知图示。复句,作为一种语法单位,表现的是分句与分句之间的逻辑语义联系,在篇章的结构与语义层级上属于微观层面。不过,语篇的宏观结构对复句这种微观层面的连贯关系具有明显制约。语篇的宏观结构也正是在包括复句在内的微观连贯的基础上才得以建构、实现。

本文以叙事语篇、论证语篇、说明语篇为例,探讨语篇宏观结构对复句运用的制约。语篇类型不同,宏观结构也不同。这对复句运用产生了明显制约,突出表现在三个方面:第一,语篇类型对优势复句的选择性;第二,语篇结构对复句分布的选择性;第三,语篇及物性对复句及物性的制约。

---

* 本文得到国家社科基金项目"汉语复句与语篇类型的选择关系研究"(项目编号:19BYY011)资助。感谢匿名评审专家的宝贵意见。

一、语篇类型对优势复句的选择性

语篇类型不同,对复句的需求也不同。前景是语篇的核心与主线,最典型地呈现出语篇的篇章特性。因此,语篇类型对优势复句的选择在前景中表现得尤为突出。

刘云、李晋霞(2019)以幼儿故事为样本,对叙事语篇前景的复句进行了调查,具体见表1:

表1 叙事语篇前景的复句使用

复句类型 语篇构成	连贯/例	转折/例	并列/例	递进/例	因果/例	目的/例	条件/例	假设/例	选择/例
叙事语篇前景	266	39	30	14	8	2	2	0	0

根据表1,可将叙事语篇前景中各类复句按由多到少大致排序为:

连贯＞转折/并列＞递进/因果＞目的/条件＞假设/选择

结合表1和上述排序可知,连贯复句在叙事语篇前景中占压倒性优势,这一点由连贯复句266例而处于第二等级的转折复句只有39例即可看出,二者相差227例。

刘云、李晋霞(2017)以初、高中议论文为语料,对论证语篇的前景复句进行了调查,具体见表2:

表2 论证语篇前景的复句使用

复句类型 语篇构成	连贯/例	转折/例	并列/例	递进/例	因果/例	目的/例	条件/例	假设/例	选择/例
论证语篇前景	64	136	62	57	93	16	35	64	13

根据表2,可将论证语篇前景中各类复句按由多到少大致排序为:

转折＞因果/连贯/假设/并列/递进＞条件/目的/选择

结合表2数据和上述排序可知,论证语篇前景中各类复句数量相对均衡,虽然转折复句有明显优势,但并非像叙事语篇那样是压倒性的:转折复句136例,处于排序第二等级的因果复句93例,二者相差43例。

刘云、储小静(2021)对说明语篇前景复句进行了考察,①具体见表3:

表3 说明语篇前景的复句使用

复句类型 语篇构成	连贯/例	转折/例	并列/例	递进/例	因果/例	目的/例	条件/例	假设/例	选择/例	时间/例	解说/例
说明语篇前景	43	100	62	41	103	18	25	62	1	45	6

根据表3,可将说明语篇前景中各类复句按由多到少大致排序为:

---

① 该项研究的考察对象包括事物说明语篇和事理说明语篇。

因果/转折＞假设/并列＞时间/连贯/递进＞条件/目的/解说/选择

结合表3数据和上述排序可知,说明语篇前景中各类复句的数量也相对均衡,因果、转折两类复句有明显优势,但也并非如叙事语篇那样是压倒性的。以因果复句与处于第二等级的假设复句为例,因果复句103例,假设复句62例,二者相差41例。

综合叙事语篇、论证语篇、说明语篇的前景复句调查结果,可以看出语篇类型对优势复句的明显制约。

叙事语篇是"故事性"语篇,而复句主要表达的是逻辑关系,复句不能很好地满足叙事语篇的表达需要,因此叙事语篇中复句一般较少。不过,连贯复句是例外。连贯复句可表达事件的先后关系,较好地契合了叙事语篇的"时间性"的篇章属性和表达需求,因此,叙事语篇中连贯复句占显著优势。试举一例：

(1)齐宣王听了很高兴,<u>就</u>爽快地把他编进了那支三百人的吹竽队伍里。(《滥竽充数》)①

论证语篇是"说服性"语篇,凸显逻辑性。显然,复句与论证语篇的篇章属性吻合,因此,论证语篇中各类复句的数量相对均衡。同时,论证语篇是说服别人赞同某种观点,因此,在论证时往往兼顾正、反两个方面,从而使得表达正反两个方面的转折复句更占数量优势。试举一例：

(2)当我们只关注山上随时掉下的石头或是蹿出的猛兽时,挫折便会变得可怕;<u>但</u>当你经历挫折后再留意身边的风景,你会发现原来生活如此美丽。(《挫折是人生的基石》)②

说明语篇是"解释性"语篇,为了便于人们理解所解说的事物或事理,其篇章布局往往根据说明对象的不同而遵循一定的认知顺序,如:空间性凸显的事物一般遵循空间顺序进行解说,时间性凸显的事物一般遵循时间顺序进行解说,因此,说明语篇凸显认知上的条理性。说明语篇虽与论证语篇不同,但二者都是思维富有理性、内容比较抽象的语篇类型,具有一定的相似性。正因为说明语篇旨在解释,行文上注重条理性,因此,说明语篇中的复句种类也比较丰富,数量也相对均衡。同时,因为说明语篇是为了解说事物或阐释事理,所以用来表达事物或事理内在因果关系的因果复句占数量优势。说明语篇前景中,转折复句之所以也相对常见,主要是因为说明语篇常常运用"作对比"的说明方法。说明语篇前景中的因果、转折复句如：

(3)<u>因为</u>颜色特别纯,<u>所以</u>激光非常艳丽。(《奇特的激光》)③

---

① 该例出自《宝贝最爱听的睡前好故事·泡泡糖卷》,瑞雅编著,上海科学普及出版社,2014年。
② 该例出自《高中生议论文精华》,刘青文主编,北京教育出版社,2013年。
③ 该例出自《语文》(五年级下册),郑国民、马新国主编,北京师范大学出版社,2007年。

(4) 沙丘的移动**虽然**慢，**可是**所到之处，森林全被摧毁，田园全被埋葬，城郭变成丘墟。(《向沙漠进军》)①

综上所述，不同类型语篇对优势复句的制约可简要列表如下：

表4　语篇的类型特征与优势复句

语篇类型	语篇属性	凸显特征	优势复句
叙事语篇	故事性语篇	时间性	连贯复句
论证语篇	说服性语篇	逻辑性	转折复句
说明语篇	解释性语篇	条理性	因果/转折复句

二、语篇结构对复句分布的选择性

根据复句这一语法指标，可将语篇分为两类：复句非敏感型语篇、复句敏感型语篇。二者的不同有三个突出表现：第一，复句非敏感型语篇中，不同类型复句在数量上明显不均，如叙事语篇中，由上文可知，连贯复句占压倒性优势；而复句敏感型语篇中，如论证语篇、说明语篇，不同类型复句在数量上相对均衡。第二，复句非敏感型语篇中，意合复句的数量大于形合复句；而复句敏感型语篇中，形合复句的数量大于意合复句。即：语篇的复句敏感度与其中形合复句的数量呈正相关。就此维度，按"叙事—说明—论证"的顺序，其语篇的复句敏感度递增。第三，复句非敏感型语篇中，语篇结构对复句分布没有明显影响，如叙事语篇；而复句敏感型语篇中，语篇结构对复句分布有明显影响，如论证语篇、说明语篇。第一个方面上文已述，下面讨论后两个方面。

2.1　不同语篇的句子类型

句子可分单句和复句，复句又可分意合和形合两种。即句子可分三类：单句、形合复句、意合复句。以下分别考察叙事语篇、说明语篇、论证语篇中的句子类型。

2.1.1　叙事语篇的句子类型

笔者以语文基础教育中所说的"记叙文"作为叙事语篇代表。根据已有研究，(王作昌主编，1988；陆鉴三、归瀚章主编，1995；范学望，2014)记叙文一般分四类：写人记叙文、记事记叙文、写景记叙文、状物记叙文。《初中生记叙文》(金贤编，2005)一书按类型排列记叙文，笔者未经刻意选择，从中收集写人记叙文13篇(电脑统计共14 295字)、记事记

---

① 该例出自《小学生分类作文全辅导·六年级》，刘博主编，云南大学出版社，2012年。

叙文 11 篇(电脑统计共 12 862 字)、写景记叙文 16 篇(电脑统计共 12 677 字)、状物记叙文 11 篇(电脑统计共 9 305 字),用以分析叙事语篇的句子类型。下面是调查结果:

表 5　不同叙事语篇的句子类型与用量①

句子类型与用量 叙事语篇类型	总句数/句	单句数/句 (比例/%)	意合复句数/句 (比例/%)	形合复句数/句 (比例/%)
写人记叙文	444	133(30)	186(41.9)	125(28.2)
记事记叙文	375	120(32)	155(41.3)	100(26.7)
写景记叙文	383	117(30.5)	177(46.2)	89(23.2)
状物记叙文	313	78(24.9)	162(51.8)	73(23.3)

由表 5 可知,就单句与复句的数量而言,不同类型的记叙文均表现为:复句＞单句。就形合复句与意合复句而言,不同类型的记叙文均表现为:意合复句＞形合复句。形合复句不占数量优势,说明叙事语篇不是复句敏感型语篇。

2.1.2　说明语篇的句子类型

本节所调查的说明语篇主要来自初中语文教材和相当于初中水平的课外阅读书籍。② 从说明对象看,包括两类:事物说明文和事理说明文,前者 29 篇,后者 25 篇(如《眼睛为什么会近视》《看云识天气》等)。29 篇事物说明文,根据说明顺序又分三类:其一,主要按空间顺序说明,有 6 篇(如《民族文化宫》《凡尔赛宫》等);其二,主要按时间顺序说明,有 4 篇(如《一次大型的泥石流》《说"笔"》等);其三,主要按客观事物本身的某种特定顺序说明,有 19 篇(如《中国石拱桥》《说"屏"》等)。下面是上述 54 篇说明文的调查结果:

表 6　不同说明语篇的句子类型与用量

句子类型与用量 说明语篇类型	总句数/句	单句数/句 (比例/%)	意合复句数/句 (比例/%)	形合复句数/句 (比例/%)
空间顺序事物说明文	288	88 (30.6)	151 (52.4)	49 (17)
时间顺序事物说明文	203	72 (35.5)	76 (37.4)	55 (27.1)
特定顺序事物说明文	709	186 (26.2)	278 (39.2)	245 (34.6)
事理说明文	1 021	335 (32.8)	291 (28.5)	395 (38.7)

---

① 因四舍五入,写人记叙文、写景记叙文中各种句子类型的百分比相加后不等于 100%,特此说明。
② 初中语文教材包括义务教育教科书《语文》六年级上册(人民教育出版社,2019 年)、义务教育课程标准实验教科书《语文》七年级上册(人民教育出版社,2009 年)等 8 部;课外阅读书籍包括《说明文选读》(肖海峰等选编,湖北少年儿童出版社,1985 年)、《千字说明文选》(何宝民主编,朱荫柱选评,海燕出版社,1986 年)等 6 部。

由表6可知,就单句与复句的数量而言,不同类型的说明文均表现为:复句＞单句。就形合复句与意合复句而言,哪个数量更多,则与说明语篇的下位分类有关。事物说明文,包括空间顺序、时间顺序、特定顺序三类,均表现为意合复句更多;事理说明文则表现为形合复句更多。即:事物说明文中的复句,更多的表现为意合;事理说明文中的复句,更多的表现为形合。这一点不难理解,事物说明文旨在介绍事物,而事理说明文旨在阐释事理,后者与表达逻辑关系的复句联系更为紧密。"意合复句—事物说明文""形合复句—事理说明文",这是更为自然的优势组配。由此可见,相比较而言,事理说明文的复句敏感度更高。

2.1.3 论证语篇的句子类型

笔者以初、高中议论文或相当于这一水平的议论文为调查范围,共选论证语篇70篇,①其中立论文(如《出格》《成长密码》等)、驳论文(如《流行就一定高尚吗》《谨防冷战思维抬头》等)各35篇。调查结果如表7所示:

表7 不同论证语篇的句子类型与用量

句子类型与用量 论证语篇类型	总句数/句	单句数/句 (比例/%)	意合复句数/句 (比例/%)	形合复句数/句 (比例/%)
立论文	754	186 (24.7)	216 (28.6)	352 (46.7)
驳论文	905	320 (35.4)	219 (24.2)	366 (40.4)

由表7可知,就单句与复句的数量而言,立论文和驳论文均表现为:复句＞单句。就形合复句与意合复句而言,立论文和驳论文均表现为:形合复句＞意合复句。形合复句更占优势,可见论证语篇是复句敏感型语篇。

2.2 语篇结构与复句运用

根据刘云、李晋霞(2020),形合复句可分两种:一是首层形合复句,即关系词语位于复句第一大层;二是非首层形合复句,即关系词语不位于复句第一大层。显然,首层形合复句的关系词语所表达的逻辑关系更受制于宏观语篇。因此,考察语篇结构对复句使用的影响,首层形合复句是重点。基于此,本节只考察首层形合复句,为称说方便,简称复句。

---

① 这70篇论证语篇出自《高中生作文综合训练》(史亚田主编,东北师范大学出版社,1996年)、《中学生优秀作文丛书议论大全》(吴爱麟主编,延边人民出版社,1999年)等11部图书。

2.2.1 叙事语篇的结构与复句运用

叙事语篇一般可分为序幕、开端、发展、高潮、结局、尾声六部分。为考察叙事语篇不同部分在复句使用上的异同,笔者选择在结构上可较清晰地划出上述六部分的叙事语篇共 20 篇作为语料来源。① 在情节起伏明显的叙事语篇中,开端、发展、高潮、结局通常是语篇的必有组成部分,序幕、尾声则是可有组成部分。鉴于序幕、尾声是可有部分,且篇幅一般较短,这里将序幕与开端合并、尾声与结局合并,然后统计叙事语篇各部分的复句使用。

开端和序幕共出现复句 90 例,其中连贯 33 例,转折 19 例,并列 13 例,因果 12 例,条件 4 例,目的 3 例,假设 3 例,递进 2 例,时间 1 例。开端和序幕中数量位居前三的复句按由多到少可排序为:

连贯(36.7%)＞转折(21.1%)＞并列(14.4%)

发展中共出现复句 116 例,其中连贯 39 例,转折 22 例,并列 22 例,时间 7 例,递进 7 例,因果 6 例,条件 6 例,目的 4 例,假设 3 例。发展中数量位居前三的复句按由多到少可排序为:

连贯(33.6%)＞转折(19%)/并列(19%)

高潮中共出现复句 103 例,其中连贯 49 例,转折 22 例,并列 16 例,递进 5 例,因果 4 例,条件 3 例,时间 2 例,目的 1 例,假设 1 例。高潮中数量位居前三的复句按由多到少可排序为:

连贯(47.6%)＞转折(21.4%)＞并列(15.5%)

结局和尾声共出现复句 31 例,其中连贯 12 例,转折 11 例,因果 3 例,并列 2 例,时间 2 例,目的 1 例。结局和尾声中,数量位居前三的复句按由多到少可排序为:

连贯(38.7%)＞转折(35.5%)＞因果(9.7%)②

由上述排序可知,叙事语篇各部分在优势复句类型上表现一致,均为:连贯复句最多,转折复句第二。

叙事语篇各部分均以连贯复句最多,正体现了叙事语篇"时间性"的篇章属性。同时,转折复句在各部分中均位居第二,则体现了叙事语篇在情节上的波折。本调查所用叙事语篇,均能在结构上比较清晰地分出序幕、开端、发展、高潮、结局、尾声等不同部分,换言之,这些叙事语篇在情节上具有明显的起伏。转折复句在这些叙事语篇不同部

---

① 具体包括《独腿人生》《那个孩子》等,这些叙事语篇主要出自初中、高中语文教材,部分篇目选自《呐喊》(鲁迅著,巴蜀书社,2020 年)、《稻草人》(叶圣陶著,长江少年儿童出版社,2019 年)等 6 部图书。
② 结局和尾声中,因果复句虽排序第三,但实际只有 3 例。因数量过少,下面不予分析。

分中均数量较多,与这种情节起伏有较大关系。如:

(5)其间耳闻目睹的所谓国家大事,算起来也很不少;但在我心里,都不留什么痕迹,倘要我寻出这些事的影响来说,便只是增长了我的坏脾气,——老实说,便是教我一天比一天的看不起人。(《一件小事》)

简言之,就本调查而言,由于叙事语篇的时间性和故事情节的起伏性,叙事语篇不同部分均以连贯和转折为优势复句。也就是说,叙事语篇在结构上虽有序幕、开端、发展、高潮、结局、尾声之分,但这种结构差异未见对复句运用产生区别性影响。就此而言,叙事语篇是复句非敏感型语篇。

2.2.2 论证语篇的结构与复句运用

笔者以2.1.3节的70篇论证语篇为语料来源,考察论证语篇的结构对复句运用的影响。这70篇论证语篇共包含复句521例①,其中引论49例,本论449例,结论23例。

引论的49例复句,具体包括:转折18例,假设9例,并列4例,时间4例,递进4例,因果4例,连贯3例,条件2例,解说1例。可见,引论中转折复句相对最多,约占36.7%。

引论中转折复句相对最多,主要是因为转折复句较好地满足了引论"从正、反两个方面展开"的表达需要。论证语篇所要证明的观点,有可能是别人不接受的。这样一来,作者在引论中引出论题时,就需要考虑得比较周全,常常从正、反两个方面展开,从而为转折复句的使用提供了空间。如:

(6)我们不能一味沉溺于自己的幻想之中,却也不能让自由飞翔的思想湮没在无情的现实里。(《梦想在现实中起舞》)

本论的449例复句,具体包括:转折111例,假设82例,并列67例,因果56例,递进51例,条件30例,连贯27例,时间9例,目的8例,解说4例,选择4例。可见,本论中数量居前两位的复句是:转折,约占24.7%;假设,约占18.3%。之所以如此,主要是因为本论中较多地运用了正反对比论证和虚拟论证这些论证方法,如:

(7)按理说那些失败者完全可以尝到胜利的喜悦,但他们往往缺少一种胜利的必要条件,那就是坚持。(《坚持就是胜利》)

(8)若一味沉沦于挫折的痛苦中,结果将不堪设想。(《遭遇挫折,笑对痛苦》)

结论的23例复句,具体包括:因果6例,条件5例,假设4例,递进2例,并列2例,

---

① 表7中,立论文352例形合复句中,首层形合复句259例,非首层形合复句93例;驳论文366例形合复句中,首层形合复句262例,非首层形合复句104例。因此,首层形合复句共计521例。

转折 2 例,连贯 1 例,时间 1 例。可见,结论中因果复句相对最多,这与结论多用来总结或重申观点的篇章属性相适应。如:

(9)面对磨炼,如果你不战胜它,你就会被它打败,<u>所以</u>,把磨炼当成一种财富,勇敢地去面对它吧!(《磨炼是一种财富》)

综上所述,论证语篇的引论、本论、结论三部分均有受制于各部分语篇功能的优势复句类型。因此说,论证语篇是复句敏感型语篇。

2.2.3 说明语篇的结构与复句运用

说明语篇可分导引、点题、主体、总结、延伸五部分。刘云、李晋霞(2020)考察了说明语篇的复句使用情况。① 就该文调查结果而言,"导引与点题"为引起读者兴趣,往往会交代说明对象的奇异之处,因此转折复句相对最多;"主体"则因阐释事物或事理的需要,与"对比说明"这一常见说明方法的运用,因果和转折复句相对最多,分别如②:

(10)刚才还是白云朵朵,阳光灿烂;一霎间<u>却</u>又是乌云密布,大雨倾盆。(《看云识天气》)③

(11)<u>由于</u>受到视野和视敏度的限制,在高空飞行的飞行员单凭肉眼很难发现和识别地面目标。(《眼睛与仿生学》)④

(12)这种鸟很小,身长只有五厘米多,<u>但</u>飞行速度极快,它的翅膀每分钟平均颤动五百次!(《昆虫、鸟类和飞机》)⑤

可见,说明语篇各部分同样具有受制于各部分语篇功能的优势复句类型,说明语篇也是复句敏感型语篇。

三、语篇及物性对复句及物性的制约

这里所说的及物性,是指 Hopper & Thompson(1980)所提出的 10 项句法语义特征⑥。这 10 项句法语义特征对小句的语法属性进行了比较全面的归纳,可作为复句句法语义分析的一个工具。从篇章语法研究来看,及物性最早运用于叙事语篇研究。由于及物性是一个具有普遍适用性的研究工具,针对其他语篇的及物性研究也逐渐出现。

---

① 该项研究的考察范围包括事物说明语篇和事理说明语篇,其中复句指首层形合复句。
② "总结、延伸"部分在语料中篇幅十分有限,因此刘云、李晋霞(2020)未做考察。
③ 该例出自义务教育课程标准实验教科书《语文》(七年级上册),人民教育出版社,2009 年。
④ 该例出自《名家教你写说明文》,崔文智编著,山西人民出版社,2018 年。
⑤ 该例出自《说明文选读》,张寿康、田增科编著,河南人民出版社,1991 年。
⑥ 即:参与者、行为/动作表达、体、瞬时性、意志性、肯定性、现实性、施事力、对受事的影响、受事的个体性。

由已有研究可知,叙事语篇前景呈现"高及物性",说明语篇前景呈现"低及物性"。(Hopper & Thompson,1980;Longacre & Hwang,2012:189—190)

不同类型语篇,及物性表现也不同。语篇所具有的及物性属性会明显制约着其中复句的语法语义特征。这也是语篇中宏观制约微观的一个重要表现。

李晋霞、刘云(2021)对比分析了叙事语篇与论证语篇的及物性,由该文可知,叙事语篇前景具有"高及物性",论证语篇前景具有"低及物性"。

刘云、李晋霞(2019)对比分析了叙事语篇与论证语篇的前景复句的及物性,即:叙事语篇前景复句具有"高及物性",论证语篇前景复句具有"低及物性"。

不难看出,前景复句的及物性明显受制于语篇的及物性。叙事语篇前景具有高及物性,叙事语篇的前景复句自然也呈现高及物性。论证语篇同理。上文已述,已有研究表明,说明语篇前景具有"低及物性",可以推测,说明语篇前景复句也呈现"低及物性"。总之,语篇及物性对复句及物性有明显的制约作用。

四、结　语

本文以叙事语篇、论证语篇、说明语篇为例,探讨语篇的宏观结构对复句运用的制约,主要考察了三个问题:第一,语篇类型对优势复句的选择性;第二,语篇结构对复句分布的选择性;第三,语篇及物性对复句及物性的制约。

语篇类型对优势复句具有明显的选择性。叙事语篇是故事性语篇,凸显时间性,连贯复句是其优势复句。论证语篇是说服性语篇,凸显逻辑性,转折复句是其优势复句。说明语篇是解释性语篇,凸显条理性,因果和转折复句是其优势复句。

从复句运用这一角度看,语篇可分两类:复句非敏感型语篇、复句敏感型语篇。叙事语篇是复句非敏感型语篇,具体表现为:不同类型复句数量不均现象突出,连贯复句占压倒性优势;在意合复句与形合复句中,前者更占数量优势;叙事语篇的不同部分对复句分布没有明显影响。论证语篇、说明语篇是复句敏感型语篇,具体表现为:不同类型复句在数量上相对均衡;在意合复句与形合复句中,除事物说明文外,形合复句更占数量优势;语篇不同部分对复句分布有明显影响。

语篇的及物性制约着其中前景复句的及物性。叙事语篇前景具有高及物性,叙事语篇的前景复句亦然;论证语篇、说明语篇的前景具有低及物性,论证语篇、说明语篇的前景复句亦然。

由本文的研究来看,宏观与微观相辅相成,而宏观又是其中的决定因素。

参考文献

范学望(2014)《巧用范文教习作》,福建教育出版社。
金贤编(2005)《初中生记叙文》,百花文艺出版社。
李晋霞、刘 云(2021)论叙事语篇与论证语篇的及物属性,《当代修辞学》第3期。
刘 云、储小静(2021)基于篇章语法的说明语篇前景复句考察,《汉语学报》第2期。
刘 云、李晋霞(2017)论证语篇的"前景—背景"与汉语复句的使用,《华中师范大学学报》(人文社会科学版)第4期。
刘 云、李晋霞(2019)试论语篇类型对复句使用的制约,《华中师范大学学报》(人文社会科学版)第1期。
刘 云、李晋霞(2020)从篇章语法看"说明语篇"复句运用的特点,《华中师范大学学报》(人文社会科学版)第5期。
陆鉴三、归瀚章主编(1995)《作文法词典》,浙江教育出版社。
王作昌主编(1988)《写作考试概要》,辽宁大学出版社。
Hopper, P. J. & Thompson, S. A. (1980) Transitivity in Grammar and Discourse. *Language* 56(2):251–299.
Longacre, R. E. & Hwang, S. J. J. (2012) *Holistic Discourse Analysis*. Dallas: SIL International.

(100875 北京,北京师范大学文学院)

《全球华语研究文献索引》出版

郭熙、祝晓宏、喻江编《全球华语研究文献索引》由商务印书馆出版。

本索引汇集全球各地发表的华语研究相关文献近7 000条,所收文献以海外华语研究为主,原则上不含对大陆汉语的研究,除非是与华语问题有关的;主要收入以汉语发表的作品,酌情收入一些其他语种文献(英语为主)。本索引分类编排,分类以理论、应用为纲,分成"华语理论、华语本体、华语与华人社会、华语应用"四大类,按语言各平面和地区差异分成数量不等的小类,条目著录体例先列篇名,次列著者,再列报刊、论著名称、年份期数。每小类的文献大体上按发表时间先后为序。《全球华语研究文献索引》《全球华语研究文献选编》是华语研究领域的基础文献信息源,也是全球华语、海外华语传承和其他祖语传承研究者的重要案头工具书。

现代汉语多音节复合词生成机制初探
——以菜名为例*

邓 盾

摘 要：现代汉语里大量存在由三个及以上词根语素组成、内部不含功能性成分的多音节复合词。文章选取现代汉语多音节复合词的一个小类，即以"西红柿炒鸡蛋"为代表的具有组合性语义的菜名作为研究对象，探讨其生成机制。基于对事实的描写分析，总结出了这类菜名的结构模板和表达策略："三块多层，可隐可细"。"三块"指从语义阐释来看，具有组合性语义的菜名内含"分类标准""烹制方式""菜肴类名"三块组成部分。"多层"指从句法构造来看，具有组合性语义的菜名具有两层或以上的二分层级结构。"可隐"指"分类标准"和"烹制方式"两块组成部分可隐含不言，"可细"指三块组成部分的每一块都可以被细化。文章对"分类标准"等三块组成部分的语义小类做了详细描写，并讨论了可隐含部分被隐含的原因、各部分细化的方式以及细化后所得菜名的结构分析。文章认为，具有组合性语义的菜名所代表的多音节复合词集中体现了现代汉语是高分析性单音节词根语言的类型特点。

关键词：多音节复合词；菜名；生成机制；分析性；单音节词根语言

〇、引言

本文讨论的"多音节复合词"，指由三个及以上词根语素组合而成、内部不含功能性成分（包括虚词和词缀）的复合词。现代汉语多音节复合词的实例如吕叔湘（1979：18）所给的"高射机关枪、袖珍英汉词典、大型彩色纪录片、同步稳相回旋加速器、多弹头分导重入大气层运载工具"等。这类复合词在现代汉语里大量存在，是突出体现现代汉语类型特点的语言现象。本文选取现代汉语多音节复合词的一个小类，即以"西红柿炒鸡

---

* 本文得到国家社科基金重大项目"生成语法的汉语研究与新时代汉语语法理论创新"（项目编号：18ZDA291）的资助。两位匿名评审专家和《对外汉语研究》编辑部提出的宝贵意见使文章改进不少，特致以衷心的感谢。文责自负。

蛋"为代表的具有组合性语义的菜名作为研究对象,描写分析这类实例的内部构造,以初步探讨现代汉语多音节复合词的生成机制,并揭示现代汉语在构词上的类型特点。

一、具有组合性语义的菜名与复合词

1.1 本文的研究对象

本文描写和分析的对象为现代汉语的相关菜名[①],该类菜名的实例如下所示:

(1)西红柿炒鸡蛋,土豆炖牛肉,粉蒸排骨,凉拌黄瓜,青椒肉丝,拔丝山药……

我们认为例(1)中所列的菜名是复合词而非词组(理由见1.2节)。现代汉语的复合词根据词汇语义和/或音节数量可分为不同的小类,例(1)中的实例是同时根据词汇语义(具有组合性语义的菜名)和音节数量(三个及以上音节)分出的一个小类。具有组合性语义的多音节菜名是一个开放类,其成员众多,实例易于获取,能保证研究对象的样本数量。更重要的是,母语者可以自由地生成这类菜名的实例,这表明该类菜名有其生成机制,这正是本文试图通过描写分析加以揭示的。

关于上述研究对象,有两点需要交代。第一,本文只关注例(1)中列举的整体语义可以从组成部分的语义推知的菜名。除这类具有组合性语义的菜名,现代汉语里还有很多整体带有习语性质的菜名,如"佛跳墙、蚂蚁上树、驴打滚、心太软、红三剁"等。带有习语性质的菜名,母语者在首次接触时很难或根本无法从字面得知其所指是什么,也不能自由地生成新的成员。本文的讨论不涉及整体带有习语性质的菜名。第二,依据出现的具体语境,本文讨论的语言片段有很多可获得名性或动性两种解读。以"西红柿炒鸡蛋"为例,该片段在"西红柿炒鸡蛋被吃完了"里获得名性解读,在"西红柿炒鸡蛋,不要炖牛肉,牛肉用土豆炖"获得动性解读。本文只关注名性解读下的片段,不讨论动性解读下的片段。相关片段能获得名、动两种解读的原因,可参看邓盾(2020b)的讨论。

1.2 复合词与词组的区分

复合词与词组的区分是现代汉语语法研究中的老大难问题。本文采用邓盾(2020a)提出的"句法完整性"(syntactic integrity)作为区分复合词和词组的标准。具体来说,由两个自由的直接组成成分 X 和 Y 构成的片段 XY,如果 X 和 Y 都不能接受

---

① 以中餐菜名为主,不区分小吃主食、冷盘热菜等不同类型食物的名称。

符合条件的句法操作,则 XY 这个片段具有句法完整性,是复合词;如果 X 或 Y 能接受符合条件的句法操作,则 XY 这个片段不具有句法完整性,是词组。句法操作指组合(merge),即选取成分来与 X 或 Y 组合。符合条件指选取来与 X 或 Y 组合的必须是含功能性成分的语言片段(如含量词的数量成分),而不能是词根或词。在上述标准下,本文的研究对象都会被判定为复合名词而不是名词词组。举例来说,"土豆炖牛肉"由两个自由的直接组成成分"土豆"和"炖牛肉"组成,这两个直接组成成分都不能接受符合条件的句法操作:"*土豆/一斤炖牛肉、*三个土豆/炖牛肉",这说明"土豆炖牛肉"具有句法完整性,因此是复合词。①

需要说明的是,出于不同的研究目的,研究者们可能会采用不同的标准来区分词和词组。因为区分标准不同,不同的学者针对相同的事实可能会得出不同的结论。举例来说,以词典编纂等应用任务为目的的研究者往往会采用能产性、音节数量等作为区分词和词组的标准,因此对本文研究对象的定性,词典编纂家们很可能会持与本文不同的看法。本文的目的并非专门探讨词与词组的区分,因此不同区分标准的利弊得失,本文不予讨论。感兴趣的读者可以参看邓盾(2020a)、吕叔湘(1979:17—26)等的讨论。

二、具有组合性语义的菜名的生成机制

2.1 具有组合性语义的菜名的结构模板与表达策略

基于对大量具有组合性语义的菜名的描写分析,我们归纳总结出了这类菜名的生成机制:"三块多层,可隐可细"。"三块多层"概括的是这类菜名在语义和句法上的结构模板。"三块"指从语义阐释来看,具有组合性语义的菜名有三大块组成部分,我们分别用 $A_{分类标准}$、$B_{烹制方式}$、$C_{菜肴类名}$ 来表示,它们各自表达不同的语义:$A_{分类标准}$ 从不同的角度对菜肴进行小类划分,$B_{烹制方式}$ 指明菜肴的烹制方式,$C_{菜肴类名}$ 指明菜肴所属的类别。下文会逐一对这三大块组成部分的语义小类进行介绍,此处不赘。"多层"指从句法构造来看,具有组合性语义的菜名可划分出两层或以上的二分层级结构。若着眼于菜名整体的句法构造,$B_{烹制方式}$ 和 $C_{菜肴类名}$ 两块先组成一个偏正结构体,该结构体作为核心再与起修饰作用的 $A_{分类标准}$ 组合,如下所示:

(2) [偏正 $A_{分类标准}$ + [偏正 $B_{烹制方式}$ + $C_{菜肴类名}$]]

---

① 部分菜名可被细化,如"西红柿炒鸡蛋"可细化为"青西红柿爆炒土鸡蛋",这表明复合词的生成跟词组和句子的生成一样,也具有递归性,这一事实要求我们对句法操作做出相应的规定。受篇幅和话题限制,我们将另文详论与句法完整性相关的理论和事实问题,此处不做深入讨论。

注意 A_分类标准、B_烹制方式、C_菜肴类名都可以是有自己内部构造的复杂成分,因此若对一个菜名作结构分析且一直分析到语素为止,最终可能会得到超过两层的二分层级结构。下文会通过具体实例展示当三块中的某一块为复杂成分时,整个菜名的结构分析是怎样的,此处不赘。

"可隐可细"概括的是具有组合性语义的菜名在生成时的表达策略。"可隐"指 A_分类标准 和 B_烹制方式 两个组成部分可以不在表层显性出现。"可细"指 A_分类标准 等三大块组成部分中的每一块都能够以相对而言更加精细和复杂的方式表达出来。下文会具体交代相关部分被隐含的情况和原因、每个部分细化的具体方式以及细化后所得菜名的结构分析。

以"西红柿炒鸡蛋"为例,上述观点认为从语义阐释来看,该菜名内含 A_分类标准 "西红柿",B_烹制方式 "炒"和 C_菜肴类名 "鸡蛋"三块组成部分。其中,"西红柿"从食材角度对菜肴加以小类划分,"炒"指明烹制的具体方式,"鸡蛋"指明菜肴的类别。若着眼于菜名整体的句法结构,B_烹制方式 "炒"和 C_菜肴类名 "鸡蛋"先组成一个偏正式结构体,该结构体作为核心再与修饰成分 A_分类标准 "西红柿"组合,由此得到整个菜名。在具体的语境中进行表达时,"西红柿炒鸡蛋"可简称为"西红柿鸡蛋"或"炒鸡蛋",前者隐含了 B_烹制方式 "炒",后者隐含了 A_分类标准 "西红柿"。"西红柿炒鸡蛋"也可以根据表达的需要以更精确的方式表达出来,如"青西红柿爆炒土鸡蛋"。这是对原有的 A_分类标准、B_烹制方式、C_菜肴类名 分别加以细化后得到的菜名,该菜名若作结构分析且一直分析到语素为止,可得到如下复杂的二分层级结构:

(3) [_偏正 [[青][[西][[红][柿]]]][_偏正 [[爆][炒]][[土][[鸡][蛋]]]]]

下面我们分别对 A_分类标准、B_烹制方式 和 C_菜肴类名 三大块组成部分加以介绍。对三者的介绍需要澄清它们各自的句法身份和语义小类,句法身份指相关成分是无类词根、词根组合还是某种词类的词。举例来说,"西红柿炒鸡蛋"里的 B_烹制方式 "炒"是无类词根还是动词?因为 A_分类标准、B_烹制方式、C_菜肴类名 身份的界定牵涉到诸多理论和技术细节,篇幅原因,本文从略,感兴趣的读者可以参看邓盾(2020b,2021b)的相关讨论。下面的介绍将专注于 A_分类标准、B_烹制方式、C_菜肴类名 的不同语义小类以及每个部分细化和隐含的情况。

2.2 A_分类标准 详解

2.2.1 A_分类标准 的不同语义小类

A_分类标准 从不同的角度对菜肴进行小类划分。根据我们对事实的把握,A_分类标准 可以从如下几个方面对菜肴进行小类上的区分:

(4)a.食材和作料;b.烹饪器具;c.菜肴样态;d.与菜肴有关的地名或人名;e.制作特点

下面对上述各类 A$_{分类标准}$ 加以举例说明。第一类 A$_{分类标准}$ 指称在制作菜名所命名菜肴的过程中用到的食材或作料,具体实例如:

(5)<u>香菇</u>炒油菜,<u>米椒</u>爆牛柳,<u>糖醋</u>藕丁,<u>蜜汁</u>叉烧肉……

上述每个菜名实例里画线的部分是其 A$_{分类标准}$。前两个菜名的 A$_{分类标准}$ 指称烧制菜肴过程中用到的食材,后两个菜名的 A$_{分类标准}$ 指称烧制菜肴过程中用到的作料。

第二类 A$_{分类标准}$ 指称在制作菜名所命名菜肴的过程中用到的烹饪器具,包括盛菜肴的器皿,具体实例如:

(6)<u>石锅</u>拌饭,<u>铁板</u>鱿鱼,<u>干锅</u>茶树菇,<u>砂锅</u>鱼翅,<u>小笼</u>粉蒸牛肉,<u>大盘</u>鸡……

第三类 A$_{分类标准}$ 描述菜名所命名菜肴在烹制好后呈现出来的样态,包括菜肴的颜色、味道、口感、形态等,具体实例如:

(7)<u>七彩</u>冻鸭丝,<u>香辣</u>牛蛙,<u>香酥</u>鸡,<u>水晶</u>蒸饺……

这类里面有两个比较常见的小类。第一小类以"X 香"为 A$_{分类标准}$,X 一般是产生香味的作料,具体实例如:

(8)<u>椒香</u>鸡丝,<u>蒜香</u>茄子,<u>豉香</u>小炒肉,<u>糟香</u>带鱼,<u>酒香</u>烩蛤蜊,<u>茶香</u>海参……

另一小类以"X 味"为 A$_{分类标准}$,X 指明味道的特征,具体实例如:

(9)<u>辣味</u>烩虾,<u>怪味</u>鸡,<u>川味</u>粉蒸排骨……

第四类 A$_{分类标准}$ 是与菜名所命名菜肴相关的地名或人名。地名一般是菜肴的原产地,人名一般是菜肴的创始人或菜肴因之而闻名的人,具体实例如:

(10)<u>无锡</u>排骨,<u>四川</u>担担面,<u>东北</u>大拌菜,<u>东坡</u>肉,<u>毛氏</u>红烧肉,<u>宫保</u>鸡丁,<u>麻婆</u>豆腐……

该类里有一特殊的小类,以"X 式"作为 A$_{分类标准}$,X 是地名,"X 式"指称 X 地区的一种烹制方式,具体实例如:

(11)<u>韩式</u>拌冷面,<u>泰式</u>酸辣牛肉,<u>广式</u>脆皮烧肉,<u>法式</u>苹果派……

第五类 A$_{分类标准}$ 言明菜名所命名菜肴的制作过程的特点,具体实例如:

(12)<u>自制</u>烟熏腊肉,<u>秘制</u>红烧排骨,<u>私房</u>烧鱼块,<u>家常</u>豆腐……①

除上述五类 A$_{分类标准}$,我们所掌握的语料中还能找到上述分类所不能涵盖的 A$_{分类标准}$,如:

---

① "私房"与"家常"言明的都是制作过程的特点。前者指制作该道菜的过程是独家拥有秘不外传的,后者则指制作过程是普通百姓家中即可进行的,非饭店的繁复做法。

(13)口水鸡,夫妻肺片,和合腰花……

上述例子中的 A$_{分类标准}$似乎找不到什么共同的语义基础,我们将之处理为一个剩余类。

2.2.2 A$_{分类标准}$的细化与隐含

据我们对所掌握语料的分析总结,A$_{分类标准}$的细化主要有两种方式。第一种方式是对已有的 A$_{分类标准}$进行偏正式扩展,以得到一个语义指称更具体的 A$_{分类标准}$。举例来说,"小土豆红烧肉"和"土豆红烧肉"这两个菜名,前者的 A$_{分类标准}$"小土豆"是对后者的 A$_{分类标准}$"土豆"的偏正式扩展,类似的例子还有:"(老)四川担担面,(酸)萝卜炒肚丝,(鲜)虾仁炒四棱豆"等,这些实例里画线的部分为 A$_{分类标准}$,其中被括号括起来的部分是对原有的 A$_{分类标准}$加以偏正式扩展的成分。

A$_{分类标准}$细化的第二种方式,也是更为常见的一种方式,是在原来用于分类的成分的基础上增加一个甚至多个用于分类的成分,由此得到新的 A$_{分类标准}$。举例来说,较之"辣味烧平鱼"和"大蒜烧平鱼","辣味大蒜烧平鱼"的 A$_{分类标准}$细化了,这种细化是在原有菜名的 A$_{分类标准}$"辣味"或"大蒜"的基础上新增一个成分而实现的。在复合名词长度允许的范围内,一个菜名的 A$_{分类标准}$可包含多个用于分类的成分,因此上述方式的细化可以在原有 A$_{分类标准}$的基础上新增多个用于分类的成分。篇幅原因,我们只讨论细化后的 A$_{分类标准}$包含两个用于分类的成分的情况。上一小节我们从语义上把 A$_{分类标准}$分为了五类,当一个菜名的 A$_{分类标准}$包含两个用于分类的成分时,这两个成分可以来自同一个语义类,也可以来自不同的语义类。据我们总结,大致有如下组合情况(菜名实例中画线的部分为其 A$_{分类标准}$,用于分类的两个成分用斜线分开):①

(14)食材 + 食材:"土豆/牛肉盖饭,蒜蓉/粉丝蒸扇贝……"
(15)食材 + 器具:"南乳/钵钵猪尾,荷叶/糯米蒸排骨……"
(16)样态 + 食材:"椒香/木耳炒牛肉,蒜香/肉末烧豆腐……"
(17)地名 + 食材:"越南/牛肉河粉,重庆/酸菜鱼……"
(18)样态 + 器具:"酒香/大盘鸡,铁板/香辣海鲜……"
(19)地名 + 器具:"新疆/大盘鸡,韩国/铁板豆腐……"
(20)地名 + 样态:"广式/脆皮烧肉,重庆/麻辣烤鱼……"

接下来我们讨论 A$_{分类标准}$细化后菜名的结构分析。先看第一种细化方式得到的菜

---

① 当 A$_{分类标准}$里含两个及以上用于分类的成分时,成分的相对位置有没有规律是一个值得探讨的问题。篇幅限制,本文不对这一问题做深入讨论。

名,以"酸萝卜炒肚丝"为例,该菜名的结构分析为"[偏正[偏正[酸][萝卜]][偏正[炒][肚丝]]]",这一结构分析如实反映了原有 $A_{分类标准}$ "萝卜"的偏正式扩展,也符合该菜名的语义:"酸萝卜炒肚丝"是加了酸萝卜的炒肚丝,而不是带有酸味的萝卜炒肚丝。

第二种细化方式产生的菜名,结构分析有两种情况。第一种情况以"辣味/大蒜烧平鱼"为代表,其结构分析为"[偏正[辣味][偏正[大蒜][偏正[烧][平鱼]]]]"。上述结构分析表明该菜名的 $A_{分类标准}$ 里包含的两个用于分类的成分"辣味"和"大蒜"不构成一个结构体,两者分别对其后的部分进行语义限制。另一种情况以"莲藕/海带煲猪骨"为代表,其结构分析为"[偏正[并列[莲藕][海带]][偏正[煲][猪骨]]]"。上述结构分析表明该菜名的 $A_{分类标准}$ 里包含的两个用于分类的成分"莲藕"和"海带"构成一个结构体,该结构体整体修饰其后的核心成分"煲猪骨"。有证据可以证明,以"辣味/大蒜烧平鱼"和"莲藕/海带煲猪骨"为代表的菜名应该作不同的分析。对于前者,我们不能说"*辣味和大蒜烧平鱼",但可以说"辣味的大蒜烧平鱼";对于后者,我们可以说"莲藕和海带煲猪骨",但不能说"*莲藕的海带煲猪骨"。这证明"辣味"和"大蒜"两个成分不是并列的,不构成一个结构体;而"莲藕"和"海带"两个成分是并列的,构成一个结构体。也就是说,尽管"辣味/大蒜烧平鱼"与"莲藕/海带煲猪骨"的 $A_{分类标准}$ 都包含两个用于分类的成分,但前一个菜名的 $A_{分类标准}$ 内的两个成分依次对其后的部分进行语义限制,而后一个菜名的 $A_{分类标准}$ 内的两个成分是构成一个结构体后整体对其后的部分进行语义限制。

接下来看 $A_{分类标准}$ 的隐含。对于原本存在 $A_{分类标准}$ 的菜名,当 $A_{分类标准}$ 所表达的信息可从语境中获取或不需要在语境中言明时,$A_{分类标准}$ 可以被隐含。举例来说,在具体语境中,"辣味大蒜烧平鱼"可省去 $A_{分类标准}$ 中用于分类的一个成分说成"辣味烧平鱼"或"大蒜烧平鱼",甚至可以省去整个 $A_{分类标准}$ 直接说成"烧平鱼"。据我们考察,$A_{分类标准}$ 的隐含主要是语境允准的,这是由 $A_{分类标准}$ 在菜名中所发挥的语义功能(即提供分类标准)决定的。

2.3 $B_{烹制方式}$ 详解

2.3.1 $B_{烹制方式}$ 的不同语义小类

据我们对所掌握语料的分析总结,菜名里常见的 $B_{烹制方式}$ 包括如下两个小类的成员:

(21)a. 煲、爆、拌、煸、炒、汆、炖、烘、烩、煎、酱、焗、烤、熘、卤、焖、酿、扒、泡、炝、烧、涮、煨、熏、炸、蒸、煮、灼……

b. 包、盖、灌、夹、扣、捞、拍、塞、撕、抓、斩……

制作菜肴的整个流程包含准备食材、烹饪食材、食物装盘等诸多步骤,例(21)中的两小类成员,第一小类指称整个流程里最核心的烹饪食材这一步骤,第二小类指称的则是流程里的其他相关步骤。下面是含例(21)中两小类 $B_{烹制方式}$ 的菜名实例,每个 $B_{烹制方式}$ 各提供了一个菜名实例,画线部分为其 $B_{烹制方式}$:

(22)a. 红豆山药<u>煲</u>乌鸡,葱<u>爆</u>羊肉,凉<u>拌</u>海蜇,干<u>煸</u>鳝鱼,小<u>炒</u>黄牛肉,酸菜<u>汆</u>白肉,萝卜<u>炖</u>牛腩,鱼香<u>烘</u>蛋,红酒<u>烩</u>牛肉,香<u>煎</u>黄花鱼,<u>酱</u>牛肉,盐<u>焗</u>鸡,北京<u>烤</u>鸭,醋<u>熘</u>白菜,<u>卤</u>鸭舌,黄酒<u>焖</u>猪排,客家<u>酿</u>豆腐,虾子<u>扒</u>海参,<u>泡</u>萝卜,<u>炝</u>蛤蜊,红<u>烧</u>蹄筋,<u>涮</u>羊肉,莲藕<u>煨</u>排骨,花雕<u>熏</u>鱼,油<u>炸</u>汤圆,清<u>蒸</u>鳜鱼,水<u>煮</u>鱼,白<u>灼</u>海虾……

b. 紫菜<u>包</u>饭,尖椒肉丝<u>盖</u>饭,鸡蛋<u>灌</u>饼,肉<u>夹</u>馍,梅菜<u>扣</u>肉,鲍鱼<u>捞</u>饭,<u>拍</u>黄瓜,油面筋<u>塞</u>肉,手<u>撕</u>包菜,手<u>抓</u>羊肉,白<u>斩</u>鸡……

例(22)a 中的 $B_{烹制方式}$ 是烹饪食材的各种具体方式,例(22)b 中的 $B_{烹制方式}$ 则是制作流程里除烹饪食材外的其他步骤。举例来说,"尖椒肉丝盖饭"的烹饪方式是炒(尖椒肉丝)和蒸(米饭),菜名里的"盖"是制作该食物的最后一步,即把炒好的尖椒肉丝浇盖在蒸好的米饭上。"拍黄瓜"的烹饪方式是(凉)拌,"拍"是整个制作过程里准备食材的一步。

需要强调指出的是,$B_{烹制方式}$ 的两个小类划分并不影响菜名的生成分析,例(22)中的两组菜名可以、并且应该作统一分析。以例(22)b 中的"肉夹馍"为例,该菜名有三个组成部分,"肉"为 $A_{分类标准}$,"夹"为 $B_{烹制方式}$,"馍"为 $C_{菜肴类名}$。从结构上来说,$B_{烹制方式}$"夹"和 $C_{菜肴类名}$"馍"先结合组成偏正式的"夹馍","夹馍"再与 $A_{分类标准}$"肉"结合生成整个菜名。这一结构分析不仅体现了语言的系统性,也符合该菜名的实际情况。肉夹馍属西北菜,在关中地区,人们简称夹着某种食料的馍为"夹馍",然后在"夹馍"前加上该食料的名称,如"牛肉夹馍、腊汁肉夹馍、鸡蛋火腿肉夹馍、青椒碎米肉夹馍"等。另外,除了"夹馍",还有"泡馍、烤馍、蒸馍"等。上述事实支持我们对"肉夹馍"的结构分析。①

2.3.2 $B_{烹制方式}$ 的细化与隐含

$B_{烹制方式}$ 有偏正式和并列式两种细化方式。偏正式细化指对原有的 $B_{烹制方式}$ 进行偏正式扩展以得到一个偏正序列作为新的 $B_{烹制方式}$。并列式细化指将两种烹制方式并列后整体作为新的 $B_{烹制方式}$。据我们对所掌握菜名的分析,$B_{烹制方式}$ 并列式细化的情况极少,我们找到的最典型的例子是指称北京传统小吃的菜名"<u>卤煮</u>火烧"。该菜名的 $B_{烹制方式}$ 是"卤煮"。"卤煮"是"卤"和"煮"的并列,指称在烹制卤煮火烧的过程中所用到的卤和煮两道烹饪程序。

---

① 关于"肉夹馍"的更多讨论,可参看杨锡彭(2012)、董洪杰(2019)。

与并列式细化相对,B_烹制方式的偏正式细化情况较为复杂。我们将细化所得的偏正序列里的修饰成分从语义上分为四类,下面依次介绍。

第一类修饰成分指明以该种烹制方式制作出来的菜肴最终所呈现的样态,包括菜肴的软硬干湿、颜色、口感、温度或味道等,具体实例如下(实例中画线的部分为修饰成分):

(23)干炸/烧/煸,软炸,酥炸,焦熘,红烧/焖,白煮/斩/灼,嫩煮,凉拌……

以"红烧"为例,它是对"烧"的细化,修饰"烧"的"红"指称烧出来的食物所呈现的颜色。例(23)中的其他例子都可作相同分析。

第二类修饰成分指称烹制方式在进行过程中用到的主要器具,具体实例如下:

(24)叉烧,烟熏,火爆,水煮,碳烤,手撕,刀拍,油炸……

以"叉烧"为例,它是对"烧"的细化,修饰"烧"的"叉"指称在烧的过程中用到的工具。例(24)中的其他例子都可作相同分析。

第三类修饰成分指明烹制过程的特点或方式,具体实例如下:

(25)爆炒,清蒸,串烤,川爆……

以"清蒸"为例,它是对"蒸"的细化。"清蒸"指"不放酱油带汤蒸"(《现代汉语词典》,2016:1067),"蒸"的修饰成分"清"指明了蒸的特点。再如"爆炒",它指的是"用滚油快速翻炒"(《现代汉语词典》,2016:52)。也就是说,"爆"修饰"炒",它指明了炒的具体方式。"爆"与"炒"不是并列关系,爆炒并不是指爆和炒两道烹饪程序。因此"爆炒"不是和"卤煮"一样的并列式细化,而是偏正式细化。

第四类修饰成分指称烹制方式在进行过程中用到的主要作料,具体实例如下:

(26)粉蒸,酱烧,油焖,醋熘……

以"粉蒸"为例,它是对"蒸"的细化,修饰"蒸"的"粉"指称在蒸的过程中用到的一味作料。例(26)中的其他例子都可作相同分析。对于这类情况,一位匿名评审专家指出:"粉"等用来对原有 B_烹制方式 进行细化的成分如何与 A_分类标准 相区别。举例来说,"粉蒸"除了可分析为用"粉"对"蒸"进行细化后得到的 B_烹制方式,也可以分析为"粉"是 A_分类标准 而不是细化 B_烹制方式 "蒸"的成分。评审专家指出的两种分析在实际语料中都能找到实例,相关成分该怎么定性需要具体情况具体分析。举例来说,"米粉蒸牛肉、葱爆羊肉"里的"米粉"和"葱"分析为 A_分类标准 为宜,因为它们前面似乎不能再出现充当 A_分类标准 的成分。与之相对,"香辣粉蒸鱼、咖喱粉蒸肉、酒酿粉蒸排骨"等实例里的"粉蒸"则被分析为 B_烹制方式 为宜,此时"粉"是细化"蒸"的成分,原因是"粉蒸"前面出现了充当 A_分类标准 的成分。

接下来看 B_烹制方式 细化后菜名的结构分析。与 A_分类标准 细化后的情况不同,B_烹制方式的细化只涉及该部分自身的结构复杂化,并不影响该结构与菜名其他部分的组合。举例来说,尽管"卤煮火烧"与"水煮白菜"里 $B_{烹制方式}$ 细化的方式不同,但细化后得到的这两个菜名的结构分析是一样的,都是细化后的整个 $B_{烹制方式}$ "卤煮"和"水煮"修饰其后的部分。

据我们对事实的把握,$B_{烹制方式}$ 可通过两种方式隐含。第一种是语境允准的隐含。举例来说,"辣味烧平鱼"在语境中可隐含 $B_{烹制方式}$ "烧"直接说"辣味平鱼"。另一种是词汇语义要求或允准的隐含①。当 $C_{菜肴类名}$ 的词汇语义包含了烹制方式,$B_{烹制方式}$ 就不再甚至不能出现了。举例来说,《现代汉语词典》(2016:1272)对"汤"的释义为"食物煮后所得的汁水",因为"汤"的词汇语义里已经包含了煮这一烹制方式,因此当它为 $C_{菜肴类名}$ 时,$B_{烹制方式}$ "煮"就不需要了。如一般只说"西红柿鸡蛋汤"而不说"西红柿鸡蛋煮汤"。有些 $C_{菜肴类名}$ 有默认的烹制方式,这类 $C_{菜肴类名}$ 可以允准 $B_{烹制方式}$ 隐含。举例来说,面条默认的烹制方式是煮,因此一般直接说"西红柿牛肉面"而不说"西红柿牛肉煮面"。与之相对,"西红柿牛肉炒面、西红柿牛肉拌面、西红柿牛肉拉面"则一般需要出现画线的 $B_{烹制方式}$,这是因为炒、拌并非面条默认的烹制方式,拉更不是一般意义上的烹制方式。

2.4 $C_{菜肴类名}$ 详解

2.4.1 $C_{菜肴类名}$ 的不同语义小类

据我们对所掌握语料的分析与归纳,$C_{菜肴类名}$ 按语义可分为如下四类:

(27) a. 食物小类;b. 主要食材;c. 主要食材的形态;d. 盛菜肴所用器皿

第一类 $C_{菜肴类名}$ 是菜肴所属的食物小类,常见的例子如"粥、面、饭、羹、汤"等,菜名实例如:"皮蛋瘦肉粥,香辣红烧牛肉面,土豆腊肉焖饭,西湖牛肉羹,虫草花鸭汤"等。

第二类 $C_{菜肴类名}$ 指称菜名所命名菜肴的最主要食材,包括各种蔬菜、肉、鱼、蛋等。这类例子最多,具体菜名实例如:"大虾烧白菜,砂锅豆腐,老川东粉蒸兔,茶树菇炖鸽子,豆豉鲫鱼"等。

第三类 $C_{菜肴类名}$ 描述菜肴主要食材的形状,常见的形状名有"泥、片、丝、块、段、条、粒、末"等。上述形状名一般不单用,其前一般需要加上具有该形状的食材名,具体实例如(画线部分为 $C_{菜肴类名}$,其核心为形状名):"鲜肉奶香土豆泥,水煮肉片,椒麻鸡丝,香酥鳕鱼块,老干妈酥辣鱼段,鱼香茄条,腊八蒜炒牛肉粒,胡萝卜青椒炒肉末"等。

---

① 本文所谓的隐含,除了句法上的隐含,还包括语义上的隐含。从语义阐释的角度来看,菜名里必须包含烹制方式。作为菜名的"无锡排骨",可看作包含烹制方式,其语义可阐释为以无锡地区的方式烹制的排骨而不是无锡地区出产的排骨。

这类包含一个动用了隐喻的小类,先看具体实例:"四鲜韭菜盒子,鲜虾马蹄盏,鲍翅木瓜船"。"盒子、盏、船"是对菜肴主要食材形状的隐喻性描述。不难看出,这类实例中的"木瓜船"等 $C_{菜肴类名}$ 与上面实例中的"土豆泥"等 $C_{菜肴类名}$ 在结构和功能上是完全平行的:修饰成分"木瓜"和"土豆"指称主要食材,核心成分"船"和"泥"则指明食材形状。

第四类 $C_{菜肴类名}$ 指称盛菜肴的器皿,如:"麻辣香锅,牛肉火锅,三文鱼冷盘,什锦香碗,珍珠聚宝盆,排骨芋仔煲"等。这类 $C_{菜肴类名}$ 动用了从容器到内容物的转喻(metonymy),即利用容器来转指容器内所盛的内容物。举例来说,"麻辣香锅"指的不是锅而是盛在锅里的带有麻辣香特点的菜肴。

2.4.2 $C_{菜肴类名}$ 的细化与隐含

据我们考察,$C_{菜肴类名}$ 主要通过偏正方式进行细化,具体来说是对原有的 $C_{菜肴类名}$ 进行偏正式扩展以得到一个偏正结构的新 $C_{菜肴类名}$。比如,"水煮活鱼"的 $C_{菜肴类名}$ "活鱼"是通过对原有的 $C_{菜肴类名}$ "鱼"进行偏正式扩展得到的,其结构分析为:"[偏正[偏正[水][煮]][偏正[活][鱼]]]"。为了达意,$C_{菜肴类名}$ 一般不能隐含。

三、具有组合性语义的菜名所反映的现代汉语类型特点

具有组合性语义的菜名集中体现了现代汉语作为一种高分析性单音节词根语言的类型特点。① 下面先阐释"高分析性单音节词根语言"(monosyllabic root language with high analyticity)这一论断的内涵,然后展示具有组合性语义的菜名是如何体现该类型特点的。

3.1 "高分析性单音节词根语言"的内涵

本文关注的分析性,指的是语言在信息编码上的特点。给定相关信息,使用越多语素来对信息进行编码的语言,其分析性越高,反之分析性越低。举例来说,对于雌性的鸡这一事物,现代汉语使用由两个语素"母"和"鸡"构成的合成词"母鸡"来指称,而英语则使用由单个语素实现的单纯词 hen 来表达。再如牛肉这一事物,现代汉语使用含两个语素的合成词"牛肉"来指称,而英语则使用只含一个语素的单纯词 beef 来表达。若以英语为比较对象,对英语和现代汉语名词、动词、形容词三大实词类的主要成员加以

---

① 体现现代汉语该类型特点的个案研究,可参看邓盾(2018、2020b、2020c、2021a、2021b、2022)。

全面考察,会发现现代汉语的分析性比英语高。一般认为英语是印欧语系里分析性高的语言,而现代汉语的分析性比英语高。(参看 Huang,2015)基于这一事实,我们说现代汉语是一种高分析性的语言。

分析性高的语言,倾向于使用数量相对更多的语素来编码给定信息。至于编码信息所用的语素是单音节的还是多音节的,是词根还是词缀,分析性本身对此并没有要求。也就是说,语言分析性的高低与语言的语素在语音和语法上的性质并没有必然的联系。现代汉语作为一种高分析性的语言,其语素在语音和语法上有鲜明的特点。

现代汉语的语素在语音上最显著的特点是以单音节语素为绝对主体。打破现代汉语语素和单个音节之间对应关系的只有三类情况。第一类是外来的语素,如"沙发"。第二类是用于文学语言的非核心语素,如"婆娑"。第三类是凝固下来的语流音变结果,如合音产生而留存下来的"俩、仨、别、甭"等。① 以上三类情况,前两类属于一个以上的音节实现为单个语素,第三类或可认为是单个音节表达多个语素。事实是,前两类情况涉及的是现代汉语语素集合里的边缘成员(要么是外来的要么是非核心的),第三类情况数量很少,而且我们未尝不可以将"俩、仨、别、甭"这类情况处理为单音节语素,因为它们与其历时的源头(如"别"和"不要")间的渊源关系在共时平面上已经不甚明显。如果一定要体现渊源关系,也可以将它们在底层处理为两个单音节语素,然后通过组合后的形态音系规则将之生成出来,这样在底层仍可维持语素和单音节的对应关系。综上,现代汉语非派生的本源核心语素都是单音节的,单音节是现代汉语语素在语音上的标志性特征。

现代汉语的语素在语法上最显著的特点是以词根语素为绝对主体。朱德熙(1982: 29—32)穷举了现代汉语的词缀,即"初一、第一、老一、一子、一儿、一头、一们、一了、一着、一过、一得"等。上述清单中的"一们、一了、一着、一过、一得"都是构形词缀(inflectional affixes)。用于构词的"初一、第一、老一"三个,朱德熙(1982:30)指出它们"都还残留着具体的词汇意义",即不是典型的词缀。这样看来,现代汉语真正的构词词缀(derivational affixes)屈指可数,用于构词的原材料几乎全是词根语素。

综合以上事实,我们认为现代汉语是一种高分析性的单音节词根语言,这一特点对现代汉语的组词造句产生了深远的影响。下一节我们展示并论述具有组合性语义的菜名是如何体现现代汉语的上述特点的。

3.2 具有组合性语义的菜名所反映的现代汉语类型特点

现代汉语的语素几乎全是单音节词根语素,与此同时,现代汉语具有高分析性,这

---

① 语流中因合音产生的成分绝大多数都没有固化留存下来,如"公安局"里的"公安"合音成的"关"。

意味着现代汉语主要通过单音节词根语素的相互组合来编码信息。上述事实的直接后果是现代汉语中存在大量复合词，尤其是多音节复合词。因此，多音节复合词的大量存在是现代汉语是高分析性单音节词根语言这一类型特点的直接反映。下面我们以"西红柿炒鸡蛋"及其英文直译 scrambled eggs with tomatoes 为例，来展示和论述具有组合性语义的菜名是如何体现现代汉语的上述类型特点的。

首先，"西红柿"与 tomato 所含语素的数量差异直接体现了汉英在分析性上的不同。"西红柿"是包含三个语素的合成词，而 tomato 是只含一个语素的单纯词。在对西红柿这一事物进行语言编码时，现代汉语体现出了比英语更高的分析性。如果全面考察现代汉语和英语用来指称食材、调料、食物的名词，会发现"西红柿"与 tomato 所体现的分析性高低差异是一个系统性现象而非特例。

其次，scrambled eggs with tomatoes 中出现了功能性成分，即词缀(-ed 和-s)和介词(with)。与之相对，"西红柿炒鸡蛋"只包含词根语素，内部没有出现任何功能性成分。如果全面考察汉英菜名，会发现上述差异也非孤例，而是一个系统性现象。这种差异是多方面原因导致的，其中重要的方面是上节指出的现代汉语的类型特点。

先看有没有词缀的问题。以"炒鸡蛋"为代表的"烹制方式＋菜肴类名"这一组合，"烹制方式"在现代汉语里直接用一个词根语素"√炒"来表达，而英文不能使用√scramble 这一动词词根来表达，必须使用包含词缀的过去分词 scrambled 来表达。这种差异的原因在于英语的语言单位库里有造成过去分词的语素-ed，而作为单音节词根语言的现代汉语则没有。英语有相应的语言单位，可以借助它们直接在形态句法上来表达炒这一烹制方式和鸡蛋这一食材之间的语义关系，即鸡蛋是炒的对象。现代汉语没有相应的语言单位，因此只能在概念层面来表达同样的语义关系。具体来说，现代汉语的"炒鸡蛋"是词根语素"√炒"和词根语素组合"√鸡蛋"组合生成的，(参看邓盾，2020b) 词根语素与词根语素的组合在语义上代表的都是概念，"√炒"和"√鸡蛋"的组合在语义上属于概念间的融合，因此，现代汉语是通过概念融合而非形态手段来表达相关语义关系的。

接下来看有没有介词的问题。现代汉语的"炒鸡蛋"具有句法完整性，是一个复合词，而英语的 scrambled eggs 不具有句法完整性，是一个名词词组。在汉英两种语言里，复合名词都可以直接受名词的修饰，而名词词组则只能受相关词组的修饰，而不能直接受名词的修饰。因为"炒鸡蛋"是复合名词，所以能直接受名词"西红柿"的修饰，与之组合构成复合名词"西红柿炒鸡蛋"。scrambled eggs 是名词词组，不能直接受名词 tomatoes 的修饰，而只能受相关词组的修饰。所以，tomatoes 必须先和介词 with 构成介词词组后才能去修饰 scrambled eggs。又因为现代汉语在名词领域是核心在后的

(head-final),核心成分出现在其补足语(complement)以及各类附加语之后;而英语在名词领域是核心在前的(head-initial),核心成分出现在其补足语之前,附加语则根据句法类型分居核心两侧。所以,"西红柿炒鸡蛋"和 scrambled eggs with tomatoes 出现了语序差异。

四、结 语

本文将以"西红柿炒鸡蛋"为代表的具有组合性语义的菜名作为研究对象,描写分析了这类菜名的生成机制。文章指出:这类菜名作为现代汉语多音节复合词的一个小类,集中反映了现代汉语是一种高分析性单音节词根语言的类型特点。希望本文的个案研究能引起学界对现代汉语多音节复合词的关注以及对现代汉语类型特点的重视,加强对上述两个方面的研究。

参考文献

邓　盾(2018)构词中的语段:以现代汉语后缀"—子"的构词为例,《外语教学与研究》第6期。
邓　盾(2020a)"词"为何物:对现代汉语"词"的一种重新界定,《世界汉语教学》第2期。
邓　盾(2020b)从分布式形态学看"炒饭"类双音节名词性片段的性质与生成,《当代语言学》第3期。
邓　盾(2020c)从分布式形态学看现代汉语语素"化"及其与英语后缀-ize 的共性和差异,《外语教学与研究》第6期。
邓　盾(2021a)说"的$_1$"——纪念朱德熙先生诞辰一百周年,《中国语文》第4期。
邓　盾(2021b)动词能做定语吗?,《语言教学与研究》第5期。
邓　盾(2022)论现代汉语的 AABB 片段为复合词而非重叠式,《世界汉语教学》第1期。
董洪杰(2019)肉夹馍?馍夹肉?,《语言文字周报》10月23日第3版。
吕叔湘(1979)《汉语语法分析问题》,商务印书馆。
杨锡彭(2012)"肉夹馍"、"冰糖葫芦"的结构层次,《语言文字周报》10月3日第4版。
中国社会科学院语言研究所词典编辑室编(2016)《现代汉语词典》(第7版),商务印书馆。
朱德熙(1982)《语法讲义》,商务印书馆。
Huang, C.-T. J. (2015) On Syntactic Analyticity and Parametric Theory. In Li, A., Simpson, A. & Tsai, W.-T. D. (eds.). *Chinese Syntax in a Cross-Linguistic Perspective*. Oxford: Oxford University Press.

(100084　北京,清华大学人文学院中文系)

自然口语中"对了"话语功能的浮现*

史金生　李　萍

摘　要：文章从互动语言学的动态视角出发，基于位置敏感语法理论，考察了语用标记"对了"在真实自然口语语料中功能的浮现。研究发现"对了"处在不同的序列环境位置下呈现出不同的话语功能，具有位置敏感性：位于引发序列话轮首位置的"对了"具有提醒注意、转移话题的功能，位于回应序列话轮中位置的"对了"具有追补信息、语篇修复的话语功能。文章还根据与"对了"伴随出现的韵律及多模态互动特征，从形式上进一步验证"对了"的话语功能，认为"对了"的话语功能与其韵律表现有一定的对应关系，多模态表现能揭示"对了"在互动中的话语功能。

关键词："对了"；位置敏感；韵律；多模态；话语功能

〇、引言

学界对"X了"类话语标记已有不少深入探讨，比如："完了"（李宗江，2004）、"好了"（孙瑞霞，2008；曹秀玲，2016）、"对了"（李艳，2010；朱军，2015；姜向荣，2008；刘焱，2007；吉益民，2012；罗燕玲，2010）。其中曹秀玲（2016：201）指出"X了"类话语标记的功能与分布位置密切相关，但并未做详细论述。李艳（2010）等研究"对了"的文献多从词汇化、语法化角度进行分析，如朱军（2015）探讨了"对了"的两种话语标记用法及其产生的路径与动因，认为"对了"具有提醒的功能，但未从形式上给予验证。以上研究由于所用语料及理论方法的限制，对于"对了"的话语功能及其浮现机制并没有取得一致的

---

* 本文受国家社科基金项目"基于'行、知、言'三域理论的北京话虚词功能及其演变研究"（项目编号：18BYY180）、"全球中文教育主题学术活动资助计划"（项目编号：SH21Y11）和"国家社科基金优秀社科学术社团奖励性补助"（项目编号：20STC016）的资助；承蒙《对外汉语研究》匿名审稿专家和编辑部提出宝贵的修改意见，谨此致以诚挚的谢意。

认识。本文尝试在已有研究基础上,选取真实的自然口语语料,①运用位置敏感语法理论,结合韵律与多模态表现,全面考察"对了"在互动中的话语功能。

位置敏感语法(positionally sensitive grammar)是互动语言学研究的一个重要理论,该理论认为"语言形式是与社会行为在特定话轮和序列中的位置相适应的"(方梅等,2018),即语言形式产生于特定的序列类型,并由特定的序列类型和序列位置塑造,因此语言形式的研究需要关注话轮与序列位置情况,不同的语言形式在不同的序列位置上话语功能不同,即使同一语法形式在不同的序列位置上也会浮现出不同的话语功能。

本文从位置敏感角度,分析"对了"在不同位置上浮现出的不同的话语功能,并从韵律和多模态视角,对其不同的功能进行形式验证。

一、"对了"的话轮序列位置情况

互动语言学强调对语言的研究必须立足于互动交际环境下的自然发生的语言,在考察"对了"②在汉语口语对话中所具有的不同话语功能时,不仅要关注其与相邻语法单位的关系,还应该关照到相应的会话互动序列,也就是"横向观测其在话轮内的位置;纵向观测其在序列结构中的位置"(姚双云、田咪,2020)。

1.1 "对了"的话轮位置

作为话语标记的"对了"在会话中的话轮位置表现为话轮首与话轮中,具体如下:

1.1.1 *位于话轮首的"对了"*

位于话轮首的"对了"有两种情况。一是独立位于话轮首,如:

(1)【语境:无法购买蟹钳】

01.J:没事,有精神就行。

02.P:好好学习吧,难得的时间。

→03.J:对了,青岛这边好像没有蟹钳,我找了一圈没找到。

04.P:没事,辛苦了哈。(母语者日常对话)

---

① 本研究的语料来源:一是日常的对话录音,这是主要的语料来源,包括 Call Friends 电话录音与汉语母语者日常生活的对话录音,其中 Call Friends 的电话交谈者关系多为同学、朋友与家人,交谈使用汉语普通话交谈,总共选取 43 段对话录音,时长 5—30 分钟不等。二是为了对比研究,选取了反映当代生活的影视剧《北京爱情故事》《欢乐颂》的对话语料,这两部电视剧由于都是反映现实生活,剧中人物关系也多为朋友、同事、亲人。三是无剧本干扰下的综艺真人秀《同一屋檐下》。

② 为了便于行文,后文"对了"都是指话语标记的"对了"。

二是常与叹词共现用于话轮首,我们把这种情况称为类话轮首,仍看作位于话轮首位置。如:

(2)【语境:询问滑雪地址】

→01. P:哎,对了,亲爱的,就,就你上次带宝宝去滑雪那是哪儿呀?

02. P:我打算这周六带他去。

03. T:现在好几个地方了。

04. T:你去南宫吧,还是。

05. T:我觉得我这边这个上坡很费劲,做得不好,不如南宫玩的花样多。

(母语者日常对话)

与叹词共现时,"对了"还可呈现出叠连的情况,如:

(3)【语境:叮嘱发邮件】

01. B:引出了两大派,哎,以谁为代表,这个我记得住。

→02. A:噢,对了,对了,我跟你说=①

03. B:嗯哼。

04. A:=你明天就是,最好给你那个在德拉华尔那个朋友发一个E-mail。

05. B:噢,对对对。(Call Friends)

罗燕玲(2010)认为位于句首的"对了"是一个功能词,无实在意义,所以判定"对了"在句中不能重叠,这与我们的观察不一致。

1.1.2 位于话轮中的"对了"

除了能位于话轮之首,"对了"还能位于话轮之中,如:

(4)【语境:告知晚会的消息】

→01. A:最重要人开心,挫折是每个人的必经之路,哭过了就要懂得笑,对了,晚会还在待定。

02. B:我要回来,我想回来。

03. A:别说,请做。(母语者日常对话)

在我们搜集到的电话语料中,尚未出现"对了"在话轮尾的情况。由于电话语料数量有限,为了验证,我们还考察对比了影视剧剧本中"对了"的使用情况。我们选取了

---

① 转写符号说明:"="指用于连接同一话轮话语放置在两行内的情况;":"指前一成分的拖长或延长,冒号的多少象征着拖延时长的长短;"@@"指笑声;"→"指话语中需注意的部分;(.)指话语内部及话语之间的空当时长为1秒。

《北京爱情故事》和《欢乐颂》①这两部剧本,对其中话语标记"对了"进行统计,共得到 84 例,具体使用情况如下:

表 1　"对了"在话轮中的分布及使用频次

位置	话轮首	话轮中	话轮尾	总计
数量/例	31	53	0	84
占比/%	36.9	63.1	0	100

通过表 1,我们能观察到"对了"的话轮出现在话轮首和话轮中,其中话轮首有 31 例,占 36.9%,话轮中有 53 例,占 63.1%,话轮中出现的频率更高。与自然对话的电话语料库情况一致,"对了"不出现在话轮尾。

1.2 "对了"的序列位置

"语法形式产生于特定的序列类型,并由特定的序列类型和序列位置塑造而成,其互动功能对序列位置具有敏感性"(Thompson et al.,2015;方梅等,2018)。"对了"在会话序列中的序列位置情况如下:

1.2.1 告知序列

会话序列是完成某些活动的载体,其中作为序列构造基本单位的相邻对存在不同形式,如"告知—回应"相邻对、"提问—回答"相邻对等。(Schegloff,2007)其中相邻对前件"告知"所在序列称为告知序列,执行的是告知信息的社会行为,"对了"在会话中常位于告知序列,例如:

(5)【语境:谈论朋友收入】
　　01. B:啊,中国所得税,中国所得税也是一笔糊涂账。
→02. A1:对了,不知道怎么回事啦,就是(.)他们说(.)说公司还给他一
　　　　　辆车,住房也不要钱。
　　03. B:这家伙,真是的。
　　04. A1:他是,他是交好运了,这个,这个是,真的很不错的。(Call Friends)

例(5)中第 2 行的"对了"位于告知信息序列的话轮之首,用于开启一个告知信息的行为。

1.2.2 提问序列

在我们搜集的语料中,"对了"还常出现在"提问—回答"相邻对的前件当中,即提问

---

① 由于这两部影视剧剧情人物关系多为朋友、亲人,其剧情反映的是当下的生活,并且影视剧《北京爱情故事》语料有 26 万余字,《欢乐颂》语料共有 35 万余字,我们的自然口语对话语料也是多发生于朋友或者亲人之间,因此通过这两部剧的语料也能一定程度上补充佐证我们的发现,避免因为自然口语语料的不足带来结果的偏差。

序列,执行寻求信息的社会行为,例如:

(6)【语境:询问同学所在国家】

01. A:是国立还是南洋?

02. B:可能是南洋,好像是南洋。

03. B:她说是搞什么呀,好像搞什么图像呀还是什么东西啊,反正。

→04. A:哎,对了,你。

05. A:那个同学,贾什么,是在新加坡吗?

06. B:应该是在,但是我不知道,我。(Call Friends)

例6中第4行A没有对于上一话轮中B所述话语进行进一步的谈论,而是用"对了"开启了一个新的会话序列,提出问题"你那个同学,贾什么,是在新加坡吗?"开启了一个请求确认的行为。

1.2.3 回答序列

"对了"在互动会话中也偶见于回答序列,位于"提问—回答"相邻对的后件,用于对前一说话人的寻求信息行为进行回答。例如:

(7)【语境:谈论吃的食物】

01. Q:你经常给孩子做什么吃的呀?

02. B:菜坨子,呃:(.)包子饺子馅稍微做细些,基本就是大人的了。

→03. B:对了,还有粥。

04. B:我家习惯吃杂粮粥,我闺女也爱吃,不过面条不太喜欢。(母语者日常对话)

上例第1—3行构成"提问—回答"相邻对。第1行中Q询问B"你经常给孩子做什么吃的呀?",第2行B回答基本完成了,但又在其话轮即将结束处,即第3行使用"对了"开启了一个新的话轮,对B的提问进行进一步补充回答,这是对Q的寻求信息行为的进一步回答。

二、"对了"的话语功能

通过上文对话语标记"对了"的序列位置情况的考察,我们发现"对了"处在不同的会话序列位置时,用于执行不同的会话行为。"对了"的话语功能对序列环境具有敏感性,处于不同的话轮位置或序列位置下的"对了"往往会呈现出不同的话语功能:一是提醒注意的人际互动功能;二是延续话题、转移话题的话题组织功能;三是语篇修复功能。

下面对这些功能进行具体分析的同时考察各功能与序列位置之间的关系。

2.1 人际互动功能:提醒注意

"对了"位于不同序列位置时的互动功能存在差异,当位于告知序列和提问序列这样的引发序列,并且位于话轮之首时,具有提醒受话人注意的功能。说话人在话轮之首使用"对了"开启话题,其蕴含义为"我想起来了,请注意接下来我有话要说"。我们甚至可以将"对了"称之为注意力吸引标记(attention getters),例如:

(8)【语境:谈论合租舍友】
　　01. A:你跟中国人住一块儿也是因为。
　　02. B:也没住一块儿嘛。
　　03. A:哎,你住一块儿。
→04. A:哎,对了=
　　05. B:嗯哼。
　　06. A:=昨天晚上我给你打了晚上12点打电话你都不在家。
　　07. B:对。(Call Friends)

(9)【语境:邀请参与剧本讨论】
　　01. J:回来的路上堵车哦。
　　02. J:但是玩游戏的时候还是挺刺激的(.)刘总@@。
→03. L:哦,对了=
　　04. J:嗯。
　　05. L:=我不是跟你说过我是(.)呃,在做自媒体嘛。
　　06. J:嗯。
　　07. L:=然后过几天我们的公司要开一个剧本会,你如果有空的话可以去看一看去听一听。(《同一屋檐下》)

这里我们采用下一话轮证明程序的分析手段,通过"对了"所在话轮的下一话轮中受话人的反馈信号,能推断出"对了"在引发序列的话轮之首时具有提醒注意的话语功能。上例(8)第4行中"对了"位于引发序列的话轮之首,下一话轮第5行中B的"嗯哼"作为一个反馈项目给予了A及时的反馈信息,向对方展示了"我在听,你接着说",由此可以证明说话人A在引发序列位置之首使用"对了"是为了提醒受话人B注意,他即将有话语要阐述,受话人B在第5行的"嗯哼"恰好遵循了A的提醒,给了A及时的反馈。同样,例(9)中第3行,L用"对了"开启了新的引发序列,下一话轮中的J在听到后及时的反馈"嗯",示意对方自己已经注意,让L继续保持话轮,在后面第6行中,J又一次使用"嗯",也是出于同样的目的。

上面两例中的"嗯哼"与"嗯"都属于非话轮的反馈项目。会话中,说话人会实时在线关注受话人的注意(attention)情况,在会话中提醒受话人注意的同时,也会留给受话人参与会话互动的空间。上面例句中的反馈项目即是受话人参与互动的标记,刘虹(1992)认为反馈项目在会话中虽然信息量不大,但是对于会话的顺利进行起着很重要的作用,它们都是听话人发出的反馈信息。"嗯哼"与"嗯"并未打断对方的话轮,而是向对方传达"我正在听,你继续说吧"的讯息,也向对方示意"我已经注意到了,正在倾听你说话"。正如 Heritage(2015)对 Well 开启的话轮进行考察后发现,当受话人听到 Well 开启的话轮,便能推断出说话人接下来话语的内容。我们认为"对了"与英语中的 Well 具有相似的话语功能,都具有一定预示提醒功能。

具有提醒功能的"对了",紧随上一会话序列结束后的位置出现,用于提醒受话人即将开启新的会话序列,一般而言所开启的话语信息与之前结束的会话序列没有直接关联。"对了"一方面可以触发受话人对言谈内容的期待,提醒受话人注意说话人即将开启的话轮,同时预示着新的会话序列可能是与前一序列无关但重要的信息,是需要受话人注意的信息。并且我们认为"对了"提醒注意的互动功能呈现出规约化的趋势,当受话人在相应序列环境下听到"对了"后便知道说话人即将有话语要表述,而且相关的话语对于言谈双方而言都具有一定的重要性,体现说话人对受话人的关注,具有交互主观性。

2.2 话题组织功能

2.2.1 延续话题,追补信息

在交际双方发起的序列中,我们观察到说话者使用"对了"返回并继续先前的谈话或行动的过程,主要是为了追补与先前命题相关的重要信息。例如:

(10)【语境:谈论携带食物种类】
01.B:噢,我听他们说米不可以,反正。
→02.A:干货都能带,你可以买好多干货嘛,那个好多呢,耳子啊,什么,
　　　　黄花菜,什么那个木耳。
03.A:啊,对了,唔,那个香菇。
04.B:蘑菇啊,什么的。
05.B:@@。
06.A:很多呢。(Call Friends)
(11)【语境:谈论教师职业】
01.F:姐,你觉得当老师怎么样?你作为一个老师。

02. P：反正女生都羡慕做老师的,觉得做老师挺好的,有寒暑假。
03. P：唔::做老师呢,就是(.)饿不死也(.)发不了财(.)一辈子就是::工
资的话你要看你在哪里吧,你要是在(.)在在(.)在不同地方工作
工资又不一样,感受也不一样。
04. F：嗯,也是。在长沙做老师怎么样,你你知道吗?
→05. P：长沙老师非常辛苦,工资也比较低,这是我所了解到的因为我有
同学在长沙做老师。对了,那个(.)其实长沙老师工资不高,但是
长沙房价也不高,相对来说还是挺不错的。(母语者日常对话)

例(10)与例(11)中的"对了"处在回应序列位置,例(10)A 在第 2 行列举一系列可以携带的食物,在第 3 行利用"对了"追补信息"那个香菇"也可以携带,下一话轮第 4 行中 B 的话语内容"蘑菇啊,什么的"是在帮助 A 进一步补充可携带食物的信息,由此我们可以推断出 B 已经识别了 A 前面话轮第 3 行中的行为是想要追补更多的相关信息。例(11)中 P 在第 5 行回应说话人 F 的提问,在"对了"前位置是话轮结束相关位置,原本这个回应话轮应该走向结束了,言者 P 突然想起需要补充其他的重要信息,这时利用"对了"将随后的话语打包成与先前的话语相关的信息进行追补。因此,我们认为处于这一序列位置的"对了"具有延续话题、追补信息的话语功能。

从互动交谈中言者的认知状态来看,言者选用"对了"这一语言形式进行信息追补,并非言者认知域不具备这一信息,相反这仅属于言者认识域,只是这一信息存储在大脑中未被提取出来,当言者成功提取信息时,这一信息通过"对了"便得以浮现。言者在使用"对了"时认知域的知识状态①(epistemic status)如下图所示:

图 1　言者使用"对了"认知域的知识状态

2.2.2 承上启下、转移话题

于国栋(2008)从语篇建构功能角度将话语标记分为承上型话语标记、当前型话语标记以及启下型话语标记,其中启下型话语标记所引出的话语与前面话语无直接逻辑关系。"对了"就属于启下型话语标记,但是我们更愿意将其称为承上启下型话语标记,原因是在语篇建构过程中,"对了"更像是一个"结",可以把前后不相关话语内容连接在

---

① 知识状态指互动中言谈双方对于某一领域的了解程度(参见 Couper-Kuhlen & Selting,2018)。

一起，具有承上启下的功能。正如 Liddicoat(2011)提到的，谈话不是突然发生然后就停止的，对话开始与结束都有一定的结构特点。

互动话语的开放性使得对话开启和结束成为一种战略决策问题，如何结束或开启话题需要一定的会话技巧。我们认为位于引发行为序列位置的"对了"在互动交谈过程中兼具这二者功能，即它的使用标志着前一会话序列的结束、后一会话序列的开始，前一话题的结束、后一话题的开启，具有承上启下、转移话题的功能。例如：

(12)【语境：谈论住址远近】
01. A：没跟他联系？
→02. B：没有找到他，没有找过他，因为我也没有往那边说是去哪网上去找一找，我也没有。
→03. A：哎对了，你现在那地方离底特律挺近吧？
04. B：挺远的，你怎么对地理一点儿概念都没有？
05. A：反正。
06. A：反正(.)反正都是在湖边儿上。(Call Friends)

(13)【语境：询问购买途径】
01. Z：你知道哪里能买到香奈儿的沐浴露啊？邂逅粉这个。
02. M：找代购，你要不要去问问。
03. Z：你给我问问呗，有了加上，我怕没有。
04. M：好的，问了，回话了我告诉你。
→05. Z：好，谢谢啦！
→06. Z：对了，你单位要是需要做公众号可以找我哈，本人新增业务板块，推送发文啥的都没有问题。
07. M：哟！厉害了呢。(母语者日常对话)

例(12)第1—2行是一个完整的"提问—回答"序列对，第3行中 A 没有对前一话轮 B 的回答进行进一步的回应，而是使用"对了"开启了新的提问序列"你现在那地方离底特律挺近吧？"，通过"对了"前后话轮的分析可以发现"对了"衔接了两个不同的会话序列，前一话题结束，后一话题得以顺利开启。例(13)中"对了"所在第6行之前都是 Z 询问 M 有关购买沐浴露的途径，M 在第4行告知回复了 Z 的请求后，第5行 Z 表示感谢，紧接着在第6行利用"对了"开启了一个告知序列，与前面会话序列完全无关的新的会话序列，告知对方自己开始增加了运营公众号的业务。

会话中也时常有因序列进程受阻而出现较长沉默的情况，这会影响会话的顺利推进。这时，位于话轮之首的"对了"可以开启新的会话序列，促使会话向前推进。例如：

(14)【语境:询问是否听讲座】
  01. L:我们这,都搞得鸡飞狗跳的。
  02. L:这两天。
  03. P:或许是好事呢。
  04. L:对。
  05. L:撤了是好事。
  (3.0)
→06. P:对了,你们下午听讲座了吗?
  07. P:我全给忘了。
  08. L:我没听,都忘了。(母语者日常对话)

上例中的第5行之后出现了3秒钟的长时间停顿,交谈双方都出现了沉默的情况,第6行的"对了"位于提问序列相邻对的前件,同样位于话轮首,开启了一个新的序列会话,询问"你们下午听讲座了吗",推动了会话的顺利进行。"对了"之后序列话轮内容与"对了"前的序列话轮无关,但它与言谈双方之前的话语或行为过程有关,即从交际双方的认识状态来说,是由于双方共享同一背景知识——"下午有一个讲座"。

在这些情况下,说话者会经常使用一些技巧来构建会话行为,利用"对了"把不相关的话题拉到故事叙述的主线上。通过当前话题联想到另一件相关或者完全不相关的事件时,表达上需要克服语言的流畅与这种联想随意性的矛盾,(朱军,2015)需要采取一定的语言表达形式来克服这一矛盾,话语标记"对了"的使用,便是其中一种有效的语言手段,因此有学者认为"对了"具有"醒悟"或"突然想起某事"的话语意义。(刘焱,2007)我们认为言者在使用话语标记"对了"时,有意将"对了"后开启的话题打包成"突然想起来",尤其是在后接话题与之前言谈话题无关时。经此处理后,对于受话人而言,言者话语表达更流畅,也不显突兀。

2.3 语篇修复功能

自然会话中,人们的沟通不可能完全不存在障碍,交谈中在言谈内容或者理解方面出现问题时则需要进行修复。

已有研究已明确了不同的"修复"类型。Levinson(1983:340)认为有四种基本的修复类型:自我启动的自我修复(self-initiated self-pair)、他人启动的自我修复(other-initiated self-repair)、他人启动的他人修复(other-initiated others-repair)和自我启动的他人修复(self-initiated others-repair)。其中最常见的是自我启动的同轮"自我修复",是指说话者在自己启动的过程中修改或重复之前的讲话。我们认为"对了"具有发起自我

修复的话语功能,它在会话中更像是一个修复前言(repair prefacing),预示着即将开启的修复行为。例如:

(15)【语境:谈论信中情况】
  01. B:什么阿宝还在那儿吗?
→ 02. A1:阿宝,哎,对了,我上次我好像朱朱朱岩写了一封信来讲说阿宝回去一趟啊!
  03. B:啊,对呀。
  04. A1:@@。
  05. B:说是,回去准备做生意的,他妈。(Call Friends)

上例 A1 对 B 的提问进行回答时出现了阻碍,这时需要对会话中出现的问题进行调整。第2行中 A1 有意识地使用"对了"在话轮内发起了自我启动的修复以回答提问,阻碍源"阿宝"的诱发与修正是由 A1 本人在同一话轮中完成的,修复部分为"我上次我好像朱朱朱岩写了一封信来讲说阿宝回去一趟啊"可以观察到具有发起修复话语功能的"对了"出现位置在话轮中,并且位于修复阻碍源之后。

三、从韵律和多模态角度观测"对了"的话语功能

互动语言学研究不仅关注言者在互动交际中的语法,还特别关注语境、韵律和多模态等因素,仅从语法角度观测不能概括互动中的规律,(方梅等,2018)会话中言语成分的话语功能会显著影响其韵律表现,因此通过考察言语成分的韵律表现,一定程度上可以帮助我们判别其话语功能。(熊子瑜、林茂灿,2004)

一些词语用于不同的互动环境中具有不同的话语功能,而且从韵律和多模态角度来说,也会呈现出差异。(Li,2016;方梅等,2018)为了观测话语标记"对了"在互动交谈中的规律,也为了进一步验证我们前文对于"对了"话语功能观察的结果,下面将从韵律和多模态角度对"对了"进行分析。

3.1 从韵律角度观测"对了"在互动中的功能

熊子瑜、林茂灿(2004)认为在互动交谈过程中,话语的韵律特征与话语的交际功能息息相关,一方面话语的韵律特征会受其交际功能制约,另一方面话语的交际功能也可以通过其韵律特征来实现。作为话语标记的"对了"在不同的会话序列位置所具有的话语功能存在差异,这种差异还可以通过韵律上的特征来呈现。为了观察"对了"在互动交谈中的韵律表现,我们利用 Praat 语音分析软件对自然会话中的"对了"进行韵律分

析,分别分析互动交谈中话语标记"对了"在话轮首与话轮中的韵律表现,对其音长、音高等韵律特征进行标注分析。首先看位于话轮首的"对了"。

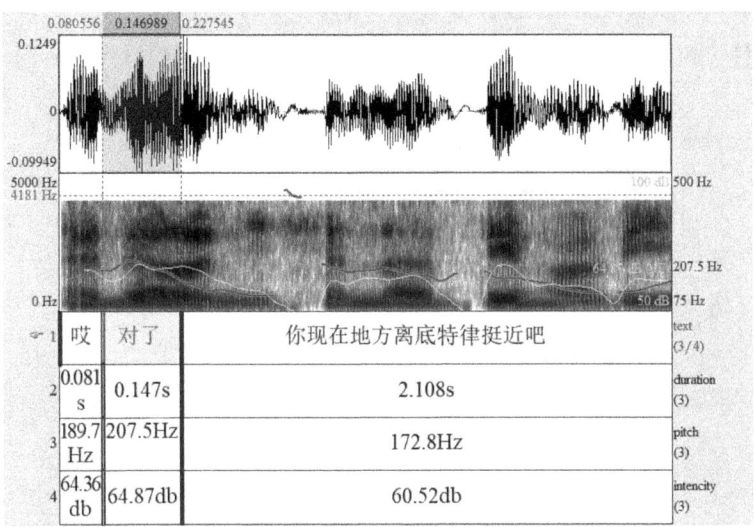

图 2　话轮首的"对了"的声学分析 1

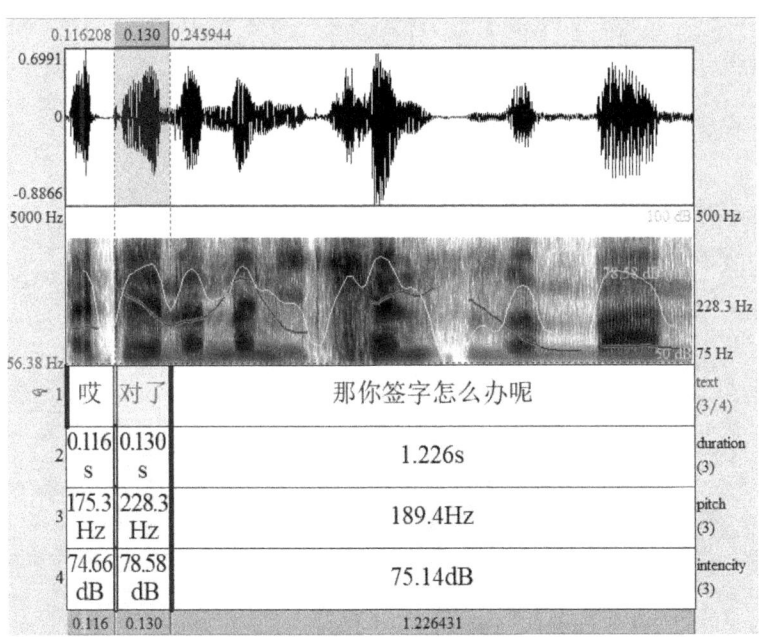

图 3　话轮首的"对了"的声学分析 2

图 2 中位于话轮首"对了"的平均音高(207.5Hz)明显高于它前面叹词音高(189.7Hz)和后续话语的平均音高(172.8Hz),图 3 话轮首位置的"对了"平均音高(228.3Hz)也同样远高于它前后话语的平均音高。谈话中音高和响度的极端变化(增加)可以用来标志

新的活动过程的开始。(Couper-Kuhlen et al.,2004)"对了"在话轮首位置的音高表现正是说话人在会话过程中做的语音设计,说话人有意识地使用合适的韵律表达来推进言谈,突然增加的音高不仅能抢占话轮,引起听者对后续话语的关注,又能表明后续话语内容对听者的重要性。位于话轮中的"对了"韵律表现与话轮首"对了"韵律表现不同,如:

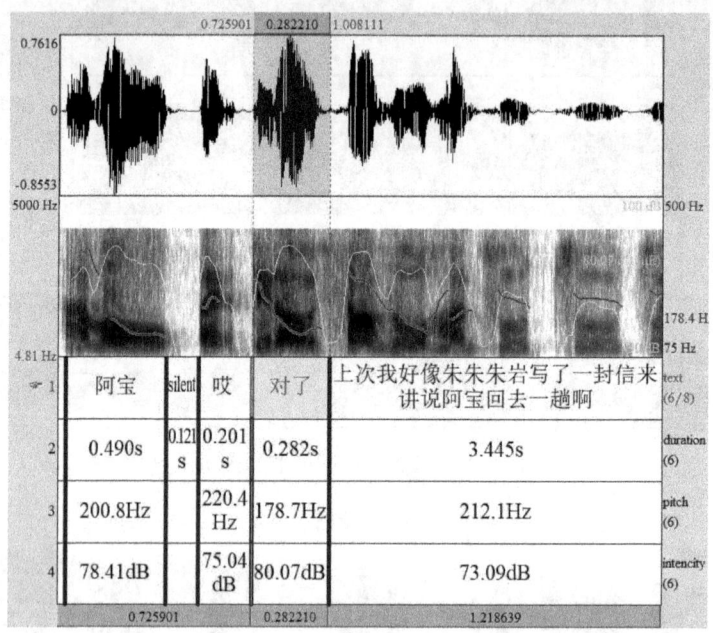

图 4　话轮中"对了"的声学分析 1

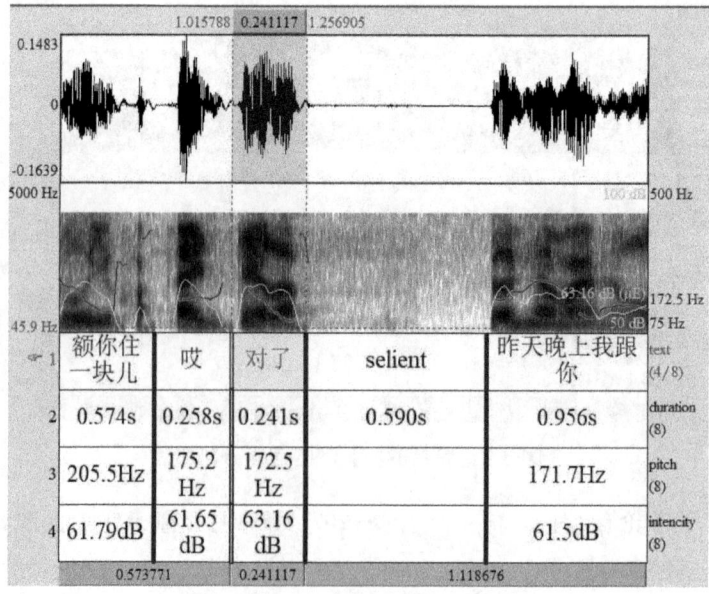

图 5　话轮中"对了"的声学分析 2

通过以上两图可发现"对了"所在的话轮出现了较长的停顿或者沉默,图4中的停顿出现在"对了"之前,停顿时间为121毫秒,图5中的沉默出现在"对了"之后,时间为590毫秒,所以"对了"用在话轮中间,是作为填充停顿、填充物或停顿标记,用以填充表达或思维不连贯造成的语音停顿,它既能为说话者赢取一定的思考时间,又能维持话轮,发起修复。"对了"发起修复,在图4后无停顿,而在图5后有停顿。停顿在会话中有不同的作用,这里的停顿是表达上的停顿,目的是为组织后续话语赢得思考时间,(单谊,2015)停顿时间长短或者不停顿是基于发话人的思索时间长短而定。发话人能顺利发起修复时,如图4则不需要停顿,反之,如图5则需要停顿。

与位于话轮首的"对了"不同,话轮中"对了"的平均音高都低于前后话语的平均音高。其中图4"对了"的平均音高为178.7Hz,低于前面叹词"哎"的平均音高(220.4Hz),也低于后面话语的平均音高(212.1Hz)。图5"对了"的平均音高也是低于前面话语的平均音高,后面出现了0.590s的停顿。通过以上对不同位置上的"对了"韵律表现进行分析,我们认为不同的韵律表现下的"对了"具有不同的话语功能,韵律表现与话语功能有一定的对应性,这能佐证我们之前对"对了"话语功能的判断,即位于话轮首的"对了"具有抢占话轮、提醒受话人注意的功能,而位于话轮中的"对了"具有衔接作用和帮助受话人发起修复的功能。

3.2 从多模态角度观测"对了"在互动中的功能

互动中存在同时发生的不同类型的表达模态(包括语言层面和非语言层面)。对于会话整体来说,每种模态都同样重要,仅仅从言语本身着手进行研究是不够的,有必要结合它们相互协同构成互动的整体。(Mondada,2014)"协同"要求会话参与者在互动中从时间性、空间性、多模态性等方面协同交际资源,包括声音、手势、表情、眼神、姿势、肢体动作、空间位置、身体移动等可用的交际模态。(Deppermann et al.,2007)下面我们将基于上文同一语料例(9)的不同视角——多模态角度,来观察话语标记"对了"在会话互动中的表现。

(16)【上文语境:埋怨J聚餐迟到】

    01.J:回来的路上堵车哦。

    02.J:但是玩游戏的时候还是挺刺激的(.)刘总@@。

    (J的目光低头注视桌子。)

→03.L:哦,对了,

    (J的目光注视L。)

    04.J:嗯。

05. L:我不是跟你说过我是(.)呃在做自媒体嘛。
06. J:嗯。
07. L:然后过几天我们的公司要开一个剧本会,你如果有空的话可以去看一看去听一听。(《同一屋檐下》)

J在第2行所述话语是为了转移话题,缓解尴尬,当J完成后双方目光便注视着桌子上的盘子,而当L在第3行通过"对了"开启一个新的会话序列时,J在其下一话轮第4行产出反馈项目"嗯"的同时将注视目光从桌面转移到L,并且在L的后续话语中持续注视着L。可以发现,当发话人L利用"对了"开启话轮,提醒受话人注意时,受话人J的模态表现恰好与说话人所期待的表现相符合。"注视"这一模态表现可反观出"对了"的话语功能便是提醒受话人注意。而且"注视"这一模态还与受话人J的反馈项目"嗯"共同作用于会话互动,向发话人L表明自己的合作,鼓励发话人L继续保持话轮,推动了会话的顺利进行。

可以发现,对于同一语言材料的分析,我们可以从会话分析角度观察到"对了"具有提醒注意的话语功能,还可以从多模态的角度观察分析得到同样的结果。

四、结 语

本文依据互动语言学中的位置敏感理论考察自然会话中"对了"的功能浮现,发现自然口语中话语标记"对了"的互动功能对话轮序列位置具有敏感性,不同序列位置的"对了"具有功能上的差异,它们在不同位置具有提醒对方注意的互动功能,还能组织话题,发起修复。依据互动中"对了"的韵律与多模态的表现,可从形式上进一步验证"对了"的话语功能。我们认为处于不同序列话轮位置的"对了"的韵律表现与话语功能有一定的对应性,即位于话轮首的"对了"的平均音高高于前后话语的平均音高,具有提醒注意的话语功能,而位于话轮中的"对了"的平均音高低于前后话语的平均音高,实现为衔接话题、发起修复的功能。另一方面我们还结合互动会话中的多模态表现,依据"对了"的下一话轮中的多模态表现,从形式上为我们会话分析的结果提供证据,佐证了"对了"具有提醒注意的互动功能。

这也启示我们,话语成分的话语功能需要关注其序列位置,也需要关注韵律特征。韵律特征的分析和会话分析可以相互验证,互相补充。此外,多模态作为一种互动资源也具有不可忽视的重要意义,在对语言形式的话语功能进行分析判定时,还可以结合多模态的表现找到更多形式上的证据。

参考文献

曹秀玲(2016)《汉语话语标记多视角研究》,中国社会科学出版社。
方　梅、李先银、谢心阳(2018)互动语言学与互动视角的汉语研究,《语言教学与研究》第3期。
吉益民(2012)"对了"的词汇化和语用化,《宁夏大学学报》(人文社会科学版)第5期。
姜向荣(2008)话语标记"对了"的篇章衔接功能,《德州学院学报》第1期。
李　艳(2010)"对"类标记词及其叠连用法的话语功能分析,《暨南学报》(哲学社会科学版)第4期。
李宗江(2004)说"完了",《汉语学习》第5期。
刘　虹(1992)话轮、非话轮和半话轮的区分,《外语教学与研究》第3期。
刘　焱(2007)话语标记语"对了",《云南师范大学学报》(对外汉语教学与研究版)第5期。
罗燕玲(2010)句首"对了"的功能类型及其虚化轨迹,《宁夏大学学报》(人文社会科学版)第2期。
单　谊(2015)自然话语中话语标记语"你知道"的韵律特征,《语言教学与研究》第3期。
孙瑞霞(2008)话语标记"好了"的语法化过程及无标化分析,《沈阳航空工业学院学报》第6期。
熊子瑜、林茂灿(2004)"啊"的韵律特征及其话语交际功能,《当代语言学》第2期。
姚双云、田　咪(2020)自然会话中"是吧"的互动功能及其认识状态,《语言教学与研究》第6期。
于国栋(2008)《会话分析》,上海外语教育出版社。
朱　军(2015)"对了"的两种话语标记中法及其浮现动因,载吴福祥、汪国胜主编《语法化与语法研究（七）》,商务印书馆。

Couper-Kuhlen, E. & Cecilia E. F. (eds.) (2004) *Sound Patterns in Interaction*. Amsterdam: John Benjamins Publishing.

Couper-Kuhlen, E. & Selting, M. (2018) *Interactional Linguistics: Studying Language in Social Interaction*. Cambridge: Cambridge University Press.

Deppermann, A. & Schmitt, R. (2007) Koordination: zur Begründung eines neuen Forschungsgegenstandes. In Schmitt, R. (ed.) *Koordination: Analysen zur multimodalen Interaktion*. Tübingen: Narr.

Heritage, J. (2015) Well-Prefaced Turns in English Conversation: A Conversation Analytic Perspective. *Journal of Pragmatics* 88: 88–104.

Levinson, S. C. (1983) *Pragmatics*. Cambridge: Cambridge University Press.

Li, X. T. (2016) Some Discourse-Interactional Uses of Yinwei 'because' and its Multimodal Production in Mandarin Conversation. *Language Sciences* 58: 51–78.

Liddicoat, A. J. (2011) *An Introduction to Conversation Analysis (2nd Edition)*. London & New York: Continuum.

Mondada, L. (2014) Instructions in the Operating Room: How the Surgeon Directs the Assistant's Hands. *Discourse Studies* 16(2): 131–161.

Schegloff, E. A. (2007) *Sequence Organization in Interaction: A Primer in Conversation Analysis* (Vol. 1). Cambridge: Cambridge University Press.

Thompson, S. A., Fox, B. A. & Couper-Kuhlen, E. (2015) *Grammar in Everyday Talk: Building Responsive Actions*. Cambridge: Cambridge University Press.

(100089　北京,首都师范大学文学院)

立场调整:"话说回来"的功能与规约化[*]

郑娟曼[1]　彭水琴[2]

摘　要:文章在立场三角理论的基础上提出了"立场调整"这一概念。现代汉语中的"话说回来"能够通过对立场三角的调整实现立场转变,是一个较为典型的立场调整构式。该构式的规约化经历了从行域到知域,再到言域的过程,语义抽象度递增,使得句法形式的独立性增强且话语功能发生转变。作为中间状态的知域范畴语篇分布较广,显现出稳定的立场调整功能。

关键词:"话说回来";立场调整;立场三角;概念域

〇、引言

"话说回来"是现代汉语口语中较为常用的元话语(meta-discourse)表达式,存在"话又/再说回来""话又说转来"等多种变体形式,一般具有如下用法:

(1)怎么话又说回来了?(王朔《你不是一个俗人》)

(2)话说回来,我最近该减肥了。(上文讨论过与"肥胖"相关的话题)

(3)现在这架机床是彻底被废弃了,锈死了。但是,话说回来,有着一台废机床的厂房也还是和空空如也的厂房不一样。(王芜《北京人》)

(4)话说回来,今天貌似是我阴历的生日。(上文并无相关话题)(BCC对话)

例(1)是"话说回来"的源义用法,表示话题内容的重复。其中"回来"重读,凸显语义焦点,具有命题义。后三例的"话说回来"均自成语调单位,通过语调与指称义的双重弱化浮现虚化的构式义并起着话轮衔接功能。各例中只有例(3)完全不涉及话题的转变,仅关涉言者立场的调整,多位于话轮之中,且能与强转折连词"但是"共现。该用法为本文主要的研究对象。

---

[*] 本文的研究得到国家社科基金项目"汉语会话中的预期表达与回应研究"(项目编号:18BYY169)的资助。《对外汉语研究》的匿名评审专家提出了重要的修改意见,谨此致以诚挚的谢意。文责自负。

学界已有部分学者对"话说回来"展开了研究。李胜梅(2004)认为"话说回来"出现在说话人自己的看法与别人的看法不一致时,前后项共同表达更全面、准确、客观的意思。宋晖(2018)认为"话说回来"在言语交际过程中构成"界指"模式,既可以管界后续小句,又可以管指前小句。

这些研究为本文提供了参考,但"话说回来"仍有研究空间,部分结论值得进一步商榷:一是没有注意到"话说回来"内部功能的差异,对研究对象的界定不够清晰;二是没能准确全面概括"话说回来"的会话功能。本文试图以作为立场调整功能构式的"话说回来"为轴心,探讨其性质、内部差异及规约化路径。

文中语料主要为北京大学中国语言学研究中心 CCL 语料库、北京语言大学 BCC 语料库①收录语料以及部分转引语料,其余未注明出处的皆为生活中采集的自然语料。

一、立场三角与立场调整

1.1 立场三角模式及立场类型

在言语交际中,互动双方在交流命题信息外,还表达个人情感、态度、价值判断,即立场(stance)。Du Bois(2007)的"立场三角"理论将立场置于互动交际中考察了互动双方的立场实现方式,他认为立场表达是一个以"评价(evaluating)、设置(positioning)、认同(aligning)"等三个具体行为作为三边,以立场表达的第一主体、第二主体和共享立场客体等三个实体为三角的互动模型。

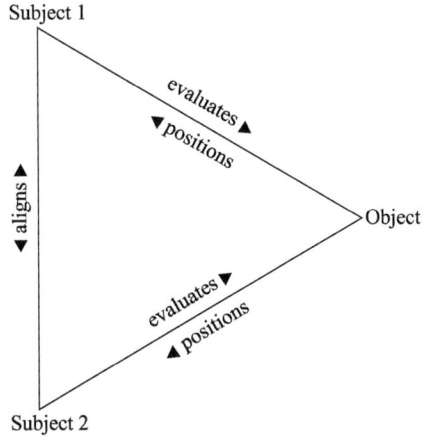

图 1 立场三角(源自 Du Bois,2007)

---

① 部分例句出自北京语言大学 BCC 语料库"对话"子语料库,其后注明"BCC 对话"。

三个节点由具有矢量性的三边行为关联在一起,构成了一个较为完整的立场表达模型。Du Bois(2007)将立场分为主体中心(subject-centered)的情感立场、前立场中心(prior stance-centered)的认同立场和客体中心(object-centered)的评价立场等类型。各类别之间有所交叉,并非绝对离散的。我们能够对立场进行多种静态的范畴化描述,但正如他所认为的,对立场的分类是无穷尽的,更重要的是总结出关于立场的普遍模式。言语交际的主观性和互动性使得对立场表达的动态调整模式探索成为可能。

1.2 立场调整

在特定的语境中言者能够构建出自己的立场,而由于语境本身会在动态的交互过程中不断被激活和更新,言者的立场也会随之不断进行协商和调整。立场表达的过程,实际上是立场调整的过程。同时,会话含义的可取消性使得立场调整可以突破时空以及客体本身的局限性,而呈现出多种调整形态。

在立场三角理论的视阈下,任何一个角的调整都能够带来立场的转变。立场调整相应地表现为三种类型,即立场主体调整、认同度求异和立场客体调整。以"我觉得喜剧更好看"为例,其中"我"是第一立场主体,"喜剧"是立场客体,"喜剧更好看"是其他主体可回应的前立场。那么对这一立场进行调整的三种类型可能如下:

(5)a.话说回来,我有时候又不爱看喜剧。
　　b.话说回来,很多人觉得悲剧更好看。
　　c.话说回来,这部喜剧不够深刻。

例(5)a的立场调整了,并不是因为"喜剧"发生了变化,而是源于"我"在某些时候的主观感受变了。例(5)b是通过第二立场主体对"我"的认同度求异来降低前立场的可信度。例(5)c中前后立场的调整是由客体本身的变化带来的。其中,例(5)b中虽然客体变为"悲剧",但仍以"喜剧"为对比参照体,实则通过视点转换反向对前客体的立场进行干预。

需要说明的一点是,立场三角的转变能够带来,但并不必然表征立场的调整。首先,立场调整以客体的一致性或参照性为前提。其次,后续句应意在对前立场施加影响。否则只是两个不同立场的并举而非立场调整。转折连词除了能够表示立场调整以外,也用来关联对举立场。而"话说回来"在其规约化过程中,已然发展成为同一话题内部特定的立场调整构式。

二、作为立场调整构式的"话说回来"

2.1 "话说回来"的立场调整功能

"话说回来"倾向于言者自身立场的调整。李胜梅(2004)认为"话说回来"表达说话人自己的看法与别人的看法不一致,前后项共同表达更全面、准确、客观的意思。但在CCL 语料库中随机选取的 200 条语料中,仅有 11 例表示他者立场,其余皆为自我立场调整。如:

(6)记者:这样您就大赚了吧!

孙:可不是!话又说回来了,赚是赚,就是麻烦。(《人民日报》,1995 年)

(7)男人承受的压力远远大于女人所承受的压力!但话又说回来,其实男人女人都不容易,还是需要相互理解相互包容!(BCC 对话)

(8)现在党政机关干部收入不高,是事实,特别是和有些国家同一级别的官员比,差距是明显的。但话又说回来,和国内多数群众比,特别是和贫困地区的老百姓比,已经相当不错了。(《人民日报》,1994 年)

上例均属于话轮内部的自身立场调整。例(6)的原立场是"赚了",而后通过补充另一方面的消极影响来减轻前立场的积极程度。例(7)从对男人的积极立场转到中性立场,例(8)从消极立场转为积极立场。不同主体的立场差异一般会产生分歧或争论,而"话说回来"通过言者自身的立场调整方能产生客观、全面的表达效果。

同时,这种调整具有程度差异和方向性,上述三例的立场调整程度渐强。立场不限于正负两极,而是处在一个程度不断变化的连续统当中,当程度达到一定量时便实现了立场的质变,如例(8)从消极评价立场转变为积极评价立场。除了程度差异之外,"话说回来"一般是对立场的反方向调整。试对比以下两组例句:

(9)a.我喜欢她,话说回来,也不算喜欢,就是有一点好感吧。

b.他很高,话说回来,在理科班级里也不算高。

(10)a.我喜欢她,但是,(*话说回来)我并不爱她。

b.他很高,但是,(*话说回来)没有姚明高。

"话说回来"立场调整的方向多从正面立场向负面立场调整,或者从负面立场向正面立场调整。这与"回来"本身的空间隐喻义有关,"回来"主要表征主观立场的"折返"行为。因此例(9)a、例(9)b 的立场折返行为成立。而例(10)a、例(10)b 是顺着原来的立场进行跨度性调整,即在肯定原立场的前提下,否认同一立场方向的增量立场,属于立场的同向调整。因此,该语境不宜使用"话说回来"。

另外,对"话说回来"的研究不应仅停留于对其语篇联结功能的表层结构描述,还应分析其如何通过意义潜势(meaning potential)的选择来实现深层话语功能。宋晖(2018)以小句为界指对象,认为"话说回来"具有话题拉回的作用。如:

(11)最近,有网友把全国不同城市娶媳妇的费用列了个详细的账单,根据账单得出的结论是:"男方倾家荡产+男人不吃不喝工作12年=讨一个北京中等条件的老婆的成本!"估计男同胞听了会感叹做人难,做男人更难。呵呵,<u>话说回来</u>,娶老婆需要钱这是毫无疑问的,但你说这钱怎么能计入"成本"呢?(转引自宋晖,2018)

宋晖(2018)指出例(11)中"话说回来"前后小句的话题不同。但上述话题始终是"男人花钱娶老婆"这件事,应是对同一个话题的立场调整。"话说回来"之前是由多个小句浮出"男人娶老婆成本太大"的前立场。后立场则是"娶老婆花钱是应该的,并且这钱不能算作'成本'"。从对"老婆"的负面评价立场和对"男人"的同情立场分别转变为中性评价立场和中性情感立场。

立场的表达不囿于某一个话语单元,而与整个会话普遍相关(omni-relevant)。因此局限于小句范畴,往往会忽视话语的深层内涵。"话说回来"作为立场调整会话构式,界指的主要是立场范畴,应以立场结构为分析框架。即:

    A. 前立场

    B. 话说回来+后立场

A 一般是言者预先表达一个立场,但在内省后认为前立场表达不够科学或全面,随即补充后立场。前立场和后立场是针对同一话题的相对立场,"话说回来"引发的后立场是对前立场的调整。如:

(12)A. 能够当个主持人说个不停对我来说是一件很过瘾的事呢。

      B. 不过话说回来,有时候自己一个人自言自语说久了也会有点腻。(转引自李胜梅,2004)

例(12)中前立场为"当主持人是一件过瘾的事",经过反思补充后立场,即"也会有点腻",弱化前面的积极评价立场。A、B 一般出现在同一话轮内部,少数离散情况下可以插入具有附和义的其他话轮。如:

(13)甲:家具还是得买大牌的,不仅耐用,款式也好看。

    乙:是啊,我们家之前装修也是买大牌的。

    甲:不过话说回来,款式好看,价格也"好看",我还得再考虑考虑。

上例中,甲首先表达了自己对"大牌家具"的积极立场 A。在乙的附和义话轮之后,甲随即补充了自我调整的消极立场 B。如此,便使得前后立场离散地分布于不同话轮。

2.2 "话说回来"的立场调整类型

作为立场调整会话构式,"话说回来"主要通过立场三角的转变来实现其话语功能。并且立场三角的主客观程度不同,使得三种立场调整行为在表达效果上呈现细微差异。

2.2.1 立场主体调整

立场主体作为立场表达者,可以自主转变前立场,表现为线性话语序列中立场表达的前后直接冲突。如:

(14)他很高,但是话说回来,也没那么高。

上例中"他"的身高一般是不变的,而立场表达者在缺乏客观依据的情况下,在即时的会话序列中直接表达相反立场,主观性较强。一般会降低言者的会话质量,缺乏信度,让人不明所以,而引发追问。另外,言者还可以通过对立场主体的质疑达到立场调整的目的。如:

(15)我觉得古代的建筑就是比现代的好,你说是吧?现在都那么的单调,看上去全是长方形的火柴盒,一点美感都没有。不过话说回来,也许我看得不多吧?
(转引自李胜梅,2004)

例(15)的前立场为"我"对古代建筑持积极态度,后立场通过质疑主体的可信度使前立场的肯定程度有所减轻。同样,立场调整程度较低,言者一般并非真的改变立场,而是出于谦虚并给自己的立场表达留有余地。

2.2.2 认同度求异

认同度指不同主体的立场求同或求异,前者能够强化原立场,而后者会弱化甚至撤销前立场。在认同度求异的情况下,求异主体的数量以及权威性与立场调整强度成正比。如:

(16)现在小学生的作业真难!话说回来,我弟弟/他们自己/其他人都觉得不难。

上例中,言者认为"作业难",如果仅仅是"我弟弟"持不同立场,则对前立场的弱化程度较低,因为可能是因为"我弟弟"比较厉害。当立场主体为"他们自己"时,回指更具发言权的"小学生"群体,调整立场程度加深。"其他人"的遍指义则实现了最大程度的立场扭转。

这种权威性不仅体现在调整程度的差异上,也决定话语的可接受度。如:

(17)*我弟弟觉得他的作业很难,话说回来,我觉得不难。

(18)*我喜欢吃馒头,话说回来,我妈妈喜欢吃油条。

在第二主体的认同度求异以实现立场调整时,为凸显调整力度并保证新信息的增量,第二主体应当具有一定的权威性或代表性。而在例(17)中"我弟弟"对于"他的作业"更有发言权,"我觉得不难"并没有对前立场施加调整影响。同样,例(18)中对于"我"的个人饮食喜好,"我妈妈"相对缺乏干预力度。上述两句不适用于立场调整语境,但能够表达立场对举,因此可以将"话说回来"替换成转折连词。

认同度求异类型由于主体的拓展以及主体间立场分歧,使其立场调整程度居于主体调整和客体调整类型之间。

2.2.3 立场客体调整

立场客体是立场转变的客观依据和自变量,该调整类型理据性最高,因此较为常用。首先,当原客体本身发生转变时,立场随之调整。如:

(19)新年是中国人最热闹的节日,亲朋好友欢聚一堂。不过话说回来,现在的年味是越来越淡了,大家更愿意在家里看电视。

例(19)原本对"新年"这一客体持积极立场,但是随着现在的"年味"变淡,进而减轻原立场的积极程度。

其次,当对某一客体的立场扩散为对多客体的共同立场时,能够稀释原立场。如:

(20)甲:你发现没有,谢处长虽然有时候爱开开玩笑,其实人很正统。

乙:是,从不开没分寸的玩笑。那她还有什么不满足的。话说回来,人是最贪婪的动物,在这个世上,人是永远不会满足的。(转引自李胜梅,2004)

前立场是"她不满足"这一消极评价,后立场是"人都不满足"。对"她"的评价立场扩散成对所有人的评价立场,她的不满足转变为常规现象,减轻了对她的负面评价程度。并且扩散范围越大,立场调整功能也越强。试对比:

(21)小明没考好,话说回来,小红也考得不好/全班都考得不好/全年级都考得不好。

例(21)客体范围越大,"小明"对"没考好"的责任越小,负面评价程度也越低。

三、"话说回来"的语境选择

在交际互动中,会话参与者的立场调整与否主要依赖于各自的信息储备或势位对比。信息坡度居高者或势位较高者往往能够在立场表达的博弈中迫使对方做出调整。而"话说回来"作为一种特殊的立场调整构式,多映现言者在当前话轮内部的自我调整。

这种即时的、内部的立场调整在体现言者自身立场的突变之外,也蕴含着独立于信息量以外的调整倾向性。

3.1 立场调整类型及倾向

据 Du Bois(2007),在情感立场、认同立场和评价立场中,目前公认的立场表达类型就是评价。我们在 CCL 语料库中以"话说回来"为关键词共检索到现代汉语语料 279 条,其中评价类立场调整例句有 219 条,占比约 78%,这与 Du Bois 的结论相符。另外,立场调整具有显著的倾向性,即前立场以针对他人的消极立场为主。219 条例句的前立场性质与评价客体类型如下表所示:

表1 前立场性质与评价客体类型

前立场\客体	他人/条	自己/条	事物/条	合计/条
消极	101	13	32	146
积极	24	21	28	73
合计	125	34	60	219

"话说回来"对客观事物的立场调整一般属于实事求是的表述,因此以事物为客体的立场调整未见明显的倾向性。而关涉人的立场调整则出于语用和人际功能的考量,更倾向于在评价他人时对消极立场做出调整。在上述语料中,146 例的前立场是消极立场,其中有 101 例以他人为客体,另外两种情况加起来只有 45 例。且以他人为客体的立场调整中,前立场属于积极的只有 24 例。

出于礼貌原则,人们在评价他人时往往不吝赞美之词,而对消极立场更倾向于进行调整。少数对他人的积极立场调整,一般是针对除听者以外的其他人的客观陈述。对自己的消极立场调整多是自我鼓励,对自己的积极立场调整主要源于谦虚准则。另外,前立场除了以针对他人的消极立场为主外,多数较为片面、极端,为立场调整提供了必要性和可能性。宋晖(2018)指出这种必要性来源于中国人的"圆满"与"中庸和谐"的文化。

3.2 "话说回来"的语体选择

在上述 219 条语料中,出现在报刊、文学或访谈当中的有 201 条,日常对话的只有 18 条。说明"话说回来"的立场调整用法主要用于较正式的对话语体。我们认为原因主要有两点:首先,在正式交谈或公开场合中,言者的立场表达承担更大的责任和风险,具有全面、客观、谨慎表达的必要性。而在随意的日常交谈中,言者风险较小,听者不会过度追究其话语的全面性,因此立场表达不求尽善尽美。

其次,在正式场合言者自我监控的元认知支配意识更强,注意力更集中,言者能够自觉地推敲立场三角的可变性来实施立场调整行为。而在非正式场合下,自我监控意识薄弱,难以及时反思自己的立场表达,所以往往出现"言不由衷"的情形。

作为立场调整会话构式的"话说回来"是人们避免立场冲突的一种有效方式。在正式语体的消极前立场表达当中,更能体现其人际功能优势。另外,现代汉语口语中存在的大量的"话说回来"相关表达,并不涉及立场的调整,且多出现于随意的日常交谈、微博对话当中,这些功能以及语体的参差实则映射了"话说回来"在语义规约化过程中的阶段性差异。

四、"话说回来"立场表达的规约化

对于"话说回来"是否已经发展成为话语标记,学术界仍有争议。除了其自身形式不固定等原因外,更主要的原因在于各研究者的关注阶段不同,实则研究对象的不对称。语法化具有连续性,对"话说回来"的研究也应关注其阶段性特征。我们认为"话说回来"在规约化过程中,经历了"行域、知域、言域"三个发展阶段,目标义逐渐前景化(forgrounded),而源义逐渐背景化(backgrounded)。

4.1 作为原型的行域阶段

李胜梅(2004)把"话说回来"称为"回说自述"标记,宋晖(2018)也指出,"话说回来"表达"向回追溯所要表达的内容"的概念意义。"回说、追溯"均表示言者回到之前说过的话题,指向真实世界(real-world)中的话题内容得到了复现(Sweetser,1990),属于行域范畴的源义用法。如:

(22)(上面已经谈过"活着没意思"的话题)

"我真得好好想想了,我这么活着还有什么意思?无缘无故该着谁欠着谁一大堆似的。"姑娘沉思。

"怎么话又说回来了?"于观大惊。(王朔《你不是一个俗人》)

上例中"回来"指回到原话题,且未提供足量的新信息。这种回说行为违背了话语交际的量的准则,因此于观才会通过反问制止对方。而当旧话题没有完成时,言者希望补充新信息,则没有违背上述原则而可能使会话延续。如:

(23)话说回来,你刚刚是不是问我今天星期几?

(24)甲:一觉睡到十二点,中间室友出门说下雪了,起来开门,冻死我啦,一看,还真的有雪。由于熬夜,特困,继续补眠。

乙:熬夜看书?

(插入"熬夜"的话题)

甲:话说回来,今天下雪,我的衣服啊,洗了就冰冻了。

乙:我也冻死了。(BCC对话)

例(23)中言者意识到自己没有回应对方的问题,后来想起来决定继续答复,所以回到原话题。例(24)中言者本来主要谈论"下雪"的话题,但是听者把话题引向了"熬夜"。后来甲仍想继续原话题,所以把话题引了回来。这两例虽是回到原话题,但意在补充新信息,实则"回来"的概念义已经开始虚化。

除了返回原话题外,说话人还能在原话题基础上拓展一个相关话题,我们称之为"平行话题"。两个话题之间共享某一话题因子。如:

(25)甲:这熊猫真胖! 话说回来,我最近胖了,给我介绍个减肥食谱。

乙:早饭食堂,午饭食堂,晚饭食堂。(BCC对话)

上例中"话说回来"后既不是"熊猫胖"之前的旧话题,也不是对"熊猫胖"这一话题的深入探讨。而是从"熊猫胖"联想到"我胖",两个平行话题共有"胖"的要素,针对这一共同要素来说仍是话题内容的停滞、重复或折返。平行话题的行域义较原话题更弱,可以看作"话说回来"规约化的临界状态。

"话说回来"从指向"回到原话题",引申到回到"平行话题",两者语义透明度高,都是所指话题的回说现象,而未按照会话的线性序列继续深入。其图式如下:

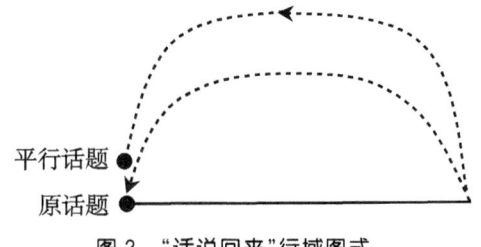

图2 "话说回来"行域图式

4.2 从行域到知域

"说"原本具有"言说"义,语义虚化后可以用来表示主观态度(董秀芳,2003)。同样,"话"常指向"观点"而非表层话语内容,如"话不能这么说"并不是表示词汇、句法等表达错误,而是对方的认识的偏差。话语是人们表情达意的载体,"话说回来"从行域向知域的转变体现了这一载体所指虚化的过程。虚化后的"话说回来"在会话中具备较强的认知推理关联功能,应当属于知域范畴。

目前关于此类"话说回来"的信息焦点问题,存在着前重心式和后重心式等两种观点,我们认为"话说回来"是结合前后项的中和式。"话说回来"具有一定的协商性,不能脱离前项或后项去单独理解话语。如"他工资低,但话说回来,跟普通职工相比,算高的了"。这里我们很难说立场重心是前还是后,因为其意旨为"他工资还行,不高也不低"。这种协商立场往往是模棱两可的、中和的立场,下例的后续说明能够证实这种模糊性和中和性:

(26)"要是做得太显眼,弄得大家都知道我们在营救他,特务机关,没准就会把他干掉。"他说,"可是<u>话又说回来</u>,要是我们不去动员群众关心他的事,要救他就更没有指望了。所以必须十分谨慎小心。"

宝庆越听越糊涂,他只明白这位青年是要他别太莽撞,怕对孟良不利。(老舍《鼓书艺人》)

宝庆之所以听糊涂了,源于言者的中和立场。言者表达的意图是要救,但不能用原来的那种方式救,即部分赞同宝庆的做法。多数情况下,"话说回来"的立场调整界限相对模糊,体现了汉语表达的含蓄、委婉与意会性。其认知状态的折返图式如下:

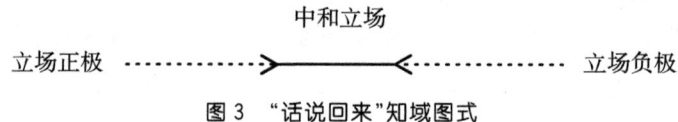

图3 "话说回来"知域图式

4.3 从知域到言域

"话说回来"在规约化过程中,其指称义逐渐虚化。言域范畴的"话说回来"不具备实际指称意义,仅表征言者转接、延续或抢夺话轮等言语行为。该用法多位于话轮之首,少数也可以在话轮之中。如:

(27)<u>话说回来</u>,我们晚上吃什么?

(28)甲:原来我的话费不是有89元吗?怎么突然变成58元了,郁闷。

乙:头有点晕,睡觉去。

甲:<u>话说回来</u>,我突然想玩起体彩来了,福彩的我不想玩了。(BCC对话)

(29)甲:最近不发微博了,因为最近没流量了。

乙:现在不管有没有流量我都要发条微博先。<u>话说回来</u>,昨晚没中奖啊,不过中不中没关系,因为昨晚是2011年最后一期的彩票,所以我以后要好好保存这张彩票。(BCC对话)

上例的"话说回来"既不表示话题内容的重复,也不指向言者认知状态的折返。不具备可供听者做出会话推理的命题内涵,只能表征言者即将开展关于某一新话题的言语行为。其图式如下:

```
                    开展新话题
         ●·························▶
              图 4  "话说回来"言域图式
```

这种用法较新,且具备较强的跳跃性和随意性,更符合年轻人的思维习惯。因此相关语料多集中于青年用户较多的微博对话中。综上,"话说回来"的语义规约化轨迹如下:

```
回到原话题/平行话题  ──▶  立场调整标记  ──▶  开展新话题标记
      行域                   知域                  言域
              图 5  "话说回来"规约化轨迹图式
```

第一阶段中回到原话题或平行话题的"话说回来"是原型的行域范畴,第二个阶段是表示立场调整的知域范畴,第三个阶段中引发新话题的用法为该构式高度规约化的体现,概念义逐渐虚化。同时,与立场调整相对,第一阶段和第三阶段均属于话题调整行为。

4.4 与转折连词的共现

规约化过程中各阶段的"话说回来"与转折连词的共现或可替代性差异也折射出"话说回来"内部功能的分歧。其中立场调整构式"话说回来"一般能与"但是""不过"等转折连词共现或替换。说明这种情况的"话说回来"具备和转折连词同样的语义关联功能。

而第一、三阶段的"话说回来"情况则相对复杂。当"话说回来"位于小句之中时,不能与转折连词共现。如"怎么话又说回来了"显然不能插入转折连词。而当"话说回来"独立成句时,一般只能与弱转折连词"不过"共现,且较少出现替换情况。如:

(30)甲:宝宝们,我嗓子昨天一直哑着。然后,哥哥出来我就一直叫着。然后就叫破音了。

乙:我嗓子不舒服的时候也没像你这样。<u>不过,话说回来</u>,你的嗓子没事吧?(BCC 对话)

(31)甲:放假一定要去网吧看晨的表演,看看到底是不是真的腰受伤了。

乙:没有受伤。<u>不过,话说回来</u>,你成年了吗?还网吧。(BCC 对话)

(32)甲:好想吃火锅呀!

乙:我也想吃。<u>不过,话说回来</u>,你考博的面试结果出来了没?

上述各例的"话说回来"分别表征回到原话题、回到平行话题以及展开新话题。例中的"不过"不具概念义,已然与"话说回来"一同规约化为纯话语标记。上述与话题调整标记共现的"不过"均出现在言者的延续话轮中,这与方梅(2000)的"'不过'不能用于话轮延续,只能用于话轮转接"结论相悖。同样,上例中的"不过"具有回到原话题、平行话题以及展开新话题等多种用法,这也与方文中"表示转折的连词不用作前景化,而一般用作话题切换"的结论不完全相符,因此上例的转折连词已然在方文中转折连词基础上进一步虚化。这与"话说回来"第三阶段的高度规约化进程是一致的。

五、结语

立场调整这一视角聚焦于对立场表达主客体转变方式的客观描述,不仅能够通过人们的话语行为探究人类认知规律,也能进一步丰富立场理论。立场三角是一个相对稳定的立场表达框架,这种稳定性决定能够牵一发而动全身,"话说回来"的立场调整功能及类型证实了这一理论假设。"话说回来"作为一种话轮内部的立场调整构式,具有使得言者的立场表达更加客观、中立和全面的语用功能,其立场调整方式存在一定的程度差异和方向性。在实际语境中,受礼貌原则的影响,言者更倾向于在对他人的负面评价中作出调整,体现了中国人以和为贵的处世之道和文化内涵。

"话说回来"在语法化的连续环境中,经历了行域、知域和言域三个阶段,分别表示"回到原话题/平行话题—立场调整—开展新话题",具有话题调整和立场调整的双重功能,反映了元语性话语的多层次规约化路径。"话说回来"的规约化对与之共现的转折连词也有一定的辐射关联作用。转折连词本身属于较常规的立场调整标记词,与知域范畴的"话说回来"共现率较高。随着"话说回来"的规约化,转折连词得以随之迁移至行域和言域当中,成为具有话题调整功能的纯话语标记。

参考文献

董秀芳(2003)"X说"的词汇化,《语言科学》第2期。
方　梅(2000)自然口语中弱化连词的话语标记功能,《中国语文》第5期。
李胜梅(2004)"话说回来"的语用分析,《修辞学习》第3期。
宋　晖(2018)"话说回来"的"界指"模式研究,《语言研究》第1期。
Du Bois, J. W. (2007) The Stance Triangle. In Englebretson, R. (ed.). *Stancetaking in Discourse: Subjectivity, Evaluation, Interaction*. Amsterdam & Philadelphia: John Benjamins Publishing Company.
Sweetser, E. (1990) *From Etymology to Pragmatics: Metaphorical and Cultural Aspects of Semantic Structure*. Cambridge: Cambridge University Press.

(1.325035　浙江温州,温州大学国际教育学院;

2.334000　江西上饶,上饶幼儿师范高等专科学校)

视点移动的主观加工：
虚拟位移意义建构的认知理据*

白雪飞

摘　要：在虚拟位移的意义建构中隐含真实位移，即视点的移动，以观察对象的虚拟移动转喻视点的真实移动，再通过位移动词的隐喻创新，使虚拟位移句能够被认知和识解。观察对象与视点之间的转喻模式更为基础，人到物体的隐喻则是虚拟位移的主观加工机制，静态物体被概念化为人，基于物理空间的位移经验被映射到心理空间，静态物体就具备了位移特征，这是非理性思维的产物，借助隐喻，静态物体被赋予了人的主观能动性、移动性，由此，虚拟位移的概念得以建构，它也成了表达静态物体空间关系赖以优选的手段。

关键词：虚拟位移；视点移动；主观加工

〇、引言

虚拟位移相对于真实位移而言，是一种特殊的运动，指某一物体发生的空间隐喻化运动，即以动态的语言形式描写静态的场景，虚拟位移表达是一种习焉不察的语言现象，体现了认知思维与语言表征的互动。请参例句[①]：

(1) 过了一会，几名男运动员出场，站立在马背上，<u>双臂伸展</u>，如展翅雄鹰飞奔而过。(《人民日报》，1997年)

(2) 蚰蜒爬了上去，在丈夫腿上一伸一缩地爬动了。<u>一条晶亮的痕迹从床架上伸展过去</u>，来到了他的腿上，他的腿便和床连接起来了。(余华《夏季台风》)

例(1)和例(2)使用了相同的位移动词"伸展"，但例(1)描述的主体是动态的"双臂"，而例(2)描述的却是静止的、无生主体"一条晶亮的痕迹"，移动动词"伸展"赋予其

---

* 衷心感谢《对外汉语研究》编辑部和匿名审稿专家给予的宝贵修改意见。

① 本文语料取自北京大学CCL现代汉语语料库、北京语言大学BCC现代汉语语料库和网络报刊，例句均标注出处。

移动的特征，动态的句法编码形式与静态的空间概念构成了语义冲突，这种形义错配的语言运用在实际生活中尤为广泛，虽然说话人的描述与现实并不相符，但听话人却能够识解。

对虚拟位移的意义认知来源于真实位移，事实上，这与观察者的视点移动密不可分。Talmy(2000)指出，视点(perspective)指的是心理上观察某一事物或场景的位置，涉及诸如位置、距离和方式等因素，就好像一个人通过"心眼"对外界事物进行观察。此外，虚拟位移的句法形式也充分体现了说话者对语言的主观性加工，Langacker(2008)认为虚拟位移是一种主观化现象，通过动词来描述静态空间场景，语义发生了转变，这种转变是由主观化所引起的。国内学界也有相关论述，李秋杨(2012)提出虚拟位移表达的产生和人们的身体经验有直接关系，它融合了人的视觉经验和百科知识，是主客观的统一。钟书能、黄瑞芳(2015)指出，虚拟位移的建构主要归因于主观化对句法语义限制消解的结果，主观化对句法行为也有反制约作用。陈碧泓(2020)认为，观察者将视线移动的感受主观地附加在观察对象上，会形成观察对象本身发生运动的主观感受。以上研究为厘清虚拟位移的认知理据奠定了良好基础，但还可以在以下方面继续深入探究：

第一，静态的位移主体为什么被赋予了动态的意义？
第二，动态义是如何通过语言进行表征的？
第三，真实位移和虚拟位移之间具有怎样的关系？

一、视点隐含与主体凸显

视点在观察对象的场景里或其言语事件背景中所占据的位置可以通过句法形式体现，以下例句中，通过位移动词"跨"可知，说话人把视点设在了统观全局的位置上：

(3)<u>他</u>悄悄地带上行李和书籍，取道法国，穿过地中海，<u>横跨印度洋</u>，最后回到中国云南昆明。(《人民日报》，1995年)

(4)一只4岁的<u>牧羊犬佩罗</u>因想念原主人，12天走了380公里，平均每天走近32公里，几乎<u>跨越了半个大不列颠岛</u>。(《狗狗12天暴走380公里跨越半个英国找主人》，搜狐网，2017年8月2日)

就"跨"的原型义来看，双腿的跨度是有限的，百科知识中"印度洋""半个大不列颠岛"的空间跨度大大超出了双腿的跨越极限，使这样的命题成立就需要开启转喻认知模式，即通过"位移过程"指代"位移路径"，用"他横跨印度洋"转喻"他航行所产生的轨迹横跨印度洋"，用"牧羊犬佩罗跨越了半个大不列颠岛"转喻"牧羊犬佩罗行走的路线跨

越了半个大不列颠岛"。例(3)和例(4)的位移主体"他"和"佩罗"都是有生的,位移主体还能够与无生主体搭配使用,例如:

(5)道路不绝地向前延伸,两侧散落着一些村落和池塘。(廉声《月色狰狞》)

(6)帆布水管像是一条长龙,从门外蜿蜒地伸了进来,水龙头在熊熊的火焰上如同倾盆大雨一般,哗哗地倾倒下去,火焰压下去了,浓烟压下去了。(周而复《上海的早晨》)

上述两例,"道路""帆布水管"没有位移过程,无法激活"位移过程指代整个路径"的转喻模式。位移动词"延伸""伸了进来"赋予了"道路""帆布水管"以移动的语义特征,然而真正移动的不是"道路""帆布水管",而是观察的视点。视点是无形的,隐藏在语句背后,它以具象的观察对象为依托和载体,沿某一特定的方向移动,观察对象与视点之间的转喻模型是由认知凸显决定的。

邻近性是转喻的必要条件,但并非存在邻近性就可以构成转喻,前提是在同一个理想认知模型中,将凸显度高的、具象的、易感知的典型目标作为喻体,转指凸显度低的、抽象的、不易感知的非典型事物。在虚拟位移的事件框架中,观察对象相对于视点更易感知、更加具体,因而凸显度也更高,①它作为喻体,激活并唤起了不易感知的、低凸显度的视点,视点的移动就嫁接到了观察对象上,以观察对象的虚拟移动转指视点的真实移动。以例(5)为参照,观察对象与视点的转喻关系可通过下图来说明:

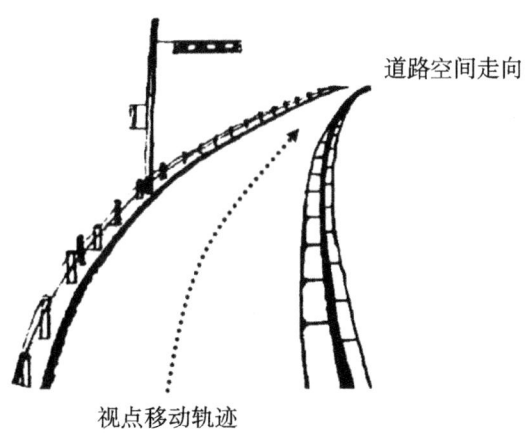

图1 道路与视点的转喻图式

上图中,"道路"的空间走势与形状是有形的、显性的,虚线表示的是视点的移动轨迹,它是无形的、隐性的,观察对象是凸显度较高的前景信息,视点是凸显度较低的背景

---

① 概念之间邻近(contiguity)与凸显(highlighting)是转喻识解的心理基础,Croft(1993)从凸显来解释概念转喻,认为概念转喻是次认知域(secondary domain)和主认知域(primary domain),即一个认知矩阵之间的凸显关系。

信息,用凸显度较高的观察对象转喻凸显度较低的视点,这是"参照点"(reference point)现象,(Langacker,1999)凸显度较高的观察对象为凸显度较低的视点提供心理通道,增强视点的心理可及性。例如:

(7)好几亩的麦田,都被踏成平地,这飞虎队该有多少人马,才能踏成这个样子啊!杂乱的脚迹向西蜿蜒而去。(知侠《铁道游击队》)

(8)红土公路先是紧邻着水面,高低高低地蜿蜒升降,然后一路往上而去,被逼向西北。(谢旺霖《转山》)

上述两例,虽然主语是"杂乱的脚迹"和"红土公路",但其实是观察者的视点"向西蜿蜒而去""高低高低地蜿蜒升降","杂乱的脚迹""红土公路"作为认知上的参照点,唤起了凸显度较低的视点。观察对象与视点的凸显度高低可以通过语法手段来检测。观察对象是描述的对象、叙述的基点,无法删除。例如:

(7')*杂乱的脚迹向西蜿蜒而去。

(8')*红土公路高低高低地蜿蜒升降,然后一路往上而去。

观察对象是观察者注意力集中的地方,成为前景,这是由视点决定的,因此句法地位是强制的,而观察视点的句法地位相对没有那么严格。例如:

(9)政委再抬头望了一下前边的地形,津浦路正沿着湖边向南蜿蜒而去。(知侠《铁道游击队》)

(10)小路穿过松林,笔直通向横切山谷的小溪。吊桥的另一端有一排石级街道,沿着密密的白平房斜向坡顶。(林语堂《朱门》)

上述两例,观察者视点的句法地位较为灵活,例(9)"政委再抬头望了一下前边的地形"是视点信息的句法化,站在了"幕前";例(10)观察者视点隐藏在语句"幕后",可以通过补充视点信息将其拉回"幕前"。例如:

(10')(我看见)小路穿过松林,笔直通向横切山谷的小溪。

补充的"我看见"是视点信息句法化的手段。视点包括视点位置(perspectival location)、视点距离(perspectival distance)、视点的运动性(perspectival motility)和视点模式(perspectival mode)等。(Talmy,2000)视点位置是指在所述场景或言语事件中占据的位置,有内部视点和外部视点;视点距离是指视角点与被观察实体的相对距离,主要下属概念包括三个:远距(distal)、中距(medial)和近距(proximal);视点的运动性,即视角点是静止的(stationary)还是运动的(moving);视点模式包括全局模式(synoptic mode)和顺序模式(sequential mode)。例如:

(11)小杏眼睛红红的,走下楼,走上来,低着头穿过客厅回房间去。(朱天文《最好的时光》)

(12)陈皓若急了,横跨一步,笔直地挡在方英达面前,动情地喊一声:"老军长,工作上有失误,你尽管批评。"(柳建伟《突出重围》)

(13)我从机舱门口看到,左岸山梁上有一条弯弯曲曲的公路盘山而上,像一条巨龙在飞舞,这一惊人的发现,让我激动不已。(搜狐网,2002年6月4日)

(14)她走到一个山顶,往下看见那条下山的篱路,弯弯曲曲地伸展出去,时隐时现,这时候,她听见背后传来了脚步声,不一会儿,就有一个人走到了跟前。(托马斯·哈代《德伯家的苔丝》)

真实位移与虚拟位移虽然都采取外部视点来观察,但在距离、运动性和模式上存在差异,真实位移采取的是局部范围的动态近距离视点,虚拟位移采取的是全方位静态远距离视点。例(11)、例(12)唤起的是顺序视点模式,视点随着"小杏""陈皓若"的空间位置而逐次调整("走下楼,走上来,低着头穿过客厅回房间去""横跨一步"),运动的视点与较近的视点相匹配;例(13)、例(14)唤起的是全局视点模式,观察者对"公路""篱路"的整体走势及其空间位置进行刻画,句中"我从机舱门口看到""她走到一个山顶,往下看见"是远距离观察的明示形式,全局模式与静止的场景相关,而静止的场景与远距离的视点相匹配。视点距离可以在视觉类比的基础上组织并协调所指对象的范围、大小以及细节程度:近距离视角下,注意的范围缩小,结构变细致("低着头""急了"),细节变多("眼睛红红的""动情地喊");远距离视角下,注意的范围扩大("一条弯弯曲曲的公路盘山而上""篱路弯弯曲曲地伸展出去"),结构模糊,细节变少。

视点也是个广义的概念,有实也有虚,上面谈到的观察视点是具体的视觉感知,观察对象也是实实在在的具体事物,视点也指心理上体察某一事物或场景的位置,这是抽象的心理感知,体察对象往往是那些假想的客观存在。例如:

(15)从气候特点说,我国是一个背陆面海的国家,北回归线穿过我国南部,我国绝大部分领土在北温带。(《人民日报》,1993年)

(16)丝绸之路经济带横跨亚欧大陆,绵延7 000多公里,途经国家涵盖总人口近30亿。(竹效民《丝绸之路经济带提出的战略背景和重大现实意义》)

上述两例,"北回归线""丝绸之路经济带"是人为规定的假想线路,可以通过主观想象对其进行心理感知,判断它们的空间位置和走向。由此可见,观察的视点不仅仅指肉眼的视觉感知,也包括心智感知。

二、主观介入与语义联想

静态事物的空间走势、位置等原本无意义,因人的观察使其有了意义,因此,人的认知、情感等主观因素就无法避免地参与其中并有所体现。在处理静态事物的位移时有两种策略:对事物施加外力,使其发生真实位移;或者通过主观想象,使其发生虚拟位移。前者是理性思维,后者是非理性思维。例如:

(17)她一面把长长的黑色电话线绕在手腕和臂膀上,一面简短回答"是""不是",以表示她在听爸爸说话。(艾丽斯·西伯德《可爱的骨头》)

(18)他们跟前放个很小的电话机,埋在土里的电话线向北伸去。侦察员们浑身插上蒿草,远看起来,活像一堆堆天然生长的蒿草。(杜鹏程《保卫延安》)

例(17)"电话线"的位移是"她"施加外力导致的,是理性叙述;例(18)"电话线向北伸去"的位移特征则是思维层面的非理性认识。前者的描述与现实情况相符,而后者的描述与现实并不相符,但虚拟位移这种非理性认识并不是对现实的歪曲,它非但不是消极的,相反为我们带来了新鲜的理解方式和新颖的观察视角,因为它创新了认知常态下的固有模式。隐喻的发生,就是非理性认知对理性认知的介入,虚拟位移这种隐喻表达是静态物体空间关系赖以表达的优选手段。虚拟位移概念建构的基础来自于真实位移,对真实位移的认知联想类推到了心理空间,建立起从物理空间到心理空间的隐喻映射,真实位移的事件结构被映射到心理空间,位移动词借助隐喻创新,①赋予静态物体以位移特征。例如:

(19)大清早,他跑到南温泉,爬上山,到了窝囊废的坟头,哭得死去活来。(老舍《鼓书艺人》)

(20)咸榆公路从北边的小川道爬上山,又弯弯曲曲的向南边川道里伸展去。(杜鹏程《保卫延安》)

(21)小孔侧过脸,知道小马有话想对她说,便把手机放回到口袋,向前跨一步,来到了小马的跟前。(毕飞宇《推拿》)

(22)这条铁路两次跨大连湾,一次跨过大窑湾,还穿过一座山,其地质情况被称为"博物馆"。(《人民日报》,1995年)

上例中动词"爬"和"跨"的原型施事是人,如例(19)和例(21),具有[+生命性][+能动性][+自主移动][+位置移动]的语义特征,而在例(20)和例(22)中,"爬"和"跨"激活的上述显著特征被系统地映射到了"咸榆公路"和"这条铁路"上,借助人的移动特征描述静态物体的空间方位,以人的特性形容非人项,其中隐喻创新发挥了重要作用,语言的主观性得以体现。我们对虚拟位移的认知识解来自于真实位移的隐喻,真实位

---

① 几乎所有的谓词性的隐喻实际上都隐含着一个更为基本的隐喻。而这种隐喻往往可能是人类共同拥有的对某些事物的信仰或某特定文化对某些事物的特殊认识。(束定芳,2000)

移的概念域向虚拟位移的概念域的系统映射,是人到事物隐喻的表征。我们知道,位移动词无标记应该与[＋移动]语义特征的主语进行组合,但在虚拟位移句中,位移动词与静态主体相搭配,表层看似违背了论元结构的语义要求,造成了语义冲突,却是隐喻产生的前提和基础。例如:

(23)高架马路穿行在市区半空,两侧写字楼里忙忙碌碌的男女职员和公寓楼里各家居民的室内陈设一目了然。(王朔《玩的就是心跳》)

例(23)"穿行"的原型主体应具有移动性,如人或动物等,而与"高架马路"搭配,形成了全新的语义联想,造成语义冲突。隐喻可以消除这种语义冲突,真实位移是人们已有的经验基础,它作为源域,通过创造性的隐喻联想,在句法表层进行了范畴化扩展,即"静态事物＋位移动词",从而形成了全新的语言表征,位移动词在隐喻过程中也发生了去范畴化现象。例如:

(24)她站起身,伸展伸展,拍打着她的鸡尾酒礼服,随后决定弄两大杯苏格兰威士忌放到冰块上,一杯为自己,一杯为沃尔特。(欧文·华莱士《三海妖》)

(25)四虎站在房顶,离了磨盘镣铐,四虎轻飘飘的备感不适。他尽力伸展一下筋骨,居然轻捷得连瓦都没踩响一块。(《作家文摘》,1997年)

(26)公路拐了个弯,开始向山上攀登,我们紧靠山坡行进,下面是河谷,几座小山往后向海边伸展[*伸展伸展]。(海明威《太阳照常升起》)

(27)李龙山自西向东,绵延几十公里。在碰到一片海礁之后,忽而转向,向南又伸展[*伸展一下]了一段距离。(刘玉民《骚动之秋》)

在真实位移中,位移动词具有时间性和量性特征,可以重叠("伸展伸展"),或者后接动量补语("伸展一下"),在虚拟位移中,位移动词的时间性和量性特征受到抑制,无法重叠或者后接动量补语,已经丢失了动词的一些原型特征,如例(26)、例(27)。

在虚拟位移概念的识解过程中,转喻思维和隐喻思维共同合力,它们相互作用。张辉、卢卫中(2010:46)指出,作为人类主要认知识解和思维方式的隐喻和转喻常常交织在一起,你中有我,我中有你。转喻是虚拟位移的基础,先有转喻理据,再有隐喻的非理性认识。我们首先产生"观察对象与视点"之间的转喻思维,而后通过"静态物体＋位移动词"的句法手段将这种主观性、非理性的思维表征出来。例如:

(28)片马是一块嵌在青山绿野中的缓坡地,房舍集中而成梯度排列。公路穿过边贸街弯弯曲曲斜坡而下,直到缅北的大田坝区。(《人民日报》,1996年)

(29)一个个威严的界碑,拉出一条无形的国境线,穿过原始森林,跨过大河小溪,蔓延8 000里。(《报刊精选》,1994年)

上述两例,都是采用远距离视点,前例是视觉感知,后例是心理感知,"公路""国境线"是视点的依托和载体,我们通过邻近性来认识它们之间的关系,只有"公路和国境线的走势指代观察视点的移动"这一转喻映射得以实现,位移动词"穿过""跨过"的非理性认识才有存在的条件,这种主观的、假想的非理性感知通过隐喻创新得以表达,真实位移的概念结构被映射到了心理空间,以人的视角观察非人项,虽然不符合逻辑语义,但却是积极修辞手段,因为拟人化是我们认识和了解周围世界的一个主要策略,把人的主观能动性、移动性,甚至是情感赋予静态物体,虚拟位移的概念就能够被编码和解码了,这一语言现象充分反映出语言的意义建构是以人为中心的。正如 Heine et al. (1991)认为,在隐喻范畴链的底层存在一个认知活动,它可以通过自我中心距离(egocentric distance)来描述,从最接近人类经验范畴(人)到远离人类经验范畴(质量)。从真实位移到虚拟位移跨域映射的实现,实质上就是从最接近人类经验的运动范畴类推到空间关系范畴的心智认知活动。

尤其是在同一静态主体形成的不同虚拟位移句中,转喻的建构性与隐喻的表现性之间的交互作用更为明显。例如:

(30)<u>这条路跨越西班牙的南北部</u>,连接着一些大牧场,途中经过西班牙的很多大城市,甚至首都马德里的主要街道也是牧人们行程的一段。(《人民日报》,1996年)

(30')这条路纵贯西班牙的南北部,……。

这条路横穿西班牙的南北部,……。

这条路蜿蜒伸向西班牙的南北部,……。

这条路横跨西班牙的南北部,……。

转喻思维赋予了静态主体以移动的特征,但具体选择何种移动方式描述静态主体取决于隐喻的非理性认识。例(30)是对同一静态主体的描述,"路的移动指代视点移动"的转喻思维决定了采用位移动词来表征这一场景,但是使用"跨越"还是使用"纵贯、横穿、伸向、横跨",这就取决于言者的非理性认识,选择不同的位移动词会产生不同的隐喻效果,如"跨越"激活的理想认知模式是"越过某个界限或障碍",而"纵贯"则是"纵向穿过",因为隐喻的源域不同,所以表达出的语用效果也会有所差异。

三、结语

在虚拟位移的意义建构中隐含真实位移,即视点的移动,以观察对象的虚拟移动转喻视点的真实移动,再通过位移动词的隐喻创新,使虚拟位移句能够被认知和识解。虚拟位移表达的实现是转喻和隐喻共同合力的结果,观察对象与视点之间的转喻更为基础,观察对象是凸显度较高的前景信息,视点是凸显度较低的背景信息,凸显度较高的观察对象为凸显度较低的视点提供心理通道,增强视点的心理可及性。隐喻这种非理性认识是虚拟位移的主观加工机制,是我们认识和理解周边世界的一个主要策略,借助隐喻,把人的主观能动性、移动性,甚至是情感赋予静态物体,从而,虚拟位移的概念就能够被编码和解码了,它也成了表达静态物体空间关系赖以优选的手段。

参考文献

陈碧泓(2020)现代汉语虚拟位移的类型探析,《长春师范大学学报》第5期。
李秋杨(2012)"以动写静"——虚拟位移事件的主观性体验,《江苏外语教学研究》第1期。
束定芳(2000)《隐喻学研究》,上海外语教育出版社。
张　辉、卢卫中(2010)《认知转喻》,上海外语教育出版社。
钟书能、黄瑞芳(2015)虚拟位移构式的主观化认知研究,《中国外语》第6期。
Croft, W. (1993) The role of domains in the interpretation of metaphors and metonymies. *Cognitive Linguistics* 4(4):335-370.
Heine, B., Claudi, U. & Hünnemeyer, F. (1991) *Grammaticalization: A conceptual Framework*. Chicago: University of Chicago Press.
Langacker, R. W. (1999) Virtual Reality. *Studies in the Linguistic Sciences* 29(2):77-103.
Langacker, R. W. (2008) *Cognitive Grammar: A Basic Introduction*. Oxford: Oxford University Press.
Talmy, L. (2000) *Toward a Cognitive Semantics: Concept Structuring Systems*. Cambridge: The MIT Press.

(200234　上海,上海师范大学对外汉语学院)

"VP+的+人称代词"结构的篇章分析*

王 敏

摘 要:"VP+的+人称代词"结构是当代汉语常见的结构之一,主要充当主语、宾语和定语成分。在篇章中常与其他代词、专有名词共现。人称代词具有外延突显、内涵丰富的特点,作为定语的 VP 能够标识人物的属性,描写人物的情感、心理,体现行为的前后对比。"VP+的+人称代词"结构采用双视点模式强化指称,在篇章中具有唤起人物关联、推进事物发展、拷贝已有信息的作用。

关键词:关系小句;人称代词;篇章;语体

〇、引言

指称问题是当代语法、语用研究关注的重点问题之一。人称代词没有固定的实体属性,是语言中的一类特殊词汇,与普通的名词相比,它的指称总是依靠具体语境而定。在语境中,言者既要有效选择和使用人称代词传递信息,又要顾及听者接收和理解信息的准确性。另一个方面,与指代对象的不确定相比,人称代词的指别度在各类名词中是最高的,在语境中具有指称唯一性。因此,早期的学者,如赵元任(1979:151)等认为人称代词不需要修饰语限定和描写,"修饰语+人称代词"结构不合语法规范。

王力(1943/1984:327)认为传统的汉语通常人称代词前面不能出现修饰语,并最早认为"VP+的+人称代词"结构为欧化句式,由于出版物的推广而逐渐常见。例如:

(1)有了<u>四千年吃人履历的我</u>,当初虽然不知道,现在明白,难见真的人!(鲁迅《狂人日记》)

(2)假使七十二人相貌各不同,个人的审美标准总有局限,难保不偏宠了谁,结果争风吃醋;<u>应付不了两个吵嘴女人的他</u>怎吃得消七十二位象泡菜那样又酸又辣

---

* 本文研究得到内蒙古自治区高等学校人文社会科学重点研究基地——黄河几字弯文化传播创新研究基地资助。感谢匿名评审专家的宝贵意见,文责自负。

的娘儿们？（钱锺书《纪念》）

与早期学者的结论不同,近年来"VP＋的＋人称代词"结构无论使用领域还是使用频率都发生了较大变化。现代汉语中的"VP＋的＋人称代词"结构多用于散文,小说中较少,我们在北京大学 CCL 语料库中穷尽性检索,只发现 19 例。① 在当代汉语中共 312 例,北京语言大学 BCC 语料库小说部分检索得到 102 163 例。② 现代汉语能出现在结构中的人称代词也比较有限,仅有"你（们）、我（们）、他（们）",而当代汉语,特别是近几年的语料显示,所有的人称代词都可以出现在该结构中。③ 我们认为,"VP＋的＋人称代词"结构在当代汉语中出现井喷式发展,与言者的指称意图有关,小句内修饰语和指称语互动是交际中言者与听者互动交际的有效手段。

一、"VP＋的＋人称代词"结构的句法功能及篇章分布

"VP＋的＋人称代词"结构本身不具有自立性,充当一定的句法成分。在篇章中,"VP＋的＋人称代词"结构也经常与一些小句共现,达到特殊的语用目的。

1.1 "VP＋的＋人称代词"结构的句法功能

现代汉语"VP＋的＋人称代词"结构主要充当主语、宾语和定语成分。"VP＋的＋人称代词"能够内嵌于句子结构中不同位置。"VP＋的＋人称代词"做主语时,主谓之间联系不紧密,为了语气舒缓,通常有语音停顿,书面上用逗号与谓语部分隔开。有时为了意义连贯,也可以一气呵成,主谓之间不用逗号相隔。例如：

(3) <u>正读着《前出塞》诗的他</u>,仍然用读诗的声音说,"小孩,饭拿进来!"(沈从文《新与旧》)

(4) <u>正准备策马狂奔的我</u>突然被战队频道传来的声音叫住。(90瓶子《修行之旅》)

例(3)中为了舒缓语气,用逗号将"正读着《前出塞》诗的他"与谓语部分隔开;例(4)

---

① 现代小说的19例语料分别出自茅盾作品14例,老舍作品2例,钱锺书作品2例,鲁迅作品1例,因此,我们认为"VP＋的＋人称代词"是部分作家的语言特色,不能代表现代小说的整体语言风格。

② 为方便BCC数据统计,我们选取前300条网络小说语料进行分析得到下文数据。

③ 鲁莹(2008)根据人称代词带定语的频率进行排序,其序列为:我(39%)＞他(25%)＞她(11.9%)＞你(7.3%)＞自己(5.9%)＞我们(5.3%)＞他们(2.2%)＞它(1.5%)＞你们(0.6%)＞别人(0.5%)＞您(0.4%)＞她们(0.2%)＞它们(0.1%)＞大伙儿(0.000 08%)＞咱们(0.000 2%)。我们根据使用频率分别对第一人称、第二人称、第三人称单数和复数中的"我、他、她、你、我们、他们"等6个词进行检索分析。

则使用常规形式——主谓之间并无停顿。

"VP+的+人称代词"结构做动词的宾语。例如：

(5)"风兄弟！快过来！今天可多亏了你啊！"铁锤看到了愣住的我，朝我招了招手，并对几个看起来比较有活力的人说："你们快去拣下战利品！"(90瓶子《修行之旅》)

(6)当年七大魔头之一的洪薇，交出曾经逃至庵中避难的她。(上官鼎《江湖一品郎》)

例(5)中"愣住的我"是谓语动词"看"的宾语；例(6)"曾经逃至庵中避难的她"做"交"的宾语。

做普通名词的定语，可以码化为："VP+的+人称代词+（的）+NP"。人称代词与NP之间具有一种广义的领属关系①，"VP+的+人称代词"结构做定语可以后接定语标记"的"，也可以根据韵律的调节省略定语标记。例如：

(7)"哪里去？捣乱之人已经消失，你应投奔的，不是这种渣滓吧。"然而，那人没有允许。站在倒下的我身前，迎接奔来的Saber。(奈须蘑菇《fate》)

(8)创作缘起于身为独生子女的我的周边故事。我们这一代独生子女，在整个(上世纪)90年代成长过程中，有非常深层次的孤独感。(人民网，2018年4月24日)

例(7)中"我"和"身前"是处所领属关系；例(8)中"我"和"周边故事"是占有领属关系。

1.2 "VP+的+人称代词"结构的篇章分布

"VP+的+人称代词"结构在句子层面不能自立，在篇章层面，也要与其他小句互动。语言事实显示，"VP+的+人称代词"结构所在的篇章环境具体有以下三种。

其一，"……人称代词₁，……VP+的+人称代词₁"。

人称代词重复出现，前面为光杆形式，后面紧跟着带修饰语的定中形式，这样的"VP+的+人称代词₁"结构在语用上起到强调和补充的作用，构成反复的修辞手法。例如：

(9)只能看着他，一个沉睡的他，实在是一种折磨。(睁着眼胡说《无限之召唤师传奇》)

(10)他知道发生了什么，像从前说的一样，她诅咒自己忘记了他，一个杀戮的他，一个不忠的海皇。(缪娟《我的波塞冬》)

---

① 关于领属关系的分类，可参看陆俭明(2002)。

有的句子中,同样的人称代词在同一句子中接受多次修饰,对中心语进行多角度的分析和描写。例如:

(11)无论如何,她仍坚持着红鞋子,我见过<u>醉酒的她</u>,<u>发脾气的她</u>,<u>服下药丸的她</u>,总是穿着红鞋。(亦舒《short》)

(12)你可以在我面前哭,在我面前笑,在我面前做最真的你;<u>哭的你</u>,<u>笑的你</u>,<u>生气的你</u>,<u>悲伤的你</u>,都是<u>我爱的你</u>。(昕语《在爱与不爱之间》)

其二,"……VP+的+人称代词₁,……+VP+的+人称代词₂"。

位于前后句的不同的人称代词受到关系小句的修饰,目的在于通过关系小句的修饰产生对比效果。例如:

(13)这间病房中两张铁床上,卧着<u>一个负伤的我</u>,卧着<u>一个临行的她</u>,我们彼此心里都怀有异样的沉思和悲哀。(石评梅《梦回》)

(14)我们不是<u>他们的"我们"</u>,却是<u>"穿得破,吃得好,一人一块大手表"的"他们"</u>。(杨绛《干校六记》)

其三,"……VP+的+专名,……+VP+的+人称代词"。

前句通过带有VP小句的专有名词引入篇章,后句则以代词形式出现,两个小句从不同的角度介绍话题,增加定指度和指别度。例如:

(15)像是最近也是<u>在美妆博主路上走得越来越火的林允</u>,最近也在当瘦身博主。<u>身高169cm的她</u>从今年一月底开始减肥,到今年五月底,成功从105斤瘦到91斤。(人民网,2018年6月11日)

(16)为了追随来东大读博的男友,<u>北京中医药大学毕业的硕士研究生付宗燕</u>已经将户口落到了南京市人才市场。<u>正忙着到处面试的她</u>告诉记者,工作、住房都是面临的现实问题。(《南京日报》,2018年6月8日)

二、人称代词与VP的语义、句法特征

人称代词没有实体意义,没有固定的实物属性,其语义的确定要依托于具体的语言环境,VP能够陈述与人称代词相关的内涵信息。在句法结构中,进入"VP+的+人称代词"结构中的VP体现去句化特征。

2.1 人称代词的指称特征

不同的名词在不同的语境中突显的外延和内涵是不同的,同时,指称的内涵和外延是不可分割的。外延是指称的范围,凡是集合内的成员都是外延所指;内涵是指通过认

知而总结、概括的指称对象的属性,"带有主观色彩的认知"(Schiffrin,2006)。

2.1.1 外延突显与有定指称

脱离语境,专有名词倾向于突显外延,普通名词倾向于突显内涵。(Lyons,1977)Schiffrin(2006)认为代词和专有名词都能提供外延信息;①泛指、不定指、类指和无指用法的名词性成分倾向于突显内涵,定指和特指用法的名词化成分倾向突显外延;王灿龙(2010)认为代词与外延突显的名词的指称属性基本相同。我们认为,代词与专有名词的指称属性一致——都能突显外延,普通光杆名词、"的"字短语、数量(指量)名词短语等的指称突显内涵。

人称代词的所指是某一个(几个)具体的人物,因此,人称代词指称对象的外延只有一个。② 人称代词是对单一对象本质属性的描写,表达一个单独的概念。看到这类概念,人们的第一个反应就是:是"这一个",不是"其他"。也就是说,在人的大脑里,概念的外延被优先激活。这种现象即为"外延突显"(王灿龙,2010)。

同时,人称代词具有指称唯一性的特点。根据陈平(1987)对名词指称的分类,本文研究的六个人称代词"我、他、她、你、我们、他们"都属于定指,具有[＋有定]特征。方梅(1993)根据陈平(1987)的指称框架提出有定性由强到弱的等级序列:代词＞专有名词＞称谓词＞这/那(＋量词)＋名词＞领属性定语＋名词＞光杆普通名词＞限定性定语＋名词。可见,代词的有定程度最强。

2.1.2 内涵表达的丰富性

概念的内涵和外延呈反比例关系:外延越小,内涵越丰富;反之,外延越大,内涵越明确。储泽祥、刘琪(2012)认为表人定指词的内涵丰富,同时,内涵的提取因语境而不同。因此,具有单一外延的主体(即人称代词)所实施的事件(即VP)是相对无限和开放的。

开放是相对封闭而言的。普通名词的内涵义是明确的、可悉数列举的,其内涵义是封闭的。而专有名词、人称代词等外延单一的名词,"对于它的内涵属性的认识会言人人殊"(王灿龙,2010),其内涵的描述则不可穷尽列举。同时,人称代词指代人物的内涵不是静止的,它随着事件的推移和人物的成长而不断丰富。因此,工具书对于这类词的

---

① 人称代词对于语境具有极强的依赖性,我们没有办法对其指称进行分析。因为代词和专有名词在指称特点上具有一致性,所以我们从专有名词入手讨论人称代词的指称问题。

② 虽然复称代词的指称个体有多个,如"我们、你们、他(她)、它)们",但是我们认为在表达复称的时候,多个个体是被打包看作一类具有相同内涵的整体来看待的,个体差异被舍弃,仅凸显整体特征。

解释并不是内涵式的阐释,而只能从年龄、籍贯和经历等方面进行介绍。在具体语境中,根据认知或交际目的的不同,可以提取相应的内涵要素。例如:

(17)他的先祖,原是种地的农民,到了后来,不断发家,变成了拥有大量土地的财主。(出国留学网,2016 年 11 月 8 日)

(18)不管工作多么艰苦,环境多么恶劣,他仍是如饥似渴地学习,夜以继日地忘我工作。病重的时候,他就想着病好了要做些什么事;病稍好一些,他就动手做起来。他在逝世前不久,生着病,体温很高,体重减轻到不足 80 斤,可是他依然坚持着写作和翻译文章。(出国留学网,2016 年 11 月 8 日)

(19)在上学时,鲁迅因给父亲买药而迟到被先生批评,后来他在自己的桌子上刻了一个"早"字时刻提醒自己,从此再没有迟到。(出国留学网,2016 年 11 月 8 日)

(20)在他的灵柩上覆盖着一面鲜红的旗帜,上面写着"民族魂"三个大字,后遭到破坏。(出国留学网,2016 年 11 月 8 日)

以上各例中的"他"都指代"鲁迅",在不同的语境会激活"他(鲁迅)"的不同内涵要素。例(17)提取并激活"他""家世变化"的内涵义,例(18)提取并激活"他""不断学习和写作"的内涵义,例(19)提取并激活"他""求学时期"的品格,例(20)提取并激活"他"的"民族精神"。

2.2 VP 的语义和结构特征

在语境中,"VP + 的 + 人称代词"中的"VP 的"和人称代词所指相同,删除 VP 后代词所指仍然明确。(方梅,2008)从人称代词的指称特点看,单个人称代词只能表达指称对象"这一个人"的确指特征,无法提供人称代词所指对象的确切内涵,其身份、年龄、状态、属性等方面的信息则需要通过其他成分进行呈现或明示,如陈述句中的谓语部分、"人称代词$_单$+一个/这个 NP"结构中的"一个/这个 NP",以及"VP + 的 + 人称代词"结构中的 VP。

2.2.1 语义特征

"VP + 的 + 人称代词"结构中的 VP 在语义上能够标识人物的属性,描写人物的情感、心理,体现行为的前后对比。具体包括以下三个方面:

其一,标识属性。VP 从外部面貌、思想品质、精神风貌、性格特征、行为能力和身份地位等方面提供信息。例如:

(21)昕宁简单地从无来的几句话里,她就可以看出,眼前的人无论是治国还是打仗,他都有自己的一套,而深藏不露的他从来不在别人面前表露自己,如果他在月眠,她一定让母后将国家社稷,千军万马都托付给他,让他帮忙让月眠变得强盛。(AMI《势倾天下》)

(22)将考题放到自己怀里,无来跟在花怜后面走了出去,同时也给身边的张德子打了个眼色,身为大内总管的他可以帮自己做到很多事情。(AMI《势倾天下》)

例(21)中突显了"他""深藏不露"的能力;例(22)中突显了"他""身为大内总管"的身份属性。

其二,揭示感知。感知是特定的环境下人物所产生的内在情感活动,它能体现人物的精神状态,因具体语境而不同。例如:

(23)当这次的胶卷冲出来后,刚刚稍微平静了一会儿的他又被推到了疯狂的边缘……(刘慈欣《三体》)

(24)更像在童年中那片鹅黄蒲公英山坡上,厌恶捉迷藏的我,急着乱动、急着发出声音,急着想被心心姊姊找到。(九把刀《打喷嚏》)

例(23)中突显"他"的心情状态——"刚刚稍微平静了一会儿",例(24)中突显此刻"我"的心理感受——"厌恶捉迷藏"。

第三,呈现变化。在当下语境中指称对象所发生的动作和行为。例如:

(25)家里没人,他害怕,大姐也害怕,大姐就抱着哄着啼哭不止的他,久久地坐在家门口,久久地等在寒风里……(张平《十面埋伏》)

(26)……可恨的是,刚从南京出长差回来的他,不经意就和青青提起很久以前的一些事情……(李承鹏《寻人启事》)

2.2.2 结构特征

处在定语位置的 VP 具有从属性,在句法和形态上都不及典型动词丰富,这是世界语言的普遍倾向,(Halliday,2000:239—240)表现为述谓能力降低,词汇手段和情态、语气范畴等"完句成分"的缺失,体现去句化特征。

VP 的言语行为首先在定语位置被压制,VP 不能实现交际能力,缺少句末语气词,排斥主观情态的表达。唐正大(2014)认为,定语位置的 VP 结构表达一个命题,该命题的语义对中心语所指进行限制,而命题的本质属性决定了其客观性。所以,定语位置压制小句的情态,主观性的情态表达一般不出现在定语小句中。

VP 结构中虽然可以出现表示完成的"了",但是数量有限,"着"和"过"入句的情况更少。崔应贤(2002:5—22)认为,汉语的定语是准述谓结构,具有相对静态性特征。张国宪(2006)指出,现代汉语的"性质"和"定语"具有最佳语义匹配关系。性质的判定抹杀了相关细节,来源于对事物的宏观审视,"由此特别适宜于对事物性状属性的'断定'(assertion)"。"性质"的表达意味着"动作性"减弱,动作的动态性和时间性会在定语位置受到压制,表示动态和时间的助词在定语位置不是句法必有成分,隐和现是语用制约的结果。因此,定语位置的VP与"体"成分的组合远不如在谓语位置上那样自由,出现频率也较低。例如:

(27)星辰子的实力远在白龙之上,哪怕是刚才他出了声音,可是<u>被阵法隐藏(了)起来的他</u>,白龙仍然无法察觉,只有叫张玄带自己去找了。(不古《网游之古剑太初》)

(28)不久她只听到脚步声走了进来,缓缓停在<u>紧闭(着)眼的她</u>面前。(任易虹《就爱无情郎》)

例(27)、例(28)中时体成分"了""着"的出现在于明示动作的状态,使信息更加详细,增加对中心语的限制,明确NP所指。在语言实际使用中,定语位置的VP的简单形式就能达到交际的需求。以上两例如果定语小句内部不出现体标记,仍然不影响体的意义的表达。

同时,体的表达蕴含在主句内,不是必有成分,VP结构中的动词可以以光杆形式出现,其时体意义主要由语境决定。例如:

(29)小璇攀着窗台向下望,看到这样一条长巷,这样一群闹乱的小孩远远跑在灯影里,看到家家屋里门外站着坐着<u>聊天消暑的人家</u>,还有这样一个漫漫扰扰的夏天长夜。(丁亚民《林家有女初长成》)

(30)恐怕有许多事需要你去忙的,你一直照顾<u>受伤的我</u>,真是多谢你了。(丁竺《傲笑柔情》)

例(29)中主句"小璇攀着窗台向下望"限定了"看到"所发生的时间为当下,实际上表述"正在聊天消暑的人家";例(30)根据语境信息"照顾"可知"受伤"为已然事件。

为了突显静态的、恒常的事件特性,VP结构内部还常有高频率副词修饰,例如:"一向、经常、一直、素来"也可以与"习惯""自小"等表示惯常事态的动词、介词结构组合。例如:

(31)<u>经常杀人的他们</u>,处理这个事情,恐怕比我们会更加得心应手点。(AMI《势倾天下》)

(32)不过,<u>习惯于与俘虏兵打交道的他</u>,硬是不相信:咱们连俘虏兵都转化过来了,难道这些老爷兵不能转化么?(丁一《重生之抗战元勋》)

三、"VP+的+人称代词"结构的表达功能

"VP+的+人称代词"结构是一种特殊的人称指示结构。就指称来看,人称代词已经明确指称,定语作为句子的非核心成分,无须为人称代词的入场提供信息。因此,VP的出现不是语义和句法的必然要求,而是语用表达的需要。当言者出于调控听者理解力的考虑,有意让信息背景化。于是,在已有结构的基础上,通过整合形成新的结构。在概念层面,用事件描写或限制人物,这种包装形式将原有的"人物——事件"模式变为"事件参照——目标人物"模式,由事件重心转变为人物重心;在句法层面,将 VP 句法降级,内嵌于定语位置,与人称代词整合为一个定中短语,这种信息的重新包装为有标记形式。

3.1 突显属性功能

汉语为 SVO 语言,所以惯常表述为"人称代词+VP",为了特殊的语用效果,人称代词也可以后置,即为"VP,+人称代词"(如"来了,他们。")。以上两种,无论是惯常形式和特殊形式,VP 都是小句中的前景信息,参与行为主语所叙述的事件。

从语法的角度看,"VP+的+人称代词"结构中的人称代词已经明确指称,其前面的"VP 的"无须为人称代词的入场提供信息。从语用的角度看,人称代词由于受到交际双方人际关系、身份角色、交际动机、交际语境等多个因素的影响,在具体语境中与替代对象的关联存在一定的复杂性。"VP 的"出现不是语法上的必须,而是一种语用上的突显。突显是认知过程中主体对客体的关注与强调,决定着语言结构中信息的选择和安排,具体表现为语法的重度指派,包括结构的复杂化和编码的增长化。

事实上,一旦进入语境,人称代词所指代的主体所关涉的事件就可以表现出来。在多数情况下,人称代词不需要附加修饰语。然而,言者却要违反经济原则,通过修饰语 VP 增加对人称代词的表述,使人称代词在编码时得到更大的份额,目的在于加强语力,增强语言表达的理据,提高可信度和说服力。

"VP+的+人称代词"结构采用双视点配置模式,人称代词和 VP 为不同的参照视点,定位不同的信息,二者的性质不同。其中,人称代词采用人称指示视点,说话人根据语境与交际双方之间的关系选择和安排人称代词,定位交际活动中参与者与相关角色的关系,目的在于厘清人际关系和指示场景中人物。

"VP+的+人称代词"结构中的人称代词为常规语用指示视点,VP 为行为指示视点,这是一种特殊的语用视点,目的在于明示与语境相关的人物的动作、行为、状态、特

征和事物感知等,进一步阐释人称代词所代人物的个体特征。VP附着于人称代词,强化指称,激活人物的恒常属性或当下状态,使信息丰满而立体,为听话人建立观察视角,为与人称代词相关的后续事件的展开建立合理框架、指明方向。"VP+的+人称代词"采用双视点模式,是对具体交际语境和人际关系的一种调适与顺应,也是交互主观性的体现。据此,我们认为,"VP+的+人称代词"结构的语用意义为:表现人物恒常属性或现实状况、强化事件行为者指称的双视点配置。

3.2 篇章衔接功能

"VP+的+人称代词"结构中的人称代词具有前指功能,修饰语补充必要信息突显人物属性,与上下文建立联系,使文章结构更加连贯、表达更加富有理据。

3.2.1 唤起人物关联

VP不是已知信息,而是作为新的信息内容补充说明主句。使用降级整合形式,不但能够增加必要信息,使指称更加明确,提高读者对人物形象内涵的理解。通过将人物的恒常特征与当下行为之间建立起亲密的关联,并且可以不必因为新信息的引入而割断事件的发展进程。例如:

(33)a.她和白荷今天傍晚刚抵纽约,可想而知<u>护主心切的她</u>是多么担心会在纽约出乱子,尤其是在这恶名昭彰的布鲁克林区。(任易虹《爱你不留余地》)

b.她和白荷今天傍晚刚抵纽约,可想而知她是多么担心会在纽约出乱子,尤其是在这恶名昭彰的布鲁克林区。

c.她和白荷今天傍晚刚抵纽约,她护主心切,可想而知她是多么担心会在纽约出乱子,尤其是在这恶名昭彰的布鲁克林区。

例(33)a中代词"她"指代"右樨",对小句"护主心切"进行降级操作,VP小句陈述的内容在语境中没有出现,属于新信息。"护主心切"是"她"的内涵属性中的一部分,用定语小句的形式来突显这一内涵属性。通过对"她"的特征的描绘,还可以使信息量增大,同时将"她护主心切"作为交际背景进行陈述,用背景信息来衬托主句"她是多么担心会在纽约出乱子"。例(33)b去除小句"护主心切",后面主语的陈述不够丰满。例(33)c将VP小句变为一般主谓小句"她护主心切",信息量足够,但是这个插叙信息却切断了前后小句的连贯性。

3.2.2 推进事件发展

小句中VP的陈述处在叙述发展的时间轴中,能够推进情节,也属于新信息,但是

言者意在降低它在事件中的权重,从而突显主句事件,所以将其编码为表示背景信息的关系小句。例如:

(34)a. 他一只手握成拳头砸在另一只手掌上以示强调,"这样一来,爆炸威力将增大一百倍。"<u>笑容展现在他脸上</u>,"星球杀手。我们计划在太空作战时用它们摧毁战场。"……<u>笑容逐渐消退的他</u>,摸了摸胡子。"唉,计划赶不上变化,我们根本来不及转移地面上的那些'新星'。因此我决定,改变它们的攻击目标。"(埃里克·尼伦德《光晕·初次反击》)

b. 他一只手握成拳头砸在另一只手掌上以示强调,"这样一来,爆炸威力将增大一百倍。"<u>笑容展现在他脸上</u>,"星球杀手。我们计划在太空作战时用它们摧毁战场。"他摸了摸胡子。"唉,计划赶不上变化,我们根本来不及转移地面上的那些'新星'。因此我决定,改变它们的攻击目标。"

例(34)a 中关系小句"笑容逐渐消退"与上文的陈述"笑容展现在他脸上"存在时间上的关联性,但二者的地位却不同,"笑容展现在他脸上"是以主句形式出现,而"笑容逐渐消退"虽然承接前文事件的发展,但被言者认定为背景信息而降级为关系小句,关系小句一方面描述"他"的状态,另一方面作为时间参照继续推进事件发展,引出主句"摸了摸胡子"。例(34)b 关系小句缺失,那么我们一般认为主句"他摸了摸胡子"依旧延续前文中"他"的状态,但显然与后文"唉,计划赶不上变化……"不符。所以此时关系小句是行文发展的必有要素,能够建立追踪信息,推进事件发展。

3.2.3 拷贝已有信息

前文已经叙述的事件,言者为了唤起读者的记忆将降级的关系小句作为背景信息被再次引入叙述中,我们称之为拷贝已有信息。拷贝形式可以为完全拷贝,即 VP 小句与前文叙述完全一致,部分拷贝二者基本一致。例如:

(35)a. <u>左樱躺在床上</u>,聆听屋内的动静。她从缓慢的脚步声可以判定任无恩正往她所在的这个房间走来,甚至已经擅自打开这间无锁的房门。(任易虹《爱你不留余地》)

b. <u>躺在床上的她</u>,原想佯装已经睡着,无奈她身体的本能反应却让她反射性地从床上坐立起来,凶狠狠地怒瞪夜闯客房的不速之客。(任易虹《爱你不留余地》)

(36)可这会儿除了<u>床上昏迷不醒的风驭飞</u>之外,就没有其他人在了,她之前的担心一下子决堤而出。如果不是为了她,风驭飞今日也不会遇着这种事,平白地承受这样的痛苦了。她轻手轻脚地来到了风驭飞的床边,虽然这么做对<u>昏迷的他</u>来

说,似是多余了一点,但是她就是不想吵到他。(丁千柔《冷梅戏情》)

例(35)b 的小句"躺在床上"完全拷贝例(35)a"左樱躺在床上",言者再一次将"躺在床上"引入叙述,是为了再次突显"她"的状态,唤起读者对全文的记忆,方便下文继续展开叙述。如果仍然用一般小句形式提醒读者注意,那么上下两段完全一致,行为过于死板,而缺少 VP 小句则会给下文的理解造成困难。例(36)为部分拷贝,小句"昏迷"只拷贝了前文的主要信息。

四、余论

近年来,"VP+的+人称代词"结构出现的频率明显增多。如果早期的句式更多地体现作家的个人语言风格的话,那么该结构在当代文学作品,特别是网络文学中则突破个体因素限制,成为多数人使用的习惯。在现有研究的基础上,本文主要从句法特征、要素的性质和关系、结构的表达功能等方面进行全面考察,现代汉语"VP+的+人称代词"结构在句子、句法层面主要充当主语、宾语和定语成分。VP 修饰语与人称代词的互动促使指称突显,增强语言表达理据,利于篇章衔接。同时,针对前人对该结构存在合理性的质疑从语用角度做出了相应的解释。

指称问题是哲学界、语言学界和心理学界一直关注的问题,也是语言学特别是当代语用学研究的重点问题之一。在复杂的语篇环境中,除了单个人称代词指代实体外,还需要强化指称的复合结构,如一般性同位结构(如"人家小王"),特殊性同位结构[①],以及本文研究的"VP+的+人称代词"结构。这三类复合指称结构语用功能相同,都采用了双视点的强化方式;句法上都可以做主语、宾语,但都以出现在主语位置见常;具有依附性,无法独立成句。[②] 但是,"VP+的+人称代词"结构与其他两种类型相比,表现出一定的特殊性:

第一,语法地位不同。同位结构中的人称代词和复指成分,二者的语法地位相同。"VP+的+人称代词"结构中"VP 的"转指人称代词,属于修饰性成分,从属于人称代词。

第二,生成方式不同。由于同位结构中的人称代词和复指成分的语法地位相同,所以前后两个部分在线叠加而形成同位结构。"VP+的+人称代词"结构中 VP 则是通过降级形式附加到人称代词上面,并用定语标记"的"连接二者,形成一个内嵌型的整合

---

① 特殊性同位结构指的是"人称代词单+一/这个 NP",以及表人定指词与"人"同指的结构,前者的例子如"他一个毛孩子""我这个学生",后者的例子如"我人(还在这儿呢)"。

② 关于"人称代词单+一/这个 NP"结构的研究,详见李劲荣(2013)、刘探宙和张伯江(2014)、李广瑜和陈一(2016)、李文浩(2016)。关于"表人的定指词与'人'同指结构",可参考储泽祥、刘琪(2012)。

结构。

第三，明示内容不同。同位结构中复指成分明示人物的内涵，所以重在说明人物的身份属性。"VP+的+人称代词"结构 VP 可以明示内涵和外延，明示内涵重在说明人物的身份属性，明示外延重在描述人物的当下状态。

第四，入场方式不同。同位结构中人称代词前置于复制成分，属于"目标—参照体"模式，用人物定位其属性；"VP+的+人称代词"结构则正好相反，人称代词后置，属于"参照体—目标"模式，属于逆向认知方式，用属性定位人物。

第五，语义重心不同。同位结构中复制成分为人称代词的补充信息量，同位结构聚焦在人称代词上，而"VP+的+人称代词"结构中定语 VP 表达语义重心，所以人称代词不具有结构中的聚焦性。

第六，语体特征不同。同位结构语言形式简短精练，倾向于使用在口语中。"VP+的+人称代词"结构具有明显的书面语特征。

表1　同位结构与"VP+的+人称代词"结构的差异对比

	同位结构	"VP+的+人称代词"结构
语法地位	人称代词＝复指成分	VP 的＜人称代词
生产方式	叠加	降级
明示内容	身份属性	身份属性或当下状态
入场方式	目标—参照体	参照体—目标
语义重心	人称代词	VP
语体特征	口语	书面语

参考文献

陈　平(1987)释汉语中与名词性成分相关的四组概念，《中国语文》第2期。
储泽祥、刘　琪(2012)"我人还在这儿呢"——限定性同指关系、指称意图与语言形式的选择，《语言科学》第5期。
崔应贤(2002)《现代汉语定语的语序认知研究》，中国社会科学出版社。
方　梅(1993)宾语与动量词语的次序问题，《中国语文》第1期。
方　梅(2008)由背景化触发的两种句法结构——主语零形反指和描写性关系从句，《中国语文》第4期。
李广瑜、陈　一(2016)关于同位性"人称代词单+一个 NP"的指称性质、语用功能，《中国语文》第4期。
李劲荣(2013)汉语里的另一种类指成分——兼论汉语类指成分的语用功能，《中国语文》第3期。
李文浩(2016)也谈同位复指式"人称代词+一个 NP"的指称性质和语用功能，《中国语文》第4期。
刘探宙、张伯江(2014)现代汉语同位同指组合的性质，《中国语文》第3期。
鲁　莹(2008)《"定语+的+人称代词"结构研究》，华中科技大学硕士学位论文。
陆俭明(2002)再谈"吃了他三个苹果"一类结构的性质，《中国语文》第4期。
唐正大(2014)汉语关系从句内部的时体态，《中国语言学报》第十六辑，商务印书馆。

王　力(1943/1984)《中国现代语法》,《王力文集》第一卷,山东教育出版社。
王灿龙(2010)"谁是NP"与"NP是谁"的句式语义,《语言教学与研究》第2期。
张国宪(2006)性质、状态和变化,《语言教学与研究》第3期。
赵元任(1979)《汉语口语语法》,商务印书馆。
Halliday, M. A. K. (2000) *An Introduction to Functional Grammar* (*second edition*). Beijing: Foreign Language Teaching and Research Press.
Lyons, J. (1977) *Semantics*. Cambridge: Cambridge University Press.
Schiffrin, D. (2006) *In Other Words: Variation in Reference and Narrative*. Cambridge: Cambridge University Press.

(015000　内蒙古巴彦淖尔,河套学院汉语言文学系)

"华文水平测试丛书"出版

暨南大学华文学院、暨南大学华文考试院编"华文水平测试丛书"由商务印书馆出版。

"华文水平测试"是原国务院侨务办公室委托暨南大学华文学院专为海外华裔青少年研发的、具有继承语性质的标准化水平考试。"华文水平测试丛书"则是暨南大学华文学院、暨南大学华文考试院进行理论研究和操作探索的结晶。丛书包括《华文水平测试汉字大纲》《华文水平测试词汇大纲》《华文水平测试语法大纲》《华文水平测试文化大纲》《华文水平测试考试手册》《华文水平测试样卷》及《华文水平测试概论》(即出)、《华文水平测试暨海外华人社会祖语能力年度报告》(即出),展示了海外华文水平测试体系,有理论、有方法、有实践案例,基本实现了华文水平测试目前研究的全覆盖。这是今后相关测试和进一步展开研究的重要基础,是开展海外华语传承、建构中华民族共同体的重要参考。丛书体现了不少新的理念,有鲜明的特色,具有很强的可学性、实用性和可操作性。丛书以引导海外华人社会的华文能力保持为追求,可以作为海外华裔华文水平的标准、评价依据及监测海外华人社会母语言现状及变迁的依据,也可以作为通用华文教材、工具书等的编写参考。

国际中文教育标准体系的构建与《等级标准》的落地[*]

吴勇毅

摘 要：文章首先讨论了国际中文教育标准体系的构建与应用，提出了一个建构框架，进而指出：国际中文教育标准的构建是一项系统的工程，顶层（上层）设计之下，还有各种中层和基层的标准，自上而下形成一个完整的体系。在此基础上，文章讨论了教学大纲与课程标准，以及《国际中文教育中文水平等级标准》与教学大纲或课程标准的对接问题，认为世界各国各地区中文课程的互认、学分的转换是一种必然的发展趋势，这都与教学大纲（内容）和课程标准直接相关。《国际中文教育中文水平等级标准》和各国、各地区研制的中文标准/基准/大纲是上位的，教学大纲和课程标准是"中介"（中位），某种程度上是上位的具体化，进而影响具体的课堂教学的开展与实施（下位）。这里的对接、互认、互补、互鉴既有同层次横向的，也有不同层次纵向的。

关键词：国际中文教育；标准体系的构建；《国际中文教育中文水平等级标准》；教学大纲；课程标准；落地；对接

一、国际中文教育标准体系的构建与应用

自 2021 年 3 月发布（同年 7 月 1 日起正式实施）以来，《国际中文教育中文水平等级标准》（2021）（以下简称《等级标准》）在海内外引起了广泛的关注。作为首个由教育部、国家语言文字工作委员会正式颁布的面向外国中文学习者的国家语言文字规范（GF），其重要意义是不言而喻的，目标与核心是"强化标准建设，提高教育质量"。（马箭飞,2021；刘英林,2021；吴勇毅,2021a)标准建设是学科建设与发展的重要条件和标

---

[*] 本文是国家社科基金重点项目"中文纳入'一带一路'沿线重点国家国民教育体系研究及数据库建设"（项目编号:20AZD131)和教育部中外语言交流合作中心2020年度国际中文教育重点项目"中文纳入南美各国国民教育体系研究即数据库建设"的阶段性成果,曾在《国际中文教育中文水平等级标准》学术研讨会(2022年1月8—9日,上海)上作为大会报告发表。

志。教育部 2022 年工作要点提出,要"编制实施《国际中文教育发展规划(2021—2025年)》,完善国际中文教育标准体系。"①

作为国际中文教育的顶层设计(换句话说也是基础工程),新颁布的《等级标准》作为面向外国中文学习者,全面描绘、评价学习者中文语言技能和水平的规范标准(刘利,2021)必然会对今后的国际中文教育教学实践产生直接或间接的影响。国际中文教育标准的构建是一项系统的工程,顶层设计之下,还有各种中层和基层的标准,自上而下形成一个完整的体系。据我们的理解和构想,"国际中文教育标准体系"大致是这样一个结构:

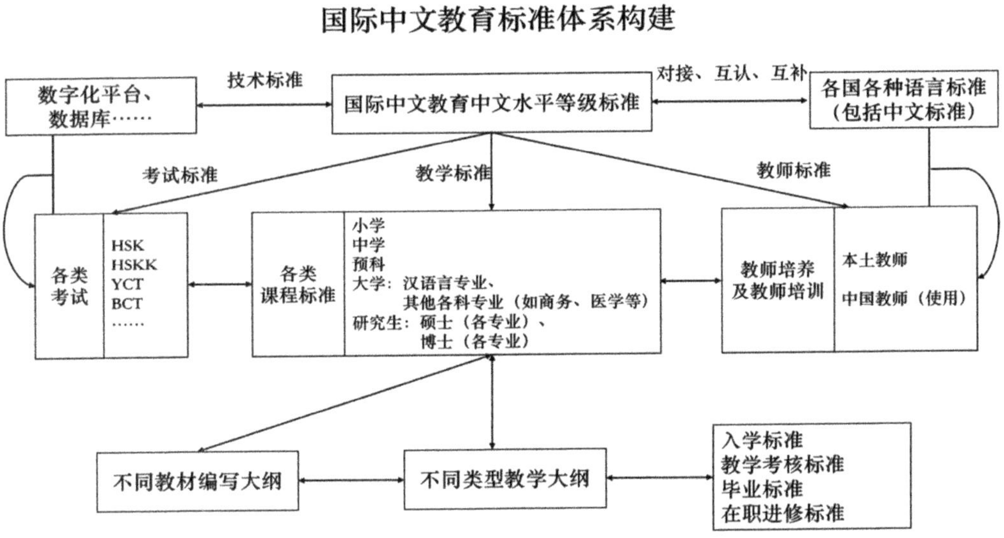

国际中文教育标准体系构建

图 1 国际中文标准体系建设结构框架

"国际中文教育标准体系"的构建是一个框架,是一个大格局,引导和规范国际中文教育教学实践,其具体包括在中国国内进行汉语作为二语教学、专业教育(学历教育)和职业教育的应用,在海外进行各种类型、各个层次汉语教学和中文教育的应用(比如助力汉语进入各国国民教育体系,职场工作的要求,职业工具的运用,高层次汉学家的培养,等等),(吴勇毅,2020)因地而制宜。

需要注意的是,《国际中文教育中文水平等级标准》是汉语母语国依据自身对汉语(本体)和汉语教学的认识与理解以及各种客观的海量统计数据(语料库)提出的标准,它是一种国标,对国内的汉语作为二语教学和专业与职业教育具有相当的规定性、规范性,也是汉语水平考试(HSK)等的重要依据,即将改版的"HSK3.0"就是其具体的体

---

① 参考《教育部 2022 年工作要点》,中华人民共和国教育部政府门户网站(moe.gov.cn):http://www.moe.gov.cn/jyb_sjzl/moe_164/202202/t20220208_597666.html。

现,但它对世界各地的中文教育和汉语教学并不具有规定性和强制性,只是一个来自汉语母语国的非常重要的参考与参照标准(当下已经看到有些不当言论,以为新《等级标准》可以或应该"包打天下",这是错误的)。在汉语教学历史悠久、教学条件齐备且拥有相当数量的汉学家和汉语教学专家的国家和地区,通常有自己研制的各种汉语标准或大纲,比如,欧盟委员会于2012年在比利时布鲁塞尔发布的《欧洲汉语能力基准项目》(European Benchmarks for the Chinese Language,EBCL,版本1.0),2015年又由德语区汉语教学协会主席顾安达牵头、法国著名汉学家白乐桑等担任顾问制定了修订版的《欧洲汉语能力基准项目(A级)》(European Benchmarks for the Chinese Language, EBCL,版本1.1)。这些标准/基准也是顶层(上位)的。新《等级标准》与它们有个对接、互认与互补的关系,因为无论在何地,国际中文教育或者说汉语作为二语或外语教学都有其共性、共核;自然,由于历史、社会、文化的多元,背景与环境的不同,标准/基准/大纲的内容选择与安排(比如词汇和语法点的选择与安排),也会彰显其国家或区域的特色。(吴勇毅、王喜,2021)

汉语教学历史短暂,新开始或即将开始汉语教学,且汉语教学人才匮乏,不具备独自研发标准和大纲的国家和地区,可以借助汉语母语国的专家和团队力量,与其合作,主要依据或参考新《等级标准》并结合一些当地社会文化的特点,编制出适合所在地(本土)汉语教育教学用的标准或大纲,并向下延伸形成具体的教学大纲或课程标准(见下)。

二、关于汉语教学大纲与课程标准

所谓"大纲",在语言教学,尤其是二语或外语教学领域,大致有三种:第一种如《汉语水平等级标准和等级大纲(试行)》(1988)、《汉语水平词汇与汉字等级大纲》(1992)、《汉语水平等级标准与语法等级大纲》(1996)等,这类大纲类似新的《等级标准》,是一种"规范性的水平大纲","不同于一般的教学大纲"[①],是教学大纲的上位,源于欧洲的意念功能大纲(Notional-functional syllabus)也属于此类。第二种是"考试大纲",又下分为两类:一类是依据第一种大纲或标准开发出来的水平考试(比如HSK)所形成的"考纲"。这类"考纲"与具体的课堂教学内容无直接关系,也不依赖某种/某些具体的教材,相反它会催生出专门针对考试的各种(辅导)"教材",甚至"反客为主",成为教学的"指挥棒",本末倒置(所谓具有考试的"反拨作用")。即将出台的"HSK3.0"版,作为一种

---

① 参考《汉语水平词汇与汉字等级大纲》(1992:1—4、23)。

大规模的标准化考试,依据的是前述的第一种大纲或标准,也会制定出新的"考纲"。另一类是由具体的教学大纲(课程大纲)所形成的"考纲"(可以是某个专业的,也可以是某个校本的、某门课程的),针对的是某门课/科目的教学内容(知识或技能)的考试或考查,可以是过程性的考纲,也可以是终结性的,或两者结合的。第三种就是各种具体的某个科目或某门课的教学大纲(课程大纲),它可以是具有一定普遍性的教学纲要,比如《高等学校外国留学生汉语言专业教学大纲》(2002),也可以是具体特定的一门课/科目的教学纲要。这三种大纲虽有联系但毕竟是不同的,服务于不同的目的。

教学大纲,或者说课程/科目教学大纲,通常会包括教学目的的阐释、教学内容(知识与技能等)的范围及达到的要求、若干教学建议(包括教学重点和难点,乃至教学方法)的引导、教学中应注意的问题、课时的安排以及评估等。教学大纲更加侧重具体的教学内容、教学方式/教学模式和评估形式,并不注重其他。

课程标准则不同。它是一个国家、一个地区乃至一个学校根据课程计划以纲要的形式制定的有关某个学科或某门课程的基本规范和质量要求的纲领性、指导性文件;它是教学、评估、考试命题和教材编写的根据,是管理(质量监控)和评价课程的基础与根本。尽管课程标准也包括教学内容及其实施与评价,但它从宏观上更加强调课程育人的功能,包括学生素质培养的目标(学科/课程独特的育人价值)、核心素养的形成、终身学习能力的养成等,而不仅仅是达到掌握教学内容(知识与技能)的目的,这是与教学大纲的一个重要区别。我们以中国教育部制定的《普通高中语文课程标准》(2017/2020)为例,①其总的培养目标是"进一步提升学生综合素质,着力发展核心素养,使学生具有理想信念和社会责任感,具有科学文化素养和终身学习能力,具有自主发展能力和沟通合作能力"。具体课标包括:第一,课程性质与基本理念;第二,学科核心素养与课程目标;第三,课程结构(包括学分与选课安排);第四,课程内容;第五,学业质量;第六,实施建议。它是对整个课程的全面阐释和描述,而不仅仅是对教学内容的规定和教学方式的建议。它从知识与技能、(学习)过程与方法、情感态度与价值观三个维度对学生和学习提出了基本要求,这与一般的课程"教学大纲"不同。比如,在"学科核心素养与课程目标"里,学科核心素养主要包括"语言建构与运用""思维发展与提升""审美鉴赏与创造""文化传承与理解"四个方面;课程目标则有十二项(具体可参见《普通高中语文课程标准》,此处不赘述),彰显了母语教学的特点。课程标准中的"课程内容"按理说应该是与过去的"教学大纲"有最直接的关联,但实际上它只是以18个"学习任务群"的方式说

---

① 国内的汉语作为二语教学并没有课程标准,汉语国际教育本科专业或汉语言专业(留本)也没有统一的课程标准,学校各行其是。

明了"学习目标与内容""教学提示"与"学习要求",虽有内容框架但并未规定具体学习哪些东西(尽管教材是统编的),只是有两个"附录":附录1是古诗文背诵推荐篇目,附录2是关于课内外读物的建议,但也是"推荐"与"建议",并非"指定"或"规定",这与通常的课程"教学大纲"也不同。课程标准的开放性、包容性、灵活性跟传统的"教学大纲"的规定性、指定性是很不相同的。以课程标准替代以往的教学大纲是当下课程改革的大趋势。在教育强化育人功能的大背景下(而不仅仅是以教学来传授知识与培养技能,语言教育亦是如此),国际中文教育/汉语国际教育所具有的内涵(吴勇毅,2021b)比以往的汉语作为第二语言/外语教学丰富得多,传统的课程教学大纲涵盖不了,而课程标准所具有的开放性与包容性,强调的社会价值、学科核心素养与终身学习能力的培养正是当下国际中文教育所需要的。其实美国《21世纪外语学习标准》(*Standards for Foreign Language Learning in the 21st Century*)(1999)就是由美国教育部门以及多个外语教学协会共同研制的一个国家外语课程标准,(罗青松,2006)所谓"5C"目标①也绝非仅仅是为了培养语言交际能力。

三、《等级标准》与教学大纲或课程标准的关系

《等级标准》颁布后,要具体落实到国际中文教育教学的实践中,就必然有一个与教学大纲或课程标准的对接或下沉问题。在国内,长短期汉语进修项目与汉语言专业(留本)是要直接根据《等级标准》的内容(知识和能力)和规范进行教学的,依据它形成不同的教学大纲和课程标准,并以质量管理和评价系统(过程性和终结性评价相结合)作为保障。教学大纲(国内的汉语作为第二语言教学/中文教育并未有专门的课程标准,我们以教学大纲来阐释)所涵盖的教学内容是规定性的,是学习者应该或者说必须达到的最低要求(不同级别有不同的要求),达不到则通不过质量管理和评价系统的检验,至于教学大纲(包括教材编写)对《等级标准》中的内容的选择则取决于教学单位、课程与教师,更重要的还有学习者的需求。教学大纲是《等级标准》与课堂教学之间的"中介",而《等级标准》通过教学大纲的不同选择和安排为课堂教学提供了各种可能性(包括课型的选择、具体内容的安排、教学重点的确定等)。已经制定了教学大纲的教学单位可以根据新的《等级标准》做出调整、更新或重组,以适应新的规范和要求。至于课程标准,上文说过,国内的汉语作为二语教学,比如长短期汉语进修项目等,并未见专门制定的

---

① 《21世纪外语学习标准》的核心主题是5个以C字母打头的词:Communication(交际)、Cultures(文化)、Connections(贯连)、Comparisons(比较)、Communities(社区),即在语言交际、文化认知、外语与其他学科的联系、语言文化方面的比较以及到社区等校内外环境运用语言等5个方面来制定外语教育的培养目标。(罗青松,2006)

课程标准,汉语国际教育本科专业或汉语言专业(留本)也没有一套统一的课程标准,无论是从学科建设还是课程建设的角度,都很有必要借《等级标准》颁布的东风,至少建立起两类,即长短期语言进修项目和汉语言专业(留本)的课程标准,这是一项具有开创性的工作。若能逐步以课程标准来替代课程教学大纲,相信会对具体的汉语教育教学实践从理念、目标和方式上带来变革。

在国外,世界各地的汉语教学蓬勃发展,从基础教育到高等教育,已有不少国家,尤其是教育发达国家和地区,不仅制定了类似《等级标准》的中文标准/基准或大纲,也有相应的教学大纲或课程标准,不少教学单位也有自己的校本教学大纲或课程标准。这里不仅有《等级标准》与各国中文标准的对接、互认、互补问题(上位的),也有教学大纲和/或课程标准的对接、互鉴问题(中位的),这样才有可能在课程和学分方面打通或互认(基层的)。这方面的研究才刚开始,(吴勇毅、王喜,2021;王喜、吴勇毅、高亦霏,2021)应该大力开展。目前国际中文标准体系的构建、各国语言或中文标准或大纲的对比研究,乃至各种标准如何助力中文进入所在国的国民教育体系已经成为研究的热点。

同在一个地球村,各国各地区中文课程的互认、学分的转换(这是一种必然的趋势),都与教学大纲(内容)和课程标准直接相关。《等级标准》与各国各地区的中文标准/基准/大纲是上位的,教学大纲和课程标准是"中介"(中位),某种程度上是上位的落地和具体化,进而影响课堂教学的开展与实施(下位/基层)。这里的对接、互认、互补、互鉴既有同层次、横向的,也有不同层次、纵向的。

参考文献

国家对外汉语教学领导小组办公室汉语水平考试部(1992)《汉语水平词汇与汉字等级大纲》,北京语言学院出版社。

国家对外汉语教学领导小组办公室汉语水平考试部(1996)《汉语水平等级标准与语法等级大纲》,高等教育出版社。

国家对外汉语教学领导小组办公室编(2002)《高等学校外国留学生汉语言专业教学大纲》,北京语言文化大学出版社。

刘 利(2021)在《国际中文教育中文水平等级标准》新书发布会暨国际学术研讨会上的致辞,《国际汉语教学研究》第2期。

刘英林(2021)《国际中文教育中文水平等级标准》的研制与应用,《国际汉语教学研究》第1期。

罗青松(2006)美国《21世纪外语学习标准》评析——兼谈《全美中小学中文学习目标》的作用与影响,《世界汉语教学》第1期。

马箭飞(2021)强化标准建设,提高教育质量——国际中文教育标准与考试研讨会大会致辞,《国际汉语教学研究》第1期。

王 喜、吴勇毅、高亦霏(2021)从《国际中文教育中文水平等级标准》看国外基础教育中文大纲——以法国为例,"第十四届国际中文教学研讨会"(2021年12月,世界汉语教学学会主办)会议论文。

吴勇毅(2020)国际中文教育"十四五"展望,《国际汉语教学研究》第4期。

吴勇毅(2021a)汉语母语国的担当和责任——《国际中文教育中文水平等级标准》制定的意义,《国际汉语教学研究》第1期。

吴勇毅(2021b)我们不再是为习得语言而学习语言:更广阔的视角,《国际汉语教学研究》第2期。

吴勇毅、王　喜(2021)从《国际中文教育中文水平等级标准》看全球中文教育字词等级分布——以中国大陆、马来西亚、新加坡和欧洲为例,"国际中文教育标准专家论坛"(2021年8月15日)会议论文。

中国对外汉语教学学会汉语水平等级标准研究小组(1988)《汉语水平等级标准和等级大纲(试行)》,北京语言学院出版社。

中华人民共和国教育部制定(2017/2020)《普通高中语文课程标准》,人民教育出版社。

中华人民共和国教育部、国家语言文字工作委员会(2021)《国际中文教育中文水平等级标准》,北京语言大学出版社。

American Council on the Teaching of Foreign Languages (1999) *Standards for Foreign Language Learning in the 21st Century*(《21世纪外语学习标准》). Kansas: Allen Press Inc.

Guder, A. & Fachverband Chinesisch e. V. (eds.) (2012/2015) *European Benchmarks for the Chinese Language*(EBCL)(《欧洲汉语能力基准项目》). München: IUDICIUM Verlag GmbH.

(200062　上海,华东师范大学国际汉语文化学院/应用语言研究所)

周小兵等《汉语教材词汇研究》出版

周小兵等《汉语教材词汇研究》由商务印书馆出版。该书是国家社科基金项目"基于语料库的汉语教材多角度研究"(项目编号:14BYY089)的成果。

该书基于大规模汉语教材语料库的实证研究,聚焦汉语教材词汇编写,切实推动国际中文教材建设和发展,助推中文国际传播与共享。该书系统考察了30多个国家和地区、16种媒介语的上千册汉语教材,对汉语教材的词汇选取、难度、重现率、译释、多义词和难词处理、国别化适龄化等进行了系统的研究,基于语料库,就词语解释、呈现、讲解、练习、话题与文化点等进行了深入探讨。全书基于全球汉语教材语料库的大数据考察,描述事实,统计数据,提出问题,总结规律,得出创新性结论,为优化汉语教材编写提供了具体的建议,为国际中文教育专业的研究生、教材编写者和研究者提供参考。

《国际中文教育中文水平等级标准》和《HSK考试大纲》语法项目对比研究

王鸿滨　王予暄

摘　要：文章对 HSK 及其大纲的发展历史进行梳理,并从语法项目/语言点的层级划分、数量、比例、重合度与等级对应等方面入手,对《HSK 考试大纲》和《国际中文教育中文水平等级标准》的语法项目进行对比分析。文章认为《国际中文教育中文水平等级标准》不仅对汉语二语教学具有规范引导作用,而且对二语学习者在汉语语法的习得和 HSK 的备考上具有辅助和指引作用,二者互为促进,可以避免以 HSK 为唯一目标的汉语教学与习得模式,从而使二语学习者全面系统地掌握汉语语法、整体提高汉语水平,加快推动《标准》的实践应用以及 HSK3.0 版的研制步伐。

关键词：国际中文教育;《国际中文教育中文水平等级标准》;《HSK 考试大纲》;语法项目对比

〇、引言

中国国际中文教育已经走过了 70 年的历史,随着我国国际中文教育事业的蓬勃发展,学习汉语的人数不断增加,规模不断扩大,中文教育教学的方式也更加多样化、个性化,各国人民对中文学习的需求也发生了变化:如对中文教育内容的需求更加多元化,复合型需求更加旺盛,对了解中国和中国语言文化的渴望更加迫切,对中文教育质量的要求更高,等等。语法大纲/标准的改革与研制也逐步向科学化、规范化的方向迈进。例如,章欣(2014)曾从《汉语水平等级标准与语法等级大纲》(刘英林主编,1996)中的甲级语法项目入手,探析任务型教学法中的"任务"与"语法项目"的匹配关系,从而促进教学理念与语法教学的融合;王方(2014)在对初级汉语教材功能与语法相结合的量化研

---

*　本文受国际中文教育研究课题重点项目《国际中文教育阅读素养评价标准体系的构建》(项目编号:20YH12B)和汉考国际科研基金重点项目《基于〈汉语国际教育汉语水平等级标准〉语法等级大纲(A 类附录)的语法分级资源库的构建与应用》(项目编号:CTI2020A02)资助。感谢匿名评审专家的审读意见,谨致谢忱!

究中提出,语法大纲/标准不能仅对"功能项目"进行抽象的定性描述,而应提供一定的参数,为不同用途的教材编写提供充足的信息;杨德峰、范麾京(2016)则从宏观层面入手,对《中高级对外汉语教学等级大纲》(孙瑞珍主编,1995)等多部语法大纲的语法体系进行对比,发现语法大纲与教材中的语法体系存在的问题是相同的,而教材中的问题就是大纲中的问题的具体化,因此语法大纲的规范性与科学性对对外汉语教材的编写具有突出的影响和显著的指导意义。

当前,国际中文教育的主要矛盾已经由解决"有没有"的问题发展到"好不好"的问题,(马箭飞,2021)而解决目前主要矛盾的方法是"强化标准建设,提高教育质量",国际中文教育中文水平等级标准迈向全球化之路需要对现有的大纲进行升级换代,这是历史的必然。2018年孔子学院总部及汉考国际组建"一老一青"两个专家组,在更新研制国家级《国际中文教育中文水平等级标准》(GF0025-2021)(以下简称《标准》)的同时,积极开创了"附录A(规范性)语法等级大纲"[①]。"附录A(规范性)语法等级大纲"的出版与推行,不仅对国际中文教育中的语法教学与习得以及相关教材的编写具有提纲挈领的指引作用,也对汉语水平考试的发展实施等工作具有突出的影响,特别是对我国现行汉语水平考试(以下简称HSK)的改革与发展具有规范指引作用。

《国际中文教育中文水平等级标准》作为我国首个面向外国中文学习者、全面描绘评价学习者中文语言技能和水平的语言文字规范,不仅是国际中文教育的引领者和牵动者,更是后续国家级升级版HSK3.0的"指挥棒",必将更好地引领国家级HSK3.0的发展。(刘英林、李佩泽、李亚男,2020)为了推动《标准》的实践应用,促进HSK3.0大纲的尽快问世,本文在对HSK及其大纲的发展历史进行梳理的基础上,将《HSK考试大纲》中的"语言点大纲"(以下简称"HSK语言点大纲")和已颁布的《国际中文教育中文水平等级标准》中的"附录A(规范性)语法等级大纲"(以下简称"语法等级大纲")进行对比分析,秉承从宏观至微观的顺序原则,以期掌握二者在数量、比例、层级划分、重合度与等级分布等方面的异同,从而探求"语法等级大纲"对以HSK为目标的国际中文教学与习得的规范指引作用,并进一步明确"语法等级大纲"作为国际中文相关标准化、规范化语言考试的命题依据以及各种中文教学与学习创新型评价的基础性依据的重要作用。

---

① 《国际中文教育中文水平等级标准》于2020年9月25日通过了国家语委语言文字规范标准审定,并于2021年4月20日发布,2021年7月1日正式执行。

一、汉语水平考试(HSK)及大纲的发展历史

汉语水平考试,简称 HSK(汉语拼音"Hanyu Shuiping Kaoshi"的缩写),是考查母语非汉语者在生活、学习和工作中运用汉语进行交际的能力的国际性标准化考试,自设立至今共经历了两个主要阶段。不仅如此,每个阶段的 HSK 都具有相应的考试大纲,其中语法大纲对 HSK 的命题、相关教材的编写、国际中文教育中的语法教学以及汉语学习者的语法习得具有突出的规范指引作用。

1.1 第一阶段(HSK1.0 版)

1990 年,由北京语言大学汉语水平考试中心设计研制的"中国汉语水平考试"正式在国内推行,并于 1991 年开始推向海外。1992 年,《中国汉语水平考试(HSK)办法》[①]发布,明确规定该汉语水平考试是为测试母语非汉语者的汉语水平而设立的标准考试,从而确立了 HSK 的国家级标准化考试地位。

1989—1998 年,由北京语言大学汉语水平考试中心、国家汉语水平考试委员会办公室等编制的《中国汉语水平考试大纲(基础)》《中国汉语水平考试大纲(初、中等)》和《HSK 中国汉语水平考试大纲(高等)》陆续出版,随后几经再版、修订,明确了 HSK"三等 11 级"的基本框架以及考试依据、试卷结构、统一指导语和样卷等内容。

不仅如此,上述三部考试大纲同样指出,当时 HSK 对语法部分分级考查的依据就是 1996 年由国家对外汉语教学领导小组办公室和北京语言学院汉语水平考试中心编制的《汉语水平等级标准与语法等级大纲》,该大纲的语法等级、数量以及与 HSK 等级的对应情况如表 1 所示:

表 1 《汉语水平等级标准与语法等级大纲》与 HSK 等级的对照

《汉语水平等级标准与语法等级大纲》的语法项目分级与数量		HSK 等级		
甲级	129 项	基础	初、中等	高等
乙级	123 项			
丙级	400 点			
丁级	516 点			
总计	1 168 项点			

[①] 具体内容见中国政府网:http://www.gov.cn/bumenfuwu/2012-11/15/content_2600427.html。

1.2 第二阶段(HSK2.0版)

自2004年起,孔子学院开始在世界各国广泛成立,全球多地掀起"汉语热",HSK也随之迎来了新的改革浪潮。由于第一阶段的HSK存在等级划分繁复、考试整体难度较高等问题,国家汉办及孔子学院总部在充分调查海内外汉语教学实际情况的基础上,借鉴中外语言学、心理学、教育测量学等领域的理论与实践研究成果,于2009年推出了"新汉语水平考试",《新汉语水平考试HSK大纲》也随之出版。

新HSK在吸取旧HSK的优点的基础上,确立了以学习者为中心的理念,坚持"考教结合"的原则,在将汉语考试与汉语教学、教材相结合的同时,推翻了原来的"三等11级",并重新构建了"六级"等级框架。另外,《新汉语水平考试HSK大纲》只有一至三级涉及了语法项目的考查,四至六级并未收录语法项目。

2015年,孔子学院总部及国家汉办根据主题式教学和任务型教学的理论与方法,以交际话题和语言任务为指引,对《新汉语水平考试HSK大纲》进行补充、修订与完善,并更名为《HSK考试大纲》。具体来说,在语法项目层面,《HSK考试大纲》以《对外汉语教学语法大纲》(1995)、《对外汉语教学初级阶段教学大纲(一)》(1999)和《国际汉语教学通用课程大纲(修订版)》(2014)为参照,对《新汉语水平考试HSK大纲》中的语法项目进行补充、整合与规范,并增加了类别、细目、内容等框架以及例句,同时将其更名为"语言点大纲"。另外,《HSK考试大纲》的一至六级均有"语言点大纲",弥补了《新汉语水平考试HSK大纲》中四至六级语法项目的缺失。

1.3 三等九级新框架(HSK3.0版)

据教育部统计,2018年共有来自196个国家和地区的492 185名各类外国留学人员,其中来华接受学历教育的留学生有258 122名,占来华生总数的52.44%。[①] 吴勇毅(2020)称:"这是改革开放至今的第一次翻转(甚至是新中国成立70年以来的第一次翻转),学历生的增加和语言生的减少成了一个不争的事实。"这个数据的意义重大,不仅意味着来华留学生数量的增加,也意味着他们专业门类的增加和学历层次的大幅度提高。2021年3月,教育部、国家语言文字工作委员会正式发布《国际中文教育中文水平等级标准》(GF0025-2021),《标准》的发布意味着国际中文教育进入了"三等九级"时代。随后,教育部中外语言交流合作中心发布的"依据《标准》调整'汉语水平考试HSK'的说明"(以下简称"说明")指出,HSK现有1—6级考试基本满足了外国中文学

---

① 数据来源于教育部官网 http://www.moe.gov.cn/jyb_xwfb/gzdt_gzdt/s5987/201904/t20190412_377692.html.

习者初等、中等水平测试的需求,但针对硕博阶段来华留学生的学习、中文专业的学习以及从事海外汉学研究等外国中文学习者来说,缺少中文高等水平的评测工具。因此,HSK将依据《标准》,在保持现有6个级别考试稳定的基础上,增加HSK7—9级,形成"三等九级"考试等级体系。HSK7—9级考试将采用"一卷一试三级"形式,即一张试卷,根据成绩确定级别。① "说明"还特别指出:"依据《标准》,未来3—5年,HSK1—6级将会依据《标准》和各国中文学习者实际情况,逐步进行调整。"

当前,HSK3.0"三等九级"新模式进入了寻找适合不同等级和不同测试方式的新阶段。而刚刚发布的《标准》精细化界定了每一级"四维基准"(音节—汉字—词汇—语法)等考试内容和范围,使得"HSK3.0的每一级都有优化、精准、适度、有序的量化指标组合做支撑,分散了考试难度,保证了等级质量,展现了HSK3.0新理念、新面貌"②。

表2　HSK3.0与国际中文教育等级、目标的对接

国际中文教育水平	国际中文教育等级	国际中文教育目标	HSK3.0测试方式
初等 (普及化水平)	一级	短期目标	一卷一试一级
	二级		
	三级		
中等	四级	中期目标	
	五级		
	六级		
高等	七级	长期目标	一卷一试三级
	八级		
	九级		

二、"语法等级大纲"与"HSK语言点大纲"的对比

如前文所述,目前的《HSK考试大纲》共分为6级,每一级均有"语言点大纲"。"语法等级大纲"围绕"以学习者为中心、突出中文特色"的研发理念,③其等级框架为"三等九级",即"初等"(一级、二级、三级)、"中等"(四级、五级、六级)和"高等"(七级、八级、九级),其中"高等"部分不再详细划分具体级别,而是作为一个整体出现。

---

① HSK(高等)由于水平高,当前《标准》的四维基准等级量化指标组合覆盖面大,考试内容复杂,交际能力交叉,目前进行一次性标准化水平考试。
② 根据刘英林在《国际中文教育中文水平等级标准》新书发布会暨国际学术研讨会(2021.4.20,北京)所做的大会报告整理。
③ 关于《标准》的572个语法点是如何提炼理念和依据的,详见研制组提交给国家语委的鉴定材料及刘英林、李佩泽、李亚男(2020)。

2.1 语法层级划分与类属名称

无论是"HSK 语言点大纲"还是"语法等级大纲",都需对各自所收语法内容进行整理归类,再加以排序展示。本文通过对比分析发现,"HSK 语言点大纲"和"语法等级大纲"在层级划分与类别命名上存在较大的差异。

"HSK 语言点大纲"将所有语法条目划分为三个层级:"类别""细目"和"内容"。例如,对于"名词"这个"类别"来说,其下包含三个"细目":"一般名词""时间名词"和"方位名词",而每一个"细目"又各自包含不同的"内容"。然而,并非每一个"类别"都具有完整的三个层级,层级的安排是根据实际情况加以调整的,例如"HSK 语言点大纲"中的"副词""介词""连词""助词""叹词"和"固定格式"等类别,均无"细目",而是直接过渡到"内容"。然而,"语法等级大纲"一般根据语义功能或句法结构等将其收录的语法条目分为 1—4 个层级不等,层级划分更为灵活,而且只设立了第四层级"语法点"这一个特定的类属名称并对其进行编号统计。此外,"语法等级大纲"的第一层级高于"HSK 语言点大纲"的第一层级,即"语法等级大纲"的第一层级属于"HSK 语言点大纲"第一层级的上位概念。例如,"HSK 语言点大纲"将"名词、代词、动词、形容词、数量词、量词、副词、介词、连词、助词、叹词"并列为 11 个第一层级的"类别",而"语法等级大纲"却将它们总括为"词类"并将其作为第一层级。

由于"HSK 语言点大纲"和"语法等级大纲"在层级划分上存在一定的差异,我们很难直接将二者进行对比统计与分析。因此,本文分别从宏观和微观视角出发,以"语法等级大纲"中的"语法点"为参照标准,首先明确"HSK 语言点大纲"中与其相对应的层级,并将其统一定义为"语法项目",而每个"语法项目"又包含若干具体的"语言点"。换言之,"语法项目"是"语言点"的上位概念,即"语法等级大纲"和"HSK 语言点大纲"中具体的"语言点"所归属的类别。具体来说,"语法等级大纲"中的"语法项目"即为自身带有标号的"语法点",例如"语法等级大纲·一级"中的"能愿动词:会、能"属于 1 个"语法点",即属于本文所定义的 1 个"语法项目",它包含"会"和"能"两个"语言点"。在"HSK 语言点大纲"中,"语法项目"基本对应其"细目","语言点"则对应该"细目"所包含的具体"内容"。若某些语言点无具体所属的"细目",则将其所属的"类别"视作该语言点所属的"语法项目"。例如,能愿动词"会$_1$""能$_1$""能$_2$""想"在"HSK 语言点大纲·一级"中都属于能愿动词细目,即这 4 个能愿动词属于本文所定义的 1 个"语法项目",它包含"会$_1$""能$_1$""能$_2$""想"4 个语言点,而介词"和"和"在$_2$"并没有所属的细目,而是直属于介词类别,因此这两个介词属于本文所定义的 1 个"语法项目",其中包含"和"和"在$_2$"两个语言点。

2.2 语法项目的数量与等级比例

如前文所述,基于"HSK 语言点大纲"和"语法等级大纲"在层级划分上的差异以及本文对"语法项目"的界定,我们首先从宏观视角出发,以"语法等级大纲"为基准,将"HSK 语言点大纲"中语法项目的所属类别进行合并,①并在此基础上对"HSK 语言点大纲"和"语法等级大纲"中的各个类别的语法项目的数量与比例进行统计,其具体情况如表 3 所示:

表3 "HSK 语言点大纲"与"语法等级大纲"的语法项目的类别数量与比例②

HSK 语言点大纲			语法等级大纲					
类别	数量/项	占比/%	类别	数量/项	占比/%	类别	数量/项	占比/%
词类	64	49.61	词类	205	35.84	短语类型	61	10.66
句子的类型	53	41.08	句子的类型	145	25.35	口语格式	50	8.74
句子成分	7	5.43	句子成分	36	6.29	强调的方法	13	2.27
固定格式	5	3.88	固定格式	29	5.07	提问的方法	12	2.10
总计	129	100.00	特殊表达法	6	1.05	句群	6	1.05
			动作的态	5	0.87	语素	4	0.70
			总计	572				

由此可见,"HSK 语言点大纲"(129 项)所收纳的语法项目的数量显著少于"语法等级大纲"(572 项),而且其语言点所涉及的语法项目类别也比"语法等级大纲"更为狭窄。具体来说,"语法等级大纲"在语法项目的划定上比"HSK 语言点大纲"更为细致,这是导致"语法等级大纲"中语法项目的数量高于"HSK 语言点大纲"的主要原因。例如,就词类中的副词而言,"语法等级大纲"将其具体分为"程度副词""时间副词""关联副词"等 9 类语法项目,而"HSK 语言点大纲"只将其全部归为"副词"这一类语法项目。不仅如此,"HSK 语言点大纲"中的语法项目仅涉及四大类,即"词类""句子的类型""句子成分"和"固定格式",而且"句子成分"只包含"补语"。然而,"语法等级大纲"共囊括了 12 类语法项目,语法单位下至"语素"上至"句群"均有涉及,而且兼顾书面语与口语表达形式,较"HSK 语言点大纲"更为系统全面。虽然"HSK 语言点大纲"和"语法等级

---

① 我们将《大纲》中的"名词""动词""代词""形容词""量词""数量词""副词""介词""连词""助词"和"叹词"归入"词类",将"句型""特殊句型""句类"和"复句"归入"句子的类型",将"补语"归入"句子成分"。

② 因四舍五入后保留小数点后两位数字,本文表格中会出现各类百分比之和不等于100%的情况,特此说明。

大纲"收录的语法项目数量和涉及的类别有所不同,但是"词类"和"句子的类型"在其总体所占的比例都是最高的,可见"词类"和"句子的类型"确是汉语语法教学的主体与关键。此外,"语素"和"句群"在"HSK语言点大纲"中完全没有涉及,属于"语法等级大纲"的新增语法项目。"提问的方法"虽然会涉及部分疑问代词和疑问句,与"HSK语言点大纲"有所重合,但"HSK语言点大纲"并未从提问方法的角度对这些语言点重新进行整理归纳,而仅将其列入"代词"或"句类"中。

在此基础上,本文进一步根据等级对"HSK语言点大纲"和"语法等级大纲"所收录的语法项目进行数量和比例上的统计,其具体情况如表4所示:

表4 "HSK语言点大纲"与"语法等级大纲"各等级语法项目数量与比例

HSK语言点大纲			语法等级大纲			
级别	数量/项	占比/%		级别	数量/项	占比/%
一级	21	16.28	初等	一级	48	8.39
二级	28	21.71		二级	81	14.16
三级	27	20.93		三级	81	14.16
四级	26	20.16	中等	四级	76	13.29
五级	15	11.63		五级	71	12.41
六级	12	9.30		六级	67	11.72
总计	129	100.00	高等	七~九级	148	25.87
				总计	572	100.00

同时,本文将各个等级的"HSK语言点大纲"中的语法项目的所占比例与"语法等级大纲"中初、中、高等的语法项目的所占比例绘制成折线图,其具体情况如图1所示:

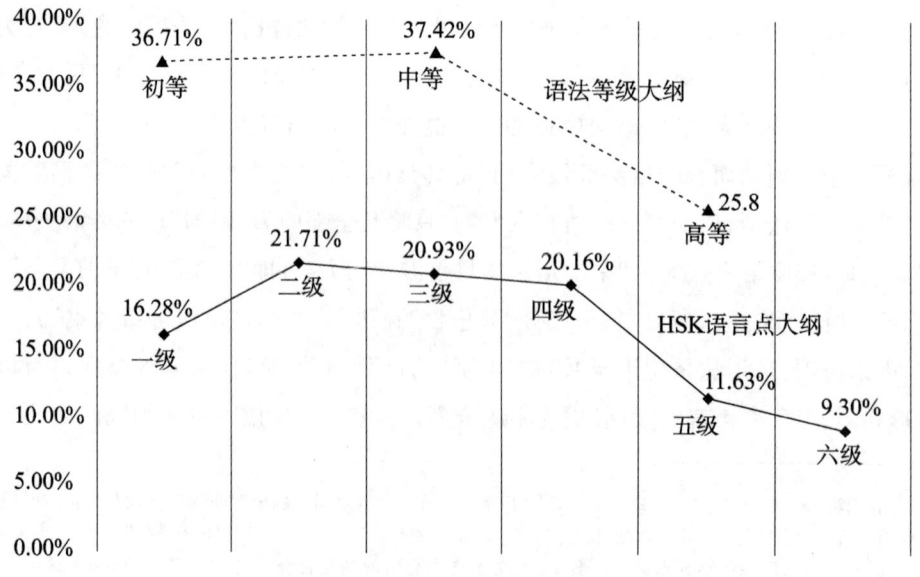

图1 "HSK语言点大纲"和"语法等级大纲"各等级语法项目数量占比情况

由表 4 和图 1 所示,"HSK 语言点大纲"与"语法等级大纲"在规划各个等级的语法项目的数量及所占比例上具有一定的相似性,二者均呈现出"先升后降"的趋势。具体来说,在"HSK 语言点大纲"中,"一级"语法项目所占的比例并非最高,从"二级"开始比例有所升高,而"二级"至"四级"的比例变化较为平稳,无显著差异,自"五级"开始语法项目的占比突然下降,直至"六级"降至最低。同理,在"语法等级大纲"中,"初等"语法项目所占的比例并非最高,"中等"的比例略有增加但并不显著,"高等"语法项目的占比却大幅下降。

由此可见,"HSK 语言点大纲"与"语法等级大纲"在语法项目的等级比例的安排上都考虑到汉语学习者的习得规律与心理因素。具体来说,对于初级的汉语学习者而言,低等级的语法项目不宜过多,以免学习者产生畏难心理。同时,随着等级的升高,语法项目开始逐渐增多,但增幅较小,注重跨级别的平稳过渡,有利于学习者对汉语语法知识的积累。但是,当级别升高到一定程度时,语法项目的数量却开始大幅下降,这与高级阶段的汉语学习者更加侧重词汇的积累密切相关。另外,"语法等级大纲"中的"高等"部分不再细致划分等级,这也在一定程度上体现出高级汉语学习者以词汇量的增加为主要任务,无须再对语法知识的习得顺序加以详细排列。

2.3 语言点的数量与重合对应情况

在"HSK 语言点大纲"和"语法等级大纲"的"语法项目"的对比统计与分析的基础上,我们进一步针对二者所收录的具体"语言点"进行微观对照。

2.3.1 语言点的统计原则与对比

前文我们已对"语法项目"和"语言点"进行了基本的解释。需要进一步说明的是,"语法等级大纲"并未涉及"语言点"这一层级范畴,其层级划分的"最下位"即为"语法点",本文为方便对比统计将其定义为"语法项目"。实际上,"语法等级大纲"中的许多"语法项目"还包含很多具体的语素、词、语义功能项、句法形式项等,这些在一定程度上即是我们要统计分析的"语言点"。例如,语法项目"【三 01】第-、老-、小-"实际包含"第-""老-""小-"这 3 个语素;语法项目"【一 14】否定副词:别、不、没、没有"包含"别""不""没""没有"这 4 个词;语法项目"【一 36】'是'字句"实际包含"表示等同或类属""表示说明或特征""表示存在"这 3 个语义功能项;语法项目"【一 38】比较句 1"实际包含"A 比 B+形容词"和"A 没有 B+形容词"这两个句法形式项。由此可见,若从微观视角出发,"语法等级大纲"实际包含的具体的语素、词、语义功能项、句法形式项等的数量较为庞大,而且"语法等级大纲"并未以"语言点"为单位对其所收录的语法条目进行编号统计,同样没有对"语言点"进行明确统一的定义,而是根据各类语言点的实际收录情况,依据语义、句法等标准进行归并,最终以"语法点"(即本文所定义的"语法项目")进行编号统计的。同样,"HSK 语言点大纲"虽然在命名中出现了我们所说的"语言点"这个术语,但是该大纲本身并未对这一层级进行明确定义与编号统计。通过实际调查,我们可以将"内容"对应于"语言点",但是部分"内容"仍然会包含不同的语义功能项或句法形式项,例如"一级"中的能愿动词"能$_{1,2}$"实际包含了"能$_1$"和"能$_2$"两个语义功能项,"三级"中的固定格式"一……也/都+不/没"包含了"一……也+不""一……也+没""一……都+不""一……都+没"4 个不同的句法形式项。

因此,综合考虑"语法等级大纲"和"HSK 语言点大纲"在"语言点"层面上的实际归纳情况,我们若想对二者的"语言点"数量进行对比统计与分析,势必需要自己对统计原则加以限制规定:

在"语法等级大纲"中,"语素"和"词类"所包含的语言点数量较为明确,其统计原则即为:每一个语素记作 1 个语言点,每一个词类记作 1 个语言点。然而,除"语素"和"词类"外,其他语法类别所包含的语言点数量的统计原则较难限定,基本上需要根据不同语法项目的实际情况进行调整,既可以直接按"语法点"(即本文所定义的"语法项目")进行统计,也可根据其包含的语义功能项或句法形式项进行统计。具体来说,若该语法项目所包含的不同的语义功能项或句法形式项完全由该语法项目的标题文字所囊括,我们就记作 1 个语言点;若这些不同的语义功能项或句法形式项并未在该语法项目的标题文字中加以呈现,而是在例句解释中进行说明并加以标号的,我们通过其标号将其记作多个语言点。另外,如果不同的句法形式项可归并为同一个"句型公式",我们就不再对其进行划分,仍记作 1 个语言点。例如:

表 5 "语法等级大纲"的"语言点"统计原则示例

	语法项目		语言点计数/个
三级	固定格式	一……也/都+不/没……	1
一级	进行态	(1)……在/正在+动词 (2)……在/正/正在+动词……+呢 (3)……呢	3

对于"HSK 语言点大纲"而言,每一项"内容"即为 1 个"语言点",若该"语言点"为具有多种语义功能的词,该词带有多个数字标号,则每一个数字标号记作 1 个"语言点"。此外,若"内容"部分无具体说明,则根据其上位概念"细目"将其记作 1 个语言点,包含不同句法形式项但可以归并为同一个"句型公式"的"内容"记作 1 个"语言点"。例如:

表6 "HSK语言点大纲"的"语言点"统计原则示例

等级	类别	细目	内容	语言点计数/个
一级	代词	疑问代词	多少	1
	特殊句型	连动句		1
	动词	能愿动词	能$_{1,2}$	2
	补语	结果补语	动词+会/好/见	1

2.3.2 重合语言点及其等级对应

根据上述统计原则,我们首先对"语法等级大纲"和"HSK语言点大纲"中的"语言点"数量分等级进行统计与对比,其具体情况如表7所示:

表7 "语法等级大纲"和"HSK语言点大纲"各等级"语言点"数量

语法等级大纲	语言点数量/个	HSK语言点大纲	语言点数量/个
一级	154	一级	44
二级	169	二级	63
三级	178	三级	62
四级	112	四级	66
五级	115	五级	36
六级	107	六级	23
七~九级	174	合计	294
合计	1 009		

由此可见,"语法等级大纲"中"语言点"的数量同样显著高于"HSK语言点大纲"。因此,我们尝试以"语法等级大纲"为基准,对各个级别的"HSK语言点大纲"中同样被"语法等级大纲"所收录的语言点(即重合语言点)的数量及其比例进行统计,其具体情况如表8所示:

表8 各等级的"HSK语言点大纲"与"语法等级大纲"重合语言点数量及比例

HSK考试大纲	语言点数量/个	与"语法等级大纲"重合的语言点数量/个	重合语言点比例/%
一级	44	41	93.18
二级	63	58	92.06
三级	62	48	77.42
四级	66	56	84.85
五级	36	32	88.89
六级	23	18	78.26
总计	294	253	86.05

由此可见,"HSK语言点大纲"与"语法等级大纲"的语言点的重合度较高,整体重合率可达86.05%,二者在语言点的选取与收录上具有高度的一致性。另外,随着"HSK语言点大纲"等级的升高,重合语言点的所占比例整体呈下降趋势,四、五级的重合率稍有提高。

在此基础上,为了更好地把握"HSK语言点大纲"与"语法等级大纲"相重合的语言点的等级对应情况,我们进一步对这些重合语言点在"语法等级大纲"中的等级分布情况进行考察。在此过程中,我们发现这些重合语言点在两部大纲之间并不属于单纯的一一对应关系,而存在着部分"一对多"和"多对一"关系。所谓"一对多",是指"HSK语言点大纲"中的某个语言点实际对应"语法等级大纲"中的多个语言点,而"多对一"是指"HSK语言点大纲"中的多个语言点实际对应"语法等级大纲"中的某一个语言点。例如:

表9 重合语言点的"一对多"和"多对一"关系示例

对应关系	HSK语言点大纲				语法等级大纲	
	等级	类别	细目	内容	等级	句子的类型—特殊句型
一对多	一级	特殊句型	兼语句	叫	三级	兼语句1 表使令:主语+叫/派/请/让……+宾语1+动词+宾语2
					五级	兼语句3 表致使:主语+叫/令/使/让+人称代词+动词短语
多对一	三级	副词		一直$_{1,2}$	等级	词类—时间副词
					二级	一直

如表9所示,由于我们拟对重合语言点在"语法等级大纲"中的等级分布进行考察,所以在这个过程中,我们重新对语言点的统计进行规定:对于"一对多"关系,我们参照"语法等级大纲"将其记为多个语言点,例如以谓词"叫"为标志的兼语句在"HSK语言点大纲"中虽然被归纳为一个语言点,但在"语法等级大纲"中以谓词"叫"为标志的兼语句共出现了两次,此时我们便将该语言点记作2个;对于"多对一"关系,我们仍根据"HSK语言点大纲"将其记作多个语言点,例如副词"一直"在"HSK语言点大纲"中被分为两个不同的语义功能项,即两个不同的语言点,但在"语法等级大纲"中却被归纳为一个语言点,此时我们仍然将其记作2个语言点。在上述规则的指导下,我们对重合语言点在"语法等级大纲"中的等级分布情况进行考察:

表10 重合语言点在"语法等级大纲"中的等级分布情况[①]

HSK语言点大纲	语法等级大纲						合计	单位
	初等			中等		高等		
	一级	二级	三级	四级	五级	六级	七~九级		
一级	32	8	2		1			43	数量/个
	74.42	18.60	4.65		2.33			100.00	比例/%

[①] 由于我们针对"一对多"和"多对一"关系重新规定了语言点的计数规则,因此表10中"HSK语言点大纲"某些级别的重合语言点的合计数会略高于表9中"与'语法等级大纲'重合的语言点数量/个"列的数据。

续表

HSK 语言点大纲	语法等级大纲							合计	单位
	初等			中等			高等		
	一级	二级	三级	四级	五级	六级	七～九级		
二级	18	35	6	1				60	数量/个
	30.00	58.33	10.00	1.67				100.00	比例/%
三级	4	21	17	3	2	2		49	数量/个
	8.16	42.86	34.69	6.13	4.08	4.08		100.00	比例/%
四级	1	10	14	17	9	3	3	57	数量/个
	1.75	17.54	24.57	29.83	15.79	5.26	5.26	100.00	比例/%
五级		2	8	6	2	8	6	32	数量/个
		6.25	25.00	18.75	6.25	25.00	18.75	100.00	比例/%
六级				2	3	5	8	18	数量/个
				11.11	16.67	27.78	44.44	100.00	比例/%

如表10所示，虽然从整体上看"HSK语言点大纲"与"语法等级大纲"所收录的语言点的重合度较高，在宏观理念上"HSK语言点大纲"的1—6级也与"语法等级大纲"的初、中等相匹配，但是通过对两部大纲重合语言点的等级分布对比，我们发现二者的等级对应关系并非完全一致。具体来说，"HSK语言点大纲"1—3级中绝大部分的语言点隶属于"语法等级大纲"的"初等"，但仍然存在少量语言点对应于"语法等级大纲"的"中等"。另外，"HSK语言点大纲"4—6级中的语言点也并不完全对应于"语法等级大纲"的"中等"，同样存在部分语言点隶属于"语法等级大纲"的"初等"乃至"高等"的情况。

但是，"HSK语言点大纲"与"语法等级大纲"的重合语言点在等级分布上仍然具有一定的对应性，这种对应性随着等级的升高整体呈降低趋势。具体来说，一至三级的"HSK语言点大纲"中大部分的重合语言点属于"语法等级大纲"的"初等"，可见一至三级的"HSK语言点大纲"基本与"语法等级大纲"的"初等"相对应。"HSK语言点大纲·四级"中50.88%的重合语言点属于"语法等级大纲"的"中等"，可见其呈现出向"语法等级大纲"的"中等"靠近的趋势，但其对应性较前面三级有所下降。"HSK语言点大纲·五级"的重合语言点在"语法等级大纲"中的分布更为分散，其中50.00%属于"语法等级大纲"的"中等"，已属于占比最高的一部分，二者的对应性进一步下降。"HSK语言点大纲·六级"中55.56%的重合语言点属于"语法等级大纲"的"中等"，44.44%属于"高等"，可见"HSK语言点大纲·六级"呈现出向"语法等级大纲"的"高等"靠近的趋势，但大部分语言点依然对应于"语法等级大纲"的"中等"。

综上，根据重合语言点在"HSK语言点大纲"与"语法等级大纲"中的等级分布情况，我们大致可以推导出二者基本的等级匹配关系，如图2所示：

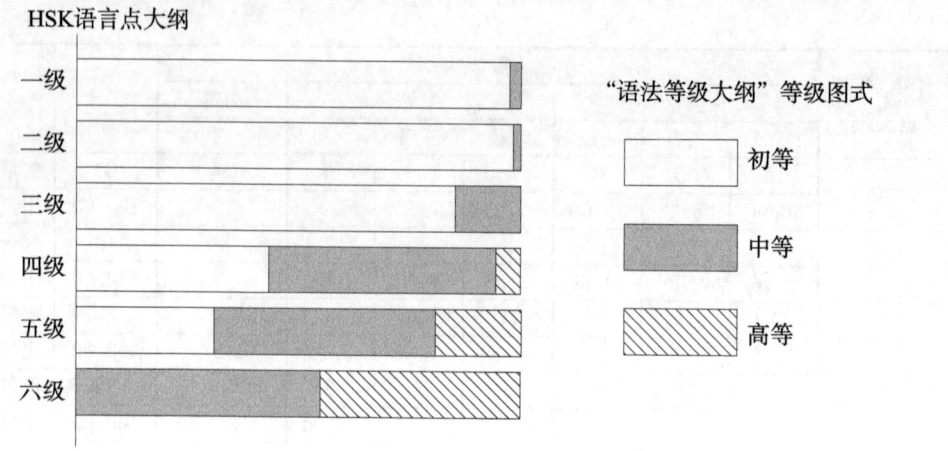

图 2 "HSK 语言点大纲"和"语法等级大纲"重合语言点的等级匹配关系

2.4 其他

与"HSK 语言点大纲"相比,"语法等级大纲"对语法条目的归纳角度更为多样,因此所囊括的语法项目类别更为全面,每个类别中所包含的具体语言点也更为细致,而且"语法等级大纲"在语言点的句法结构分解以及对不同语义的分析解释方面也更为详细。例如:

表 11 "HSK 语言点大纲"和"语法等级大纲"对"兼语句"的收录与归纳情况对比

HSK 语言点大纲				语法等级大纲	
等级	类别	细目	内容	等级	句子的类型—特殊句型
一级	特殊句型	兼语句	叫	三级	兼语句$_1$ 表使令:主语 + 叫/派/请/让…… + 宾语$_1$ + 动词 + 宾语$_2$
二级			让	四级	兼语句$_2$ (1) 表爱憎义:主语 + 表扬/批评 + 宾语$_1$ + 动词 + 宾语$_2$ (2) 表称谓或认定义:主语 + 叫/称(呼)/说/收/选 + 宾语$_1$ + 做/为/当/是 + 宾语$_2$
四级			使		
五级			令、派	五级	兼语句$_3$ 表致使:主语 + 叫/令/使/让 + 人称代词 + 动词短语
六级			嫌		

显然,"HSK 语言点大纲"对"兼语句"的归纳较为简单,虽然一至六级均有涉及,但只列出了主要的谓语动词,并未对兼语句的句法结构和语义特征加以区分或阐释。相比之下,"语法等级大纲"对"兼语句"的归纳更为详细:首先在语义层面将其分为"表使令""表爱憎义""表称谓或认定义"和"表致使"四种情况,三至五级各有所涉及,然后对表示每种语义的句型的句法结构加以呈现,同时囊括了可用于该兼语句的谓语动词。

由此可见,在多功能语法项目的归纳与呈现方面,"语法等级大纲"比"HSK语言点大纲"更为细致全面且更具系统性,更能体现"循序渐进"的原则,这也同样是"语法等级大纲"在语法项目和语言点的数量上比"HSK语言点大纲"高的原因所在。

此外,一些重合语言点虽然均出现在"HSK语言点大纲"和"语法等级大纲"中,但二者对这部分语言点的归纳视角以及收入的类别有所不同。例如:

表12 "HSK语言点大纲"和"语法等级大纲"对"呢"的收录与归纳情况对比

HSK语言点大纲·一级			语法等级大纲		
类别	内容	例句	等级	词类	例句
助词	呢₁	她在家做什么呢?	一级	语气助词:呢	他是哪国人呢? 我在看书呢。
			等级	提问的方法	例句
	呢₂	我爱吃苹果,你呢?	二级	用"呢"构成的省略式疑问句 "代词/名词+呢?"提问	我去医院,你呢? 书在桌子上,笔呢?

如表所示,对于"呢"而言,"HSK语言点大纲"将其划分为两个语言点:"呢₁"为表示疑问语气的助词,"呢₂"同样属于助词,主要用于代词或名词后构成省略式疑问句。"语法等级大纲"虽然同样将有关"呢"的语法知识划分为两个语言点,但是一个语言点属于词类—助词中的"语气助词",既可以表示疑问语气,也可以表强调语气,另一个语言点则属于"提问的方法",即用于代词或名词后构成省略式疑问句。

三、结语

《标准》的发布对国际中文教育的各个方面(测试、教学、学习和评估)都具有关键性的指导意义。HSK调整"说明"中指出,《标准》是指导国际中文学习、教学、测试与评估各环节的规范。《标准》的音节表、汉字表、词汇表和语法等级大纲是外国中文学习者在上述4个维度上发展的目标。探求《标准》和HSK之间的关系,不仅可以鼓励汉语二语学习者以全面系统地掌握汉语语法、整体提高汉语水平为学习目的,充分发挥"语法等级大纲"的功能与作用,同时也可以对后续HSK的升级换代做好充分的准备。本文得出的主要结论如下:

首先,"HSK语言点大纲"和"语法等级大纲"虽然都属于"语法大纲",但是二者存在诸多差异。具体来说,"HSK语言点大纲"仅有1—6级而"语法等级大纲"具有"三等九级","HSK语言点大纲"中的语法项目/语言点的数量以及所涉及的语法项目类别均少于"语法等级大纲",而且"HSK语言点大纲"对于语言点的层级划分较为笼统固定而"语法等级大纲"更为细致灵活。另外,"语法等级大纲"在语言点的句法结构分解以及对不同语义的分析解释方面也更为详细,因此"语法等级大纲"较"HSK 语言点大纲"更具系统性和全面性,二者在语言点的匹配上也呈现出"一对多"和"多对一"的关系。

其次,"HSK 语言点大纲"和"语法等级大纲"在语言点的选取与等级比例的分配上具有一定的相似性。具体来说,"HSK 语言点大纲"中 86.05% 的语言点同样被"语法等级大纲"所收纳,语言点重合度较高,可见二者在语言点的选取上具有极高的一致性。同时,"HSK 语言点大纲"和"语法等级大纲"在语言点的等级比例分配上均呈现出"先升后降"的趋势,符合汉语二语学习者的习得规律与心理。另外,虽然"HSK 语言点大纲"和"语法等级大纲"在语言点的等级排序上并不完全匹配,但是从整体上看二者具有一定的对应性(见图 2)。

通过我们的对比分析可见,《标准》中的"语法等级大纲"不仅可以满足 HSK 对于汉语语法知识的基本需求,而且能够在其基础上进行丰富拓展,完善汉语二语学习者的汉语语法知识体系,其语言点"循序渐进"与"螺旋式上升"的等级分布原则同样符合二语学习者的习得顺序与规律。不仅如此,"语法等级大纲"对于以 HSK 为目标的汉语二语教学具有较强的规范指引作用,汉语教师在对某个语言点进行讲解时,可以参考"语法等级大纲"对该语言点的等级归属与语义、搭配的切分,及时调整教学顺序及详略安排,从而提高课堂教学效率,促进汉语二语学习者对汉语语法的理解与掌握。与此同时,"语法等级大纲"对汉语二语学习者在汉语语法的习得和 HSK 备考上具有一定的辅助和引领作用。汉语学习者在以"HSK 语言点大纲"为参照的同时,可以将"语法等级大纲"作为语言点的查阅工具,从而对某个语言点的类别归属、语义功能和句法搭配具有更加全面的掌握。另外,在当前 HSK2.0 版向 3.0 版过渡阶段,[①]"HSK 语言点大纲"和"语法等级大纲"互为补充参照,可以避免以 HSK 为唯一目标的汉语教学与习得模式,为"互联网+"时代国际中文教育的各种新模式、新平台的构建提供重要依据。此外,我们不可否认,任何标准的建立都是一个精益求精的动态过程,我们仍然需要不断吸收最新的汉语语法研究成果,对"语法等级大纲"进行相应的升级与完善。

参考文献

北京语言大学汉语水平考试中心(1989)《中国汉语水平考试大纲(初、中等)》,现代出版社。
北京语言大学汉语水平考试中心(1998)《中国汉语水平考试大纲(基础)》,现代出版社。
国家汉办/孔子学院总部编制(2009a)《新汉语水平考试 HSK(一级)大纲》,商务印书馆。
国家汉办/孔子学院总部编制(2009b)《新汉语水平考试大纲 HSK 二级》,商务印书馆。

[①] "说明"指出,科学研制 HSK(7—9 级)需要一个过程,目前计划于 2021 年 12 月试考,2022 年 3 月正式推出考试。未来 3 至 5 年,HSK(1—6 级)也将会依据《标准》和各国中文学习者实际情况,逐步进行调整。

国家汉办/孔子学院总部编制(2009c)《新汉语水平考试大纲 HSK 三级》,商务印书馆。
国家汉语水平考试委员会办公室编(1995)《HSK 中国汉语水平考试大纲(高等)》,北京语言学院出版社。
教育部中外语言交流合作中心编(2021)《国际中文教育中文水平等级标准》(国家标准·应用解读本),刘英林、马箭飞、赵国成主编,北京语言大学出版社。
孔子学院总部/国家汉办(2014)《国际汉语教学通用课程大纲》(修订版),北京语言大学出版社。
孔子学院总部/国家汉办(2015)《HSK 考试大纲》(一至六级),人民教育出版社。
刘英林、李佩泽、李亚男(2020)汉语国际教育汉语水平等级标准全球化之路,《世界汉语教学》第 2 期。
刘英林主编(1996)《汉语水平等级标准与语法等级大纲》,高等教育出版社。
马箭飞(2021)强化标准建设,提高教育质量——国际中文教育标准与考试研讨会大会致辞,《国际汉语教学研究》第 1 期。
孙瑞珍主编(1995)《中高级对外汉语教学等级大纲》,北京大学出版社。
王　方(2014)初级汉语教材功能与语法相结合的量化研究,《汉语学习》第 3 期。
王　还主编(1995)《对外汉语教学语法大纲》,北京语言学院出版社。
吴勇毅(2020)国际中文教育"十四五"展望,《国际汉语教学研究》第 4 期。
杨德峰、范麾京(2016)对外汉语教学语法体系反思及构建原则刍议——从三本语法教材谈起,《国际汉语教学研究》第 2 期。
杨寄洲主编(1999)《对外汉语教学初级阶段教学大纲》(一),北京语言文化大学出版社。
章　欣(2014)初级汉语任务与语法项目关系的实证研究,《华文教学与研究》第 2 期。

(100083　北京,北京语言大学汉语国际教育研究院)

英、韩母语学生主谓宾语序组合习得发展研究*

周文华 贾红红

摘 要：英、韩语与汉语在主谓宾语序组合的对应上存在程度不同的异同规律。利用连续的自然口语表达语料考察发现，英、韩母语学生汉语主谓宾语序组合的习得发展规律和难点同中有异，其共性是 SVO 和 SV 语序的习得都比 SOV 和 OSV 语序好一些，但英、韩母语学生的习得发展过程不同，都体现出二语习得发展的动态性特征。相对来说，英语母语学生习得主谓宾语序组合的情况好于韩语母语学生。韩语母语学生虽然因为 SOV 和 OSV 语序与韩语语序形式上的一致而习得较早，但习得过程出现了较多偏误。因此，母语语序的影响不能仅看表面的一致性。

关键词：主谓宾语序组合；汉外对比；习得发展过程；动态性

〇、引言

任何一种语言，无论其是否有丰富的词形变化，都会有语序变化。因此，自 Greenberg(1963)基于语序共性的类型学研究以来，当代类型学的研究就以语序为主要突破口研究世界语言。人们对世界语言语序类型划分的角度越来越多，但对于基本语序类型的划分仍以主、谓、宾为主要参项。在二语习得过程中，语序也成为所有学习者必须要面对的一个问题，因为儿童在四岁之前就形成了自己的母语语序策略,(Slobin, 1982)他们在习得二语语序时就必须面临母语语序策略和二语语序策略的调整问题。(周文华,2014)因此，语序习得研究一直是学界关注的一个议题。

国外对典范语序(Canonical Word Order)的习得研究一直很重视，Meisel et al. (1981)得出德语语序习得顺序的第一个阶段就是"典范顺序"(Canonical Order)阶段，

---

* 本文系国家社科基金项目"类型学视角下英、韩学生汉语语序习得研究"(项目编号:17BYY117)部分研究成果。

Pienemann(1998)还以典范语序的习得顺序为核心进行语言加工研究,进而提出语言可加工理论。很多针对其他母语者的研究也都指出典范语序在二语语序习得中的重要作用。此外,Slobin(1982)、Hulk(1991)、Isurin(2005)、Pierantozzi(2009)等还在语序策略、语序参数设置、母语语序迁移等方面做了大量研究。尤其是Pierantozzi(2009)的研究发现"全迁移全通达假说"(Full Transfer Full Access Hypothesis)并不适用于所有的母语语序迁移现象,各国学生的语序习得有自己的特点。

从语序类型学的角度看,学界几乎无争议地认为英语属于典型的SVO型语言,韩语属于典型的SOV型语言。关于汉语的语序类型归属,学界一直存有争议,一部分学者认为是SVO,一部分学者认为是SOV。然而更多的学者认为汉语是SVO型语言,如Sun et al.(1985)、戴浩一(1988)、曹聪孙(1996)、刘丹青(2002)、施春宏(2004)、郭中(2012)、储泽祥和王艳(2016)等。以往大多数研究以及语料考察表明,汉语中SVO语序占据多数,但也有SOV和OSV等语序形式存在。这让汉语主谓宾语序的习得考察成为一个值得研究的课题。郑丽娜(2014)从参数重设理论出发,考察了基本语序为VO的英语母语者汉语习得情况,发现该类学习者以无标记的VO语序为起点学习汉语,然后在汉语输入OV正面证据的作用下逐渐学会使用OV语序。而对于韩语母语学生的主谓宾语序习得情况还没有专门的讨论。

本文拟从语序类型学的角度,考察以英、韩母语为代表的两类不同语序类型学生汉语主谓宾语序组合的习得情况。考察对象为初级汉语学习者,但来自不同班级,具有不同的汉语水平:L1阶段学生来自学习《强化汉语教程》第二册的班级,L2阶段学生来自学习《强化汉语教程》第三册的班级,L3阶段的学生来自学习《强化汉语教程》第四册的班级。我们在每个学期同时收集L1—L3三个水平等级学生的语料。每个学期去除开学、期中、期末考试阶段共录制11周的学生自由口语表达语料,每次录音时长在1小时左右,共收集了三个学期的语料。最终语料总量为英语母语学生9.8万字,韩语母语学生12.4万字。由于每学期进修学生的变动较大,每学期参与语料录制的学生并不完全相同,因此研究所用语料为不同水平学习者的群体语料,但在每个学期内的语料具有连续性。

本文的考察主要解决以下三个问题:一是英、韩母语学生汉语主谓宾语序组合的习得发展规律和难点是什么?二是英、韩母语学生汉语主谓宾语序组合的习得发展过程有何异同?三是英、韩母语学生汉语主谓宾语序组合习得异同规律和难点背后的原因是什么?

一、汉、英、韩主谓宾基本语序组合对比

1.1 汉语主谓宾语序组合类型

综合学界的研究及语料考察,主谓宾三个参项在汉语中共可构成三类五种语序组合:①

第一类是基本语序。此类语序符合汉语的表达习惯和时间顺序原则,(戴浩一,1988)不需要特别的句法标记或语用条件,在汉语中主要有两种语序组合:

其一,SVO 语序是最基本的语序,包括语境中 S 省略的 VO 语序,如:

(1)我们去上海。

(2)吃包子。②

其二,SV 语序也是汉语中常见的基本语序,根据谓语的性质又可细分为动词谓语句、形容词谓语句和名词谓语句三小类,如:

(3)太阳出来了。(SV)

(4)天气晴朗。(SA)

(5)我三十岁。(SN)

第二类是变式语序。变式语序打破了基本语序排列,起到一种强调的语用效果,或表达某种语篇功能,(郭圣林,2011)不管是需要某种句法标记,还是在某种特定的语篇中使用,均属于有标记的语序组合。在汉语中主要有三种语序组合:

其一,SOV 语序是汉语中常见的变式语序,包括一般的把字句、对比句和周遍句等,如:

(6)弟弟把杯子摔破了。

(7)我猪肉馅的饺子吃,牛肉馅的饺子不吃。

(8)他谁也不认识。

其二,OSV 语序也是汉语中常见的变式语序,通常是出于修辞和语用表达的需要。主要包括不带宾语的主谓谓语句(或曰宾语倒装句)、被字句和受事主语句三类(S 在特

---

① 受篇幅所限,本文暂不讨论连动、兼语和双宾等主谓宾参项扩展的语序。另外,本文的主宾语按语序类型研究的惯例,以其语义功能为标准进行划定。同时,并不区分主题和主语两个概念,因为在本文考察的初级阶段语料中并未出现严格意义上的主题成分。

② 该例句一般出现在应答语境或祈使语境中,限于篇幅,不展开讨论。因 S 在语流表达中通常是可以省略的,故很多语序类型研究都以动宾为语序参项。

定语境下可省略),如:

(9)苹果我吃。

(10)苹果被我吃了。

(11)衣服(我)洗了。

其三,OVS语序是汉语中比较特殊的变式语序,即主宾易位句,如:

(12)一锅饭吃三个人。

(13)一匹马骑两个人。

但由于中介语语料中未出现该语序类型,下文暂不讨论该语序的汉外对比及习得情况。

1.2 汉、英、韩语序组合异同规律对比

汉、英、韩语属于不同的语序类型,本文讨论的四种主谓宾语序组合存在较明显的异同规律:

第一,关于SVO语序,汉、英语几乎是差别对应的,而在韩语中要转换成SOV语序,在转换时没有特殊限制和要求。

第二,汉语的SV语序,除了谓语为动词的情况,谓语为名词或形容词的情况在英语中都需要在主语后加系动词,在形式上似乎变成了SVO语序;而韩语中,无论谓语用词属于哪种词性,其语序都与汉语一致,没有什么变化。

第三,汉语的SOV语序结构,在英语中大多转换成SVO语序,或带宾语补足语的SVOC语序;而在韩语中都可直接对应为SOV语序,且与SVO语序所转化的SOV语序无差别,这容易导致韩语母语学生产生汉语SOV语序与韩语语序无差别的错觉,从而缺少对SOV使用规则的关注。

第四,汉语的OSV语序在英语中有两种对应情况:若是一般的强调句式,英语中为OSV语序;若是被动句,在英语中对应于英语被动句OVS语序。OSV在韩语中属于正常语序,因为韩语中的主宾语是以格助词为标记的,S和O在句中的顺序并不重要,因此韩语中SOV和OSV几乎是等同的,两种语序都可接受,只是韩者更常使用SOV语序。当OSV为被动句时,在韩语中动词需有被动态的变化,①但语序可为OSV或SOV。

可以看出,基本语序的汉英、汉韩对应关系简单,而变式语序的汉英、汉韩对应关系

---

① 相关分析可参看周文华(2020)的论述。

相对复杂。

二、英、韩母语学生语序习得发展过程考察

近年来,学者们越来越关注学习者跳跃式、阶段性和非线性的二语发展过程研究,并运用诸如移动极值图、移动相关系数、再抽样和蒙特卡罗模拟等一系列有效的方法进行二语习得变异研究,如 Van Geert et al.(2002)、Verspoor et al.(2008)、Verspoor et al.(2011)、郑咏滟(2015、2018)、吴继峰(2017)、郑咏滟和冯予力(2017)、于涵静和戴炜栋(2019)、周琳(2020)、周文华(2022)等。本文的研究采用微变化分析法,以初现率(Meisel et al.,1981;张燕吟,2003)为习得的起始标准,结合移动极值图和趋势线共同揭示学生汉语语序的动态发展过程。

将初级阶段英、韩母语学生四种汉语主谓宾语序组合使用频率[①]数据输入 IBM SPSS 23.00,得到以下描述统计表:

表1　英、韩母语学生主谓宾语序组合使用频率描述统计表

		N	平均数	标准偏差	平均值的95%信赖区间		最小值	最大值
					下限	上限		
SVO	英语母语学生	33	49.359	6.629	47.008	51.709	33.850	63.780
	韩语母语学生	31	37.628	8.049	34.676	40.581	16.670	53.140
	总计	64	43.677	9.385	41.332	46.021	16.670	63.780
SV	英语母语学生	33	14.626	5.345	12.731	16.522	2.560	26.360
	韩语母语学生	31	20.764	7.073	18.170	23.359	7.960	33.330
	总计	64	17.599	6.920	15.871	19.328	2.560	33.330
SOV	英语母语学生	13	0.542	0.353	0.329	0.755	0.260	1.440
	韩语母语学生	15	0.715	0.575	0.396	1.033	0.160	2.470
	总计	28	0.634	0.484	0.447	0.822	0.160	2.470
OSV	英语母语学生	14	0.856	0.513	0.560	1.152	0.210	1.810
	韩语母语学生	23	0.885	0.781	0.547	1.223	0.290	3.700
	总计	37	0.874	0.684	0.646	1.102	0.210	3.700

从统计表中可以看出,无论是哪种语序类型都是韩语母语学生的数据离散度(标准差)大于英语母语学生,这说明韩语母语学生的个体差异较英语母语学生大一些。下面具体分析和对比两类学生四种主谓宾语序组合的习得发展过程。

[①] 使用频率=每周的输出数量/每周语料中的小句总数。因为本文考察主谓宾语序组合也是完整的小句,故以小句为分母。篇幅所限,略去详细的计算数据。

2.1 基本语序的习得对比情况

2.1.1 SVO 语序的习得对比

将英、韩母语学生 SVO 语序的使用频率数据绘制成下图：

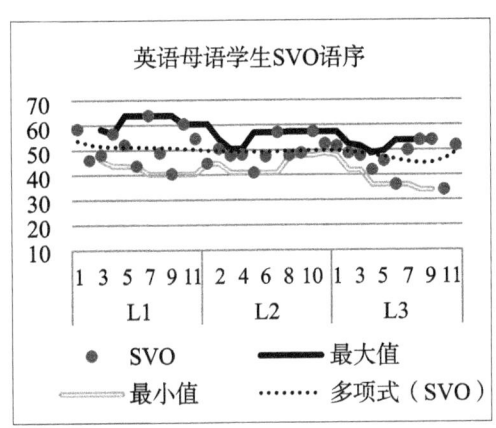
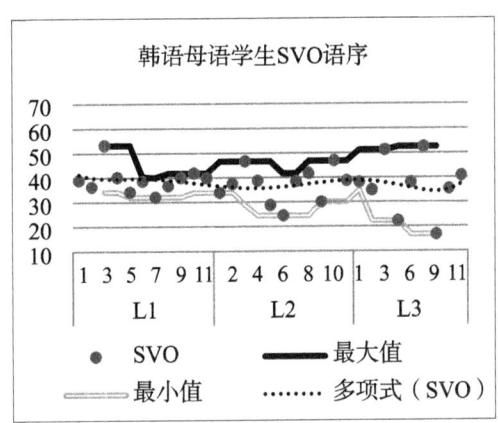

图 1 英、韩母语学生 SVO 语序习得发展趋势图①

从图 1 可以看出，英语母语学生 SVO 语序的使用频率高于韩语母语学生使用频率。移动极值区间显示 L1 阶段英语母语学生的变异大于韩语母语学生，而且英语母语学生的使用频率开始就很高，说明英语母语学生一开始就很自然地大量使用 SVO 语序。之后韩语母语学生的变异区间逐渐大于英语母语学生，这反映出韩语母语学生在习得之初对于他们不熟悉的 SVO 语序的使用较谨慎，但习得一段时间后开始大胆尝试，并在使用上出现较大的波动。方差分析发现，英、韩母语学生 SVO 语序的使用频率存在显著差异（$F_{(1,62)} = 40.709, P = 0.000 < 0.05$）。总体来说，英语母语学生的变异要小于韩语母语学生。

从多项式发展线性趋势可以看出，两类学生 SVO 语序的使用频率阶段变化不明显。方差分析也证实，英语母语学生 SVO 语序的输出没有阶段性差异（$P = 0.178 > 0.05$）；韩语母语学生 SVO 语序的输出也没有阶段性差异（$P = 0.726 > 0.05$）。

2.1.2 SV 语序的习得对比

将英、韩母语学生 SV 语序的使用频率数据绘制成下图：

---

① 关于图表制作的说明：第一，移动极值图以五个数据为一组，每次后移一个数据构成不同的数据组，然后计算每组中的最大值和最小值，最终绘制出移动极值图。第二，图中趋势线采用六阶多项式，以更贴合离散的数据。第三，下文的制图原理和图例均与图 1 类同，为节约篇幅略去图例，不再单独说明。

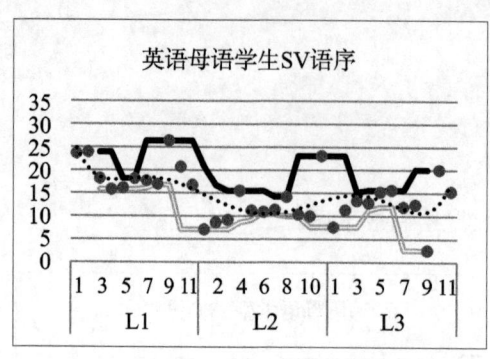 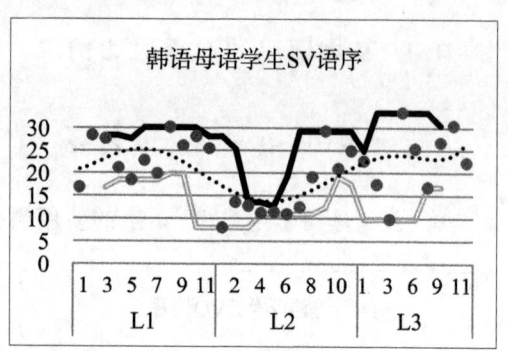

图 2　英、韩母语学生 SV 语序习得发展趋势图

从图 2 可以看出,英语母语学生 SV 语序的发展趋势是先下降再略上升的,其发展的每个阶段都出现一次大的变异波动。韩语母语学生 SV 语序习得发展曲线呈 M 形波动,其输出频率的最低点出现在 L2 阶段中前期。相应地,变异区间在 M 形顶部较宽,底部较窄。说明韩语母语学生在考察的前期和后期对于 SV 语序的尝试加大。英、韩母语学生 SV 语序的使用频率也存在显著的差异($F_{(1,63)} = 40.709$,$P = 0.000 < 0.05$)。

分析两类学生各自的阶段差异发现,英语母语学生 SV 语序的输出存在阶段性差异($P = 0.000 < 0.05$),事后测试发现 L1 与 L2、L3 存在差异显著($P = 0.000$,$P = 0.001$);从趋势线上看 L1 的使用频率高于 L2、L3。韩语母语学生 SV 语序的输出也存在阶段性差异($P = 0.010 < 0.05$),事后测试发现 L2 与 L1、L3 存在显著差异($P = 0.004$,$P = 0.020$)。从趋势线上看 L2 的使用频率低于 L1、L3。

结合图 1 和图 2,无论是从变化趋势线,还是从移动极值图都可以看出,两类学生 SVO 语序的习得都要好于 SV 语序:SVO 语序的习得变化较平稳,极值区间波动不太大;SV 语序的习得则阶段性变化波动明显。不过也可以看出,两种语序在考察的后期极值区间都有变大的趋势,同时趋势线也有上升的趋势,说明学生在初级阶段后期的习得有向上发展的趋势。而且从变化趋势线和移动极值图看,两类语序的习得都是英语母语学生好于韩语母语学生。

2.2　变式语序的习得对比情况

2.2.1　SOV 语序的习得对比

将英、韩母语学生 SOV 语序的使用频率数据绘制成下图:

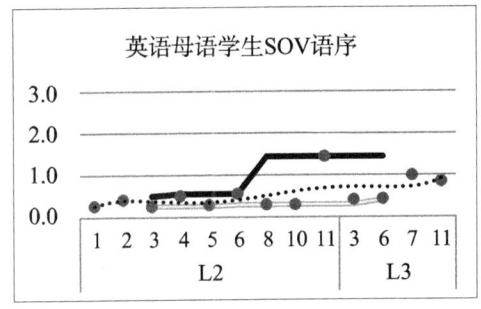
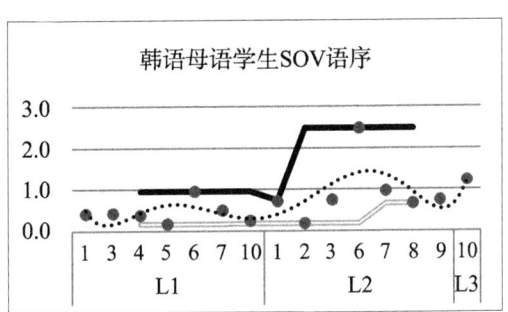

图 3 英、韩母语学生 SOV 语序习得发展趋势图

从图 3 可以看出,两类学生 SOV 语序的使用频率都较低,而且周次分布也比较稀疏。虽然从图上看,韩语母语学生的使用频率稍高于英语母语学生,但 1 000 次重复抽样的方差分析发现,英、韩母语学生 SOV 语序的使用频率不存在显著差异($F_{(1,27)}$ = 1.405,$P = 0.240>0.05$)。从学习阶段看,英语母语学生在 L2 阶段才开始输出 SOV 语序,习得比较晚,而且两个阶段也不存在显著差异($P = 0.266$);韩语母语学生在三个学习阶段均出现了用例,不过也不存在显著差异($P = 0.149$)。从移动极值图看,他们都在 L2 阶段的输出中出现了最大值引起的变异区间的波动,预示着他们的习得接下来将会有较大的变化(Verspoor et al.,2011),但具体的变化发展情况还有待扩充语料后考察。

2.2.2 OSV 语序的习得对比

将英、韩母语学生 OSV 语序的使用频率数据绘制成下图:

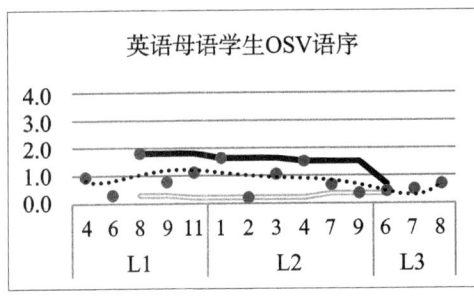
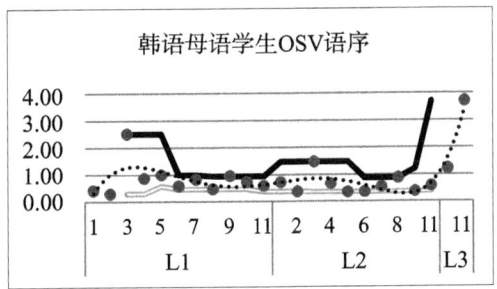

图 4 英、韩母语学生 OSV 语序习得发展趋势图

从图 4 可以看出,OSV 语序的使用频率也不高,而且英语母语学生输出 OSV 的周次明显少于韩语母语学生。但 1 000 次重复抽样的方差分析发现,英、韩母语学生 OSV 的使用频率不存在显著差异($F_{(1,36)} = 3.121,P = 0.082>0.05$)。

从学习阶段看,英语母语学生 OSV 语序的输出不存在阶段性差异($P = 0.270>0.05$),韩语母语学生 OSV 语序的输出也不存在阶段性差异($P = 0.656>0.05$)。从移动极值图看韩语母语学生大部分时期的使用相对比较稳定,但 L1 和 L3 阶段有两次最大值引起的变异;而英语母语学生的变异区间没有太大的变化,到 L3 阶段更是少量输出,说明英语母语学生对于 OSV 语序使用相对谨慎,不如韩语母语学生那么激进。

2.3 英、韩母语学生习得规律总结与对比

综上所述,英、韩语母语学生都是基本的 SVO、SV 语序习得较早,SVO、SV 语序不仅使用频率高,使用的周次也比较均衡,是学生最常使用的两个主谓宾语序组合;变式的 SOV、OSV 语序不仅使用频率低,而且习得的时间普遍较晚,出现的周次也比较稀疏,习得的效果最不好。尤其是英语母语学生的表现更为明显。与上文对比规律结合可以看出,对应规则较简单的语序习得要好于对应规则复杂的语序。

通过以上分析还可以看出,虽然韩语母语学生的语序类型与汉语不同,但他们对于汉语的基本语序习得是没有问题的,这说明目的语的典范语序是很少受母语语序策略影响的。英语母语学生在基本语序习得上要好于韩语母语学生,但在变式语序上,其习得要晚于韩语母语学生,而且使用也较韩语母语学生谨慎。但是不是可以说韩语母语学生变式语序的习得就好于英语母语学生呢?这可能还要参考学生的语序偏误情况来做最后判定。

三、英、韩母语学生汉语主谓宾语序习得难点考察

3.1 英语母语学生主谓宾语序组合偏误情况分析

首先,将英语母语学生主谓宾语序组合各阶段的偏误情况汇总成表 2:

表 2 英语母语学生主谓宾语序偏误汇总表

语序类型	数据类型	L1	L2	L3	合计
SVO	偏误用例/个	34	45	17	96
	总用例/个	1 132	1 877	820	3 829
	偏误率	3.0%	2.4%	2.1%	2.5%
SV	偏误用例/个	5	15	5	25
	总用例/个	426	435	225	1 086
	偏误率	1.2%	3.4%	2.2%	2.3%
SOV	偏误用例/个	0	2	0	2
	总用例/个	0	13	4	17
	偏误率	0	15.4%	0	11.8%
OSV	偏误用例/个	0	4	0	4
	总用例/个	8	17	1	26
	偏误率	0	23.5%	0	15.4%

3.1.1 基本语序组合的偏误情况分析

从表2可知英语母语学生主谓宾基本语序组合的偏误率非常低,从学习阶段的变化看,SVO语序的偏误率从L1阶段到L3阶段呈线性下降趋势,而SV语序的偏误率呈倒"U"形分布。这说明英语母语学生对于SVO语序使用过程中的问题随着学习阶段提升会逐渐减少,是语言习得的理想状态;而SV语序使用中的问题会随着学生学习知识的增多而突显,达到一定水平后才会下降。

学生对于SVO语序的习得情况是比较好的,其误用主要存在于对汉语动词是否具有及物性的认识不到位,或受母语影响认为加"是""有"等动词就可构成SVO语序,如:

(14)*我感兴趣中文。①
(15)*我是他的学霸。你明白了吗?

例(14)是学生把"感兴趣"直接当一个及物动词来使用导致的错误,正确的应该是"我对中文感兴趣"。根据上下文可知,例(15)学生想表达的是他对另一个学生的影响,但错误地使用了"学霸"这个词,导致其使用了语序形式上正确但并不存在的句子。

学生在SV语序使用中的错误较多涉及的是SA和SN使用的问题,即很容易在形容词前加"是",或直接加一个名语作谓语,如:

(16)*他们的门是错,南京的交通非常忙,非常忙。
(17)*不对,她∧baker。②

3.1.2 变式语序组合的偏误情况分析

从表2可知,英语母语学生主谓宾变式语序组合的偏误率比基本语序组合要高不少,其中SOV的偏误率达11.8%,而OSV的偏误率达到了15.4%。但是由于该类语序的使用频率比较低,所以每种语序组合的偏误数量并不多。这可能是学生对于此类语序使用比较谨慎所致。从分布来看,SOV语序和OSV语序的偏误都仅在L2阶段出现,到L3阶段就完全消失了。这说明变式语序组合对于英语母语学生来说难度具有阶段性。从语料分析来看,SOV语序的偏误仅出现2例,其中一例涉及把字句的使用,而且语料中没有其他此类把字句的误用,临时误用的可能性较大,如:

---

① 本文以学生的偏误形式来对语序偏误用例进行分类,因为这样更能体现不同语序类型学生的偏误倾向性,比如同样是对SVO语序的使用过程中,英语母语学生很少出现SOV式的偏误,而韩语母语学生则出现很多SOV式的偏误。若按照正确语序归类,则很容易掩盖学生的偏误倾向。

② "∧"表示漏了一个成分,此处遗漏了"是"。

(18)*我南京来的时候,……
(19)*我觉得把生活的秘密揭晓。

OSV语序的偏误都是学生对于该语序的使用条件理解不到位而产生的误用,如:

(20)*这儿的研究生你读?①
(21)*那个考试的成绩你有?

3.2 韩语母语学生主谓宾语序偏误情况分析

首先将韩语母语学生主谓宾语序各阶段的偏误情况汇总成表3:

表3 韩语母语学生主谓宾语序偏误汇总表

语序类型	数据类型	L1	L2	L3	合计
SVO	偏误用例/个	97	63	10	170
	总用例/个	1 963	1 639	205	3 807
	偏误率	4.9%	3.8%	4.9%	4.5%
SV	偏误用例/个	46	26	6	78
	总用例/个	1 190	633	113	1 936
	偏误率	3.9%	4.1%	5.3%	4.0%
SOV	偏误用例/个	11	11	1	23
	总用例/个	15	27	1	43
	偏误率	73.3%	40.7%	100%	53.5%
OSV	偏误用例/个	23	20	1	44
	总用例/个	42	27	2	71
	偏误率	54.8%	74.1%	50%	62%

3.2.1 基本语序组合的偏误情况分析

从表3可知虽然韩语母语学生主谓宾基本语序组合SVO语序和SV语序的偏误数量不少,但其偏误率也是比较低的,都只有4.0%。分析例句发现韩语母语学生SVO语序使用存在的主要问题是动词误用,如:

(22)*你打算老师,大学教授?
(23)*我选了中文系,所以我毕业中文系的学校。

例(22)遗漏了动词"做",或许是句中有了动词"打算"的缘故;例(23)是把"毕业"当作及物动词使用的缘故。

韩语母语学生的SV语序偏误也都涉及SN或SA语序的使用不当问题,即不该使

---

① 这与正常的OSV语序不同,并不是为强调或语用需要而使用的语序。汉语母语者的口语表达中也会出现类似语序,语义表达上没有问题,但实际上仍属于语流表达中的非常规语序。我们判定学生的用例为偏误用例,还有一个原因是因为学生在表达时没有停顿现象,说明他们认为这是正常的OSV语序。

用 SN 和 SA 语序时使用了该类语序,如：

(24)*他们也研究生吗？

(25)*韩国一般大学生大部分喜欢喝酒,所以酒醉了。

但更多的是口语表达中的不完整现象,如：

(26)*你可以介绍。

(27)*不过,今天我疼,我少吃。

3.2.2 变式语序组合的偏误情况分析

从表3可知,韩语母语学生主谓宾变式语序组合的偏误率非常高,其中 SOV 语序的偏误率是 53.5%,OSV 语序的偏误率是 62.0%。

分析例句发现,SOV 语序偏误都是韩语母语学生受母语影响产生的错序,如：

(28)*我们辣喜欢。

(29)*我《卧虎藏龙》看过。

OSV 也明显是受到母语谓语动词后置的影响,如：

(30)*可是这个我们知道了以后,我们想别的办法。

(31)*这样的,所以联系号码交换。

(32)*……,中文不知道不好意思。

3.3 英、韩母语学生主谓宾组合语序偏误规律对比

从组间偏误率的对比来看,韩语母语学生所有语序组合的偏误率都高于英语母语学生。因此从总体来看,韩语母语学生在习得汉语主谓宾语序时遇到的问题和困难比英语母语学生多。从组内偏误率的对比来看,英、韩母语学生都是 OSV 和 SOV 语序的使用中存在问题最多,尤其是韩语母语学生。

综上所述可以得出两类学生汉语语序习得倾向性的偏误规律：

其一,英、韩母语学生都对汉语中变式语序 SOV 和 OSV 的使用存在较多问题,尤其是韩语母语学生,在习得方面的问题最多。因为韩语母语学生会受到母语策略的影响,忽略汉语 SOV 和 OSV 语序的使用限制。而对于英语母语学生来说,汉语 SOV 和 OSV 语序与其母语语序对应关系复杂,他们同样也会在使用限制上出现一些问题。这说明变式语序对各类学生来说都有难度,但相对来说,表面形式一致的情况下学生更容易忽略目的语的规则限制。

其二,与汉语语序类型完全不同的韩语母语学生也是在汉语 SVO 和 SV 语序使用过程中的问题最少,跟英语母语学生一样。这说明学生在习得一个语言的优势语序时

受到母语语序策略的负面影响不大。英语语序跟汉语语序基本一致,所以他们使用起来会比韩语母语学生容易一些,这只能说母语语序策略具有锦上添花的作用。

四、结语

综合上文的分析可以得出,英、韩母语学生汉语主谓宾语序组合的习得发展规律和难点是同中有异的,即无论是哪种语序类型的学生,其 SVO 和 SV 语序的习得都是最好的,SOV 和 OSV 语序的习得要差一些。相对来说,表面上看韩语母语学生 SOV 和 OSV 语序使用得比英语母语学生多,出现得也比英语母语学生早,但其使用中出现的偏误也较英语母语学生多,这是受母语语序因素影响的。另外,两类学生的主谓宾语序组合习得发展过程都呈现出跳跃式、非线性的发展趋势,而且韩语母语学生 SOV 和 OSV 语序的发展趋势也要比英语母语学生的习得发展趋势复杂一些。综合来看,英语母语学生汉语主谓宾语序的习得好于韩语母语学生,同时韩语母语学生的个体差异也大于英语母语学生。从这些异同规律的总结中可以得到以下启示:

首先,本文的考察支持了学界关于典范语序习得的影响研究,即无论学生的母语语序类型是否是典范语序,其习得都会首选典范语序。母语的语序策略在二语习得时起到一定的作用,但不起决定性的作用。当语序一致时,可以起到锦上添花的作用;当语序不一致时,并不会起到决定性的阻碍作用。

其次,从对比的角度看,语序一致表现为各方面条件均等同的一致和仅表面形式上的一致。只有各方面条件均等同的一致才会有利于习得,比如英语母语学生 SVO 语序的习得。而表面形式上的一致,反而会导致学生使用中忽略很多内在差异,导致偏误的产生,比如韩语母语学生 SOV 和 OSV 语序的习得。这验证了周文华(2014)的考察结论,学生在语序理解策略上的差异会给二语语序习得造成一定的影响。

最后,从本文的考察可以看出,SVO 和 SV 语序组合习得应该较 SOV 和 OSV 语序组合容易,且不具有语言类型上的差异。但在发展变化趋势上看,SVO 和 SV 语序反而更容易出现跳跃式、非线性的发展趋势,SOV 和 OSV 语序的发展趋势则较平缓。这可能是因为较难习得的 SOV 和 OSV 语序使用规则限制多,学生使用时往往比较谨慎,同时会回避一些较难的项目,所以,在习得发展趋势的表现上反而会相对平缓,这与 Schachter(1974)关于回避的结论有共通之处。这一现象还需更多的研究来验证。

参考文献

曹聪孙(1996)语言类型学与汉语的 SVO 和 SOV 之争,《天津师范大学学报》(社会科学版)第 2 期。

储泽祥、王　艳(2016)汉语 OV 语序手段的指称化效用,《世界汉语教学》第 3 期。

戴浩一(1988)时间顺序和汉语的语序,黄河译,《国外语言学》第 1 期。

郭圣林(2011)《现代汉语句式的语篇考察》,世界图书出版公司北京公司。

郭　中(2012)从类型学的角度重新看汉语的基本语序,《云南师范大学学报》(对外汉语教学与研究版)第 1 期。

刘丹青(2002)汉藏语言的若干语序类型学课题,《民族语文》第 5 期。

施春宏(2004)汉语句式的标记度及基本语序问题,《汉语学习》第 2 期。

吴继峰(2017)英语母语者汉语书面语动态发展个案研究,《现代外语》第 2 期。

于涵静、戴炜栋(2019)英语学习者口语复杂性、准确性的动态发展研究,《外语与外语教学》第 2 期。

张燕吟(2003)准确率标准和初现率标准略谈,《世界汉语教学》第 3 期。

郑丽娜(2014)母语为英语的学习者汉语语序参数重设研究,《语言教学与研究》第 6 期。

郑咏滟(2015)基于动态系统理论的自由产出词汇历时发展研究,《外语教学与研究》第 2 期。

郑咏滟(2018)高水平学习者语言复杂度的多维发展研究,《外语教学与研究》第 2 期。

郑咏滟、冯予力(2017)学习者句法与词汇复杂性发展的动态系统研究,《现代外语》第 1 期。

周　琳(2020)汉语二语学习者词汇语义系统动态发展研究,《世界汉语教学》第 1 期。

周文华(2014)母语语序类型对目的语习得的影响——以汉语介词语序偏误为例,《语言教学与研究》第 5 期。

周文华(2020)《课堂教学环境下韩国学生介词习得认知过程研究》,吉林大学出版社。

周文华(2022)零起点汉语学习者书面语复杂度、准确度的动态发展——以 4 名预科学生的周记追踪为例,《世界汉语教学》第 1 期。

Greenberg, J. H. (1963) Some Universals of Grammar with Particular Reference to the Order of Meaningful Elements. In Greenberg, J. H. (ed.). *Universals of Language*. Cambridge, Mass: MIT Press.

Hulk, A. (1991) Parameter Setting and the Acquisition of Word Order in L2 French. *Second Language Research* 7(1): 1-34.

Isurin, L. (2005) Cross Linguistic Transfer in Word Order: Evidence from L1 Forgetting and L2 Acquisition. In Cohen, J. et al. (eds.). *ISB4: Proceedings of the 4th International Symposium on Bilingualism*. Somerville, MA: Cascadilla Press.

Meisel, J. M., Clahsen, H. & Pienemann, M. (1981) On Determining Developmental Stages in Natural Second Language Acquisition. *Studies in Second Language Acquisition* 3(2): 109-135.

Pienemann, M. (1998) *Language Processing and Second Language Development*. Amsterdam/Philadelphia: John Benjamins Publishing Company.

Pierantozzi, C. (2009) The Acquisition of Word Order in Different Learner Types. In Bowles, M. et al. (eds.). *Proceedings of the 10th Generative Approaches to Second Language Acquisition Conference*. Somerville, MA: Cascadilla Proceedings Project.

Schachter, J. (1974) An Error in Error Analysis. *Language Learning* 24(2): 205-214.

Slobin, D. I. (1982) Universal and Particular in the Acquisition of Language. In Wanner, E. & Gleitman, L. R. (eds.). *Language Acquisition: The State of the Art*. Cambridge: Cambridge University Press.

Sun, C.-F. & Givón, T. (1985) On the So-Called SOV Word Order in Mandarin Chinese: A Quantified Text Study and Its Implications. *Language* 61(2): 329-351.

Van Geert, P. & Van Dijk, M. (2002) Focus on Variability: New Tools to Study Intra-individual Variability in Developmental Data. *Infant Behavior and Development* 25(4):340-374.

Verspoor, M. H. , De Bot, K. & Lowie, W. (2011) *A Dynamic Approach to Second Language Development: Methods and Techniques*. Philadelphia: John Benjamins Publishing Company.

Verspoor, M. , Lowie, W. & Van Dijk, M. (2008) Variability in Second Language Development From a Dynamic Systems Perspective. *The Modern Language Journal* 92(2):214-231.

(210097 江苏南京,南京师范大学国际文化教育学院)

《近代汉语官话方言课本文献集成》出版

乔全生主编、余跃龙编著的《近代汉语官话方言课本文献集成》由商务印书馆出版。该书是国家社科基金重大招标项目《近代汉语方言文献集成》的结项成果之一。

该书辑录了珍藏于日本各文化机构的近代日本汉语教学中具有代表性的教科书65种,涵盖一般语言教学以及职业用语教学等多个领域,除个别无法考证年代者,其余课本年代大多在1700年至1945年间。《集成》以刊印本为主,辑录的文献主要是由近代日本人编写的、用于教授日本民众学习汉语官话的课本,部分由中国人编写、日本出版社刊行的汉语官话方言课本也在本书收录范围之内。《集成》在日本学者六角恒广《中国语教本类集成》基础上,遴选了数十部全中文或是汉日、日汉对译编著的、反映汉语官话方言的课本文献;同时增补了编著者在日本收集的其他汉语课本文献。所收集官话课本文献分属于日本四个时期:(一)江户时代课本文献(10种);(二)明治时代课本文献(6种);(三)大正时代课本文献(12种);(四)昭和时代课本文献(37种)。这批文献所记录和研究的方言以北京方言及东北官话方言为主,兼有其他官话方言。其口语程度高,内容较为丰富,包含社会生活的各个方面,是研究清末及民国时期北京方言及东北官话方言的语音、词汇、语法及其发展演变的宝贵材料,是我们了解近代北京及东北等地文化教育、民俗信仰弥足珍贵的资料,也是研究国际中文教育史、海外汉学、汉语作为外语教学教材编写等的重要资料。

汉语二语句法复杂度测量研究的焦点与进展*

张迎宝

摘 要：汉语二语句法复杂度测量研究的焦点集中于测量单位构拟、测量指标设立、指标有效度验证三个方面。其进展表现在提出了四种基本测量单位、四十余种测量指标并进行了一系列验证实验。目前的研究存在比附印欧语句法特征设立测量单位与指标、同一单位的提取标准不尽一致、部分指标的有效性未经检验、验证实验的科学性不足、结论信度有待提高等问题。未来，学界应在建构适合汉语句法类型特征的测量指标体系、优化并创新验证范式、扩展指标检测范围、提升验证质量、科学筛选高效度指标等方面给予更多的关注。

关键词：汉语二语习得；句法复杂度；测量单位；测算指标；效度验证

〇、引言

句法复杂度（syntactic complexity）是指语言产出中句法结构的多样性及复杂性程度，(Wolfe-Quintero et al., 1998; Ortega, 2003; Bulté et al., 2012)是衡量二语学习者句法能力发展层级、句法结构发展成熟度的核心参数。早期的句法复杂度测量研究主要关注印欧语学习者，尤其是英语二语者。经过数十年的发展，西方学界已经针对印欧语的句法特征及其习得规律，构拟了多种测量单位，提取出了数十种测量指标，建立起了一套较为成熟的句法复杂度测量体系。与之相比较，以汉语二语学习者为对象的句法复杂度测量研究起步要晚得多。并且，学者们在研究中发现，由于汉语的语言类型与印欧语相差较大，因此以印欧语为基础建构的句法复杂度测量单位与指标，难以直接用于测算汉语二语学习者的句法成熟度，这为汉语二语句法习得研究带来了诸多不便。

---

* 本文是教育部人文社会科学研究项目"汉语作为第二语言学习者句法复杂度的评估指标与自动测量研究"（项目编号：20YJC740099）的阶段性成果。资料收集阶段，澳门大学的靳洪刚教授、侯晓明博士给予了大力支持，谨致谢忱。

为了改变这种状况,许多学者(Jin,2007;Yuan,2009;Jiang,2013;曹贤文、邓素娟,2012;安福勇,2015;王亚琼,2015;吴继峰,2016、2018)开始尝试在把握汉语语言类型与句法特点的基础上,构拟适合汉语二语学习者的句法复杂度测评体系。这些研究围绕句法复杂度的测量单位、测量指标及其有效性进行了一系列理论探索与验证性实验,极大地推动了汉语二语句法复杂度测量研究的发展。

为了更好地把握该领域的研究进展,本文拟以62篇代表性论文为基础(见表1),通过梳理研究焦点,总结已有成果,分析现存问题,以期为今后的研究提供相关的参考。

表1 论文的来源分布

论文来源	期刊	论文集	学位论文库
数量/篇	35	2	25
所占比例/%	56.5	3.2	40.3

一、句法复杂度测量单位研究

该主题主要致力于构拟口语、书面语句法复杂度的基本测量单位。目前,学界提出的测量单位主要有"S单位[①]""T单位""TTC单位"和"AS单位"四种。

1.1 S单位

S单位是以语言成品中的句子(sentence)或小句(clause)作为最小分析单元的一种测量单位。

第一,句子(sentence)作为基本单位。代表是Jin et al.(2013),主张以"句子(包括单句和复句)"作为基本测量单位,并依据邓思颖(2010)的研究提出了"语义是否完整""是否有语调""前后是否有停顿"三个辨识参数。

第二,小句(clause)作为基本单位。较具代表性的是井茁(2013),该研究主张将"小句(clause)"作为书面语的基本分析单位,同时结合Chao(1968)对整句、小句的定义,构拟了小句的提取标准,即小句可以是简单整句,也可以是复句中的子句。

主张以S单位作为基本测量单元的学者不少,(施家炜,2002;袁芳远,2010;邓素娟,2011;朱世芳,2009;简象,2014;叶皖林,2015)但也存在不少问题。具体说:第一,多数研究未能清晰地界定句子、小句的概念,也未能给出提取标准。第二,部分学者给出的提取标准不一致,对一些特殊类型的句子,比如包孕句、流水句、独词句等,也未给出

[①] 指以句子(sentence)或小句(clause)作为基本测量单位,为了便于称说,我们将此类单位简称为S单位。

具体的处理方法。第三,在提取句子与小句时,多以汉语本体研究中的概念作为依据,存在"削足适履"之嫌。因为二语学习者的语言表达中存在着大量的偏误,适用于本体研究的概念,未必适合分析汉语中介语。

1.2 T 单位

主张以 T 单位作为最小测量单元的研究中,较具代表性的是曹贤文和邓素娟(2012)、Jiang(2013)、安福勇(2015)、王亚琼和冯丽萍(2017)。我们将其简称为 T 单位—曹、邓,T 单位—Jiang,T 单位—安,T 单位—王、冯。以下是各家的定义与提取标准。

第一,T 单位—曹、邓。曹贤文、邓素娟(2012)依照 Hunt(1965)的 T 单位定义,① 同时结合汉语的特点,将 T 单位界定为"单句和带有关联连词或关联副词的复句"。提取标准为:一个单句为一个 T 单位;一个带有关联连词或关联副词的复句为一个 T 单位;对于不含任何关联性成分的流水句、并列复句和承接复句等,每个分句为一个 T 单位。

第二,T 单位—Jiang。Jiang(2013)结合 Hunt(1965)的 T 单位定义以及 Chu(1998)提出的汉语"小句"概念,将"T 单位"界定为:一个包含独立谓词的单独主句,加上附属或内嵌于该主句的一切其他从句和非从句。② 提取标准为:一个简单句为一个 T 单位;复句中每个包含独立谓词的分句为一个 T 单位;含有内嵌分句的包孕句为一个 T 单位,其中的内嵌分句不被视为独立的 T 单位。

第三,T 单位—安。该单位由安福勇(2015)提出,采用的也是 Hunt(1965)的定义。提取标准为:一个单句为一个 T 单位;一个偏正(主从)复句算作一个 T 单位;一个联合复句中的每个分句算作一个 T 单位。

第四,T 单位—王、冯。王亚琼(2015)、王亚琼和冯丽萍(2017)根据 Hunt(1965)和 Foster et al.(2000)的研究,提出了汉语 T 单位的划分准则:一是加句尾语气标点能够形成句法正确的句子的最小片段,并且除此以外没有残留片段;二是一个主句加上它所有的从属、修饰、联合小句。提取标准为:一个单句为一个 T 单位;一个紧缩句为一个 T 单位;有标记或内在分句不独立的复句为一个 T 单位;内在分句独立、无标记的复句,每个分句被视为一个 T 单位。值得注意的是,王亚琼(2015)、王亚琼和

---

① 1965 年,Hunt 首次提出了 T 单位的概念,并将其定义为在不留下任何句法不完整的残余片段的前提下,所可能分割到的最小片段。

② Jiang(2013)原文为:A single main clause that contains one independent predicate plus whatever other subordinate clauses or non-clauses are attached to,or embedded within,that one main clause。

冯丽萍(2017)还针对汉语中的多重复句、流水句、内嵌结构等的确认标准进行了探讨,主张以"分句判断+层次分析"的方法提取多重复句中的 T 单位,根据"分句类型"确定流水句中的 T 单位,通过"语块化"程度判断内嵌结构是否为一个 T 单位。具体如下:

表 2　王亚琼、冯丽萍(2017:8)关于汉语二语 T 单位的提取标准

句法结构		T 单位划分
单句		1T
紧缩句		1T
复句	分句$_{独立无标}$	nT
	分句$_{非独无标}$	1T
	分句$_{非独有标}$	1T
	分句$_{独立有标}$	1T
附: 多重复句——分句判断+层次分析 流水句——根据分句类型 内嵌结构——根据"语块"程度		

T 单位学界探讨最多,成果丰富,但也存在着一些问题:第一,比附印欧语构建汉语二语的 T 单位,对汉语句法的类型学特征考虑不足,虽然各家也结合了汉语的一些特点,但总体未能逃脱印欧语的框架。第二,各家对汉语二语 T 单位的界定与提取标准不尽一致。这种不同,一方面表现为提取标准的差异;另一方面表现为对流水句、包孕句等特殊句子的不同处理。第三,部分"T 单位"的测度效度未经检验,这在很大程度上影响了其普适性,限制了其应用范围。

1.3 TTC 单位

TTC 单位(Terminable Topic-comment Unit),是以"主题—评述"(Topic-comment)结构作为基本分析单元的一种句法复杂度测量单位。代表性学者为 Jin(2007)和 Yu(2016、2021)。

第一,TTC 单位的提出。Jin(2007)认为汉语是主题凸显型语言,话题链是汉语的重要表现特征,因此在其研究中首次引入了 TTCU(Terminal Topic-comment Unit)的概念,并将话题链长度及其分句数纳入到了句法复杂度的测量之中。TTC 单位充分考虑到了汉语的语言类型与特点,是学界跳出印欧语框架,构建汉语二语句法复杂度测量体系的重要尝试。令人遗憾的是,Jin(2007)虽给出了话题链的定义,[①]但却未详细阐明

---

① Jin(2007)将话题链定义为:一种由两个以上分句组成的序列,其特征是多个分句共用一个主题,主题的完整形式仅出现在第一个分句中,其余以零形式出现。

TTC 单位的提取方法、标准、程序以及话题链分句的计算方式等。总的来看,Jin 提出的 TTC 单位,还有些"粗糙",仍有诸多尚待完善之处。

第二,TTC 单位的发展。Yu(2016、2021)在 Jin(2007)的基础上将 TTC 单位做了进一步的完善与发展。首先,细化了 TTC 单位的分类,提出了"简单 TTC 单位"和"复杂 TTC 单位"两种类型。具体如下(见图 1):

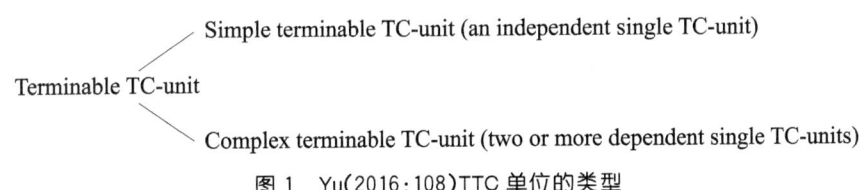

图 1　Yu(2016:108)TTC 单位的类型

其次,明确了 TTC 单位的提取标准。"简单 TTC 单位"是"主题"以全形出现后,在其后的"评述"中,未出现相应零形式照应的单一、独立句段。"复杂 TTC 单位"则是"主题"以全形出现在首个分句之中,其后紧跟一个或多个非独立评述句段,且以零形式照应主题的话题链。Yu(2016、2021)的研究拓展了"主题—评述"模式的分析范围,细化了 TTC 单位的内部类型,规范了其提取标准,极大地增强了 TTC 单位在实际应用中的可操作性。

1.4　AS 单位

AS 单位(Analysis of Speech Unit),即言语分析单元,是指以说话者产出的言语片段作为最小分析单元的一种测量单位。该单位主要用来测量口语的句法复杂度,代表性学者为王亚琼(2015)、陈默和李侑璟(2016)。

第一,AS 单位—王。王亚琼(2015)采用 Foster et al.(2000)关于 AS 单位的定义,①将其界定为:说话人的言语片段,由一个独立的句子或子句单元组成,并包含跟上述二者有关系的从属句。具体操作为:1 个一般简单句 = 1AS;1 个非叹词性非谓语句 = 1AS;1 个无关联词的事理关系复句 = nAS;1 个有关联词的复句 = 1AS;1 个无关联词的认识、心理关系复句 = 1AS;出现假性开始、不流利性重复、自我修正等特殊现象的言语片段与语句,需要按相应的规则处理后再进行 AS 单位的分析与提取。具体如下:

---

① Foster,P.,Tonkyn,A. & Wigglesworth,G.(2000)将 AS 单位定义为"An AS-unit is a single speaker's utterance consisting of an independent clause,or sub-clausal unit,together with any subordinate clause(s) associated with either."

表3　王亚琼(2015:65)关于汉语二语口语 AS 单位的提取标准

句法划分				
	单句	一般简单句		1AS
		非谓语句	名词性	1AS
			形容词性	1AS
			动词性	1AS
			叹词性	不纳入 AS 单位划分
	复句	有关联词		1AS
		无关联词	事理关系	nAS
			认识关系	1AS
			心理关系	1AS
L2 口语特殊现象处理		假性开始		不计入
		不流利性重复		不计入
		自我修正		只计最后结果
		打断		排除打断干扰
		支架式帮助结果		计入 AS 单位
		使用意义弱化连词		排除后判断

第二，AS 单位——陈、李。陈默、李侑璟(2016)以 Foster et al. (2000)的 AS 单位定义为基础，结合汉语的特点，提出了 AS 单位的三条提取标准。标准一：一个独立单句被视为一个言语分析单元。独立单句的判定标准是有完整语调，句末有明显停顿，可独立表达语义的词、短语或小句。标准二：一个由多个分句构成的复句是一个言语分析单元。多分句复句的特征是分句间语义关系紧密，分句末尾的语调下倾、有停顿，复句末尾的语调下倾明显并伴有显著停顿。标准三：错误开始、重复、自我修正要计算在一个言语分析单元之中，但是在测量复杂度时，上述成分要删除。

AS 单位的提出意味着学界开始关注口语与书面语之间的差异性，并有意识地针对这种不同设计相应的测量单位。这对推进句法复杂度测量的精细度与准确度具有积极的意义。其不足在于：第一，与书面语相比，成果偏少，尤其缺少能有效反映汉语二语口语句法复杂度特征并经过大规模语料检验的成果。第二，相关研究虽也考虑到了汉语句法的一些特点，但总体来看，未能跳出英语的设计框架。第三，各家关于 AS 单位的提取标准存在差异。这种差异一方面体现为对非谓语句和无关联词复句的提取标准存在不同，另一方面表现为对口语特殊现象的处理有所差异。

下面，我们对学界提出的四种句法复杂度测量单位的总体情况做一汇总(见表4)。

表4　汉语二语句法复杂度的测量单位及其提取标准

测量单位		代表论著	提取标准
S 单位	句子(sentence,包括单句和复句)	Jin et al. (2013)	1个语义完整、有语调、前后有停顿的单句或复句＝1个句子
	小句(clause)	井茁(2013)	1个简单整句或复句中的1个子句＝1个小句

续表

	测量单位	代表论著	提取标准
T单位	T单位—曹、邓	曹贤文、邓素娟(2012)	1个单句＝1个T单位;一个带有关联连词或副词的复句＝1个T单位;流水句的每个分句＝1个T单位;并列复句、承接复句的每个分句＝1个T单位。
	T单位—Jiang	Jiang(2013)	1个简单句＝1个T单位;复句中每个包含独立谓词的分句＝1个T单位;1个包孕句＝1个T单位。
	T单位—安	安福勇(2015)	1个单句＝1个T单位;1个偏正复句＝1个T单位;联合复句的每个分句＝1个T单位。
	T单位—王、冯	王亚琼(2015) 王亚琼、冯丽萍(2017)	见表2
TTC单位		Jin(2007)、Yu(2016)	仅含1个评述小句的简单话题结构＝1个简单TTC单位;含有2个或多个评述小句的话题链＝1个复杂TTC单位。
AS单位	AS单位—王	王亚琼(2015)	见表3
	AS单位—陈、李	陈默、李侑璟(2016)	1个独立单句＝1个AS单位;1个复句＝1个AS单位;口语表达中的特殊现象不计入句法复杂度的测算。

二、句法复杂度测量指标研究

学界提出的句法复杂度测量指标有长度指标、频度指标、比率指标和基准指标四大类。

2.1 长度指标

长度指标反映了二语学习者句法单位的线性扩展能力,是衡量句法长度发展变化程度的重要指数之一。相关指标主要包括以下13种。具体见表5。

表5 长度量化指标及其计算方法

量化指标	计算方法
平均句长	句子总字(词)数/句子总个数
平均分句长	分句总字(词)数/分句总个数
T单位平均长度	T单位总字(词)数/T单位总个数
AS单位平均长度	AS单位总字(词)数/AS单位总个数

续表

量化指标	计算方法
TTC 单位的平均长度	TTC 单位的总字数/TTC 单位的总个数
STC 单位的平均长度	STC 单位的总字数/STC 单位的总个数
话题链平均长度	话题链的总字(词)数/话题链总个数
话题链分句的平均长度	话题链分句的总字(词)数/话题链分句的总个数
语篇平均长度	所有语篇的总字(词)数/语篇总数
无误 T 单位平均长度	无误 T 单位总字(词)数/T 单位总个数
无语法错误句的平均长度	无语法错误句的总字(词)数/无语法错误句的总个数
无误 AS 单位平均长度	无误 AS 单位总字(词)数/无误 AS 单位的总个数
名词前复杂修饰语的平均长度	修饰语的总字数/名词短语的个数

平均句长、平均分句长、无语法错误句的平均长度是早期句法复杂度测量中的常用指标。这些指标直接借用了汉语本体研究中的句子、分句概念，优点是术语简明、内涵明晰，缺点在于适用性较弱，因为留学生的话语中存在大量的偏误，与母语表达差异较大。T 单位则不同，虽然各家标准不一，但多数学者在确定提取标准时照顾到了汉语二语表达的特殊性，相比之下，其相关指标更具操作性与科学性。其不足在于，由于各家的概念不同，导致测量指标"名同实异"，不同研究的结论无法互参互验。此外，测量效度易受学习者母语背景的影响，也是该类指标的不足之一。Yu(2016、2021)的实验显示 TTC 单位均长的测量效度较高，但 STC 单位均长对句法的发展变化不敏感。关于话题链分句均长，尚未有实验证明其有效性。话题链长度，学界的观点不一：Jin(2007)认为该指标有效，吴继峰(2016、2018)则持相反的观点。AS 单位均长、无误 AS 单位均长的有效性已经得到多项实验的证明，(王亚琼，2015；潘明珠，2017)不足在于各家对二语表达中特殊口语现象的处理方式不尽一致，这会在一定程度上影响到测量的精确性。语篇平均长度不仅与学习者的句法能力相关，也与写作态度、产出条件等存在关联，效度不稳定，宜作为辅助性指标。名词前复杂修饰语的平均长度关注的是句法微观层的细节发展，相较于其他长度指标，该指标被认为更能有效预测留学生的写作质量。(吴继峰、陆小飞，2021)

2.2 频度指标

频度指标是衡量句法生成力与多样性的关键指数，包括数量和种类两大类。具体见表 6。

表 6 频度量化指标及其计算方法

	量化指标	计算方法
数量指标	每百字 T 单位数	T 单位总数 * 100/总字数
	每百字句子数	句子总数 * 100/总字数
	每百字话题链数	话题链总数 * 100/总字数
	每百字话题链分句数	话题链分句总数 * 100/总字数
	每百字零形成分数	零形成分总数 * 100/总字数
	每百字复杂名词短语的总个数	复杂名词短语的总数 * 100/总字数
	每个基本单位①所含的补语数	补语总数/基本单位总数
	每个基本单位所含的连词数	连词总数/基本单位总数
	每个基本单位所含的从属或并列连词数	从属或并列连词总数/基本单位总数
种类指标	每个基本单位所含句法成分的种类	各基本单位所含句法成分种类数之和/基本单位总数
	每个基本单位所含短语的种类	各基本单位所含短语种类数之和/基本单位总数

每百字句子数、每百字 T 单位数除了存在 2.1 中提到的问题之外，其最大不足在于参考价值不高，因为这两个指标在初、中阶段极易受到学习者母语特征的影响，而出现指标数值偏离学习者真实水平的状况。每百字话题链数、每百字话题链分句数、每百字零形成分数对话题链丰富的文体，比如记叙文，其检测效度显著，(Yu,2016、2021；吴继峰,2016、2018)但对话题性较弱的文体，其效度如何，有待检验。每个基本单位所含的连词数容易受到文体特征的影响，尤其对于逻辑性弱、连词使用少的文体，其适用度并不高。每个基本单位所含的补语数由于测量的句法成分偏少、维度单一，适合作为辅助性观测指标。每百字复杂名词短语的总个数属于细颗粒度指标，部分研究（吴继峰、陆小飞,2021)认为该指标能有效反映句法复杂度短语层的发展细节，弥补粗颗粒度指标的不足。每个基本单位所含句法成分种类数虽然在跨度较大的发展阶段之间，可以显示出一定的效度，但在检测相邻发展阶段时，敏感度往往较低。每个基本单位所含短语的种类除了存在以上同样的问题之外，该指标也易受到语体、内容的影响，从而影响到其稳定性。

2.3 比率指标

比率指标反映了汉语二语句法构建的精密化程度，包括句法密度、句法难度和句法准确度三个维度。具体见表7。

---

① 这里所说的"基本单位"包括了句子、小句、T 单位、AS 单位等。

表 7　比率指标及其计算方法

量化指标		计算方法
密度指标	T 单位小句(从句)密度	T 单位包含的小句(从句)总数/T 单位总数
	AS 单位小句(从句)密度	AS 单位包含的小句(从句)总数/AS 单位总数
	话题链分句密度	话题链所含分句总数/话题链总数
	小句(分句)密度	句子所含小句(分句)总数/句子(单句+复句)总数
	复杂 TTC 单位密度	复杂 TTC 单位总数/所有 TTC 单位总数
	嵌入式小句密度	嵌入式小句总数/T 单位总数或无误 T 单位总数
	关系小句密度	关系小句总数/T 单位总数或无误 T 单位总数
	修饰成分密度	修饰成分总数(定、状、补语等)/句子总数
	句法层次密度	使用层次法分析出的 T 单位总层次数/T 单位总数
	复杂名词短语的密度	复杂名词短语的总数/名词短语总数
	汉语特有短语类型的密度	汉语特有短语类型的总数/短语总数
难度指标	T 单位平均句法等级	所有 T 单位句法等级的总和/T 单位总数
	AS 单位平均句法等级	所有 AS 单位句法等级的总和/AS 单位总数
	较高难度句法格式的比率	较高难度句法格式的总数/句子总数
	高级语法句的比率	高级语法句的总数/句子总数
准确度指标	无误 T 单位比率	无误 T 单位数量/T 单位总数
	无误小句(句子)的比率	无误小句(句子)的总数/小句(句子)总数
	T 单位句法错误比率	T 单位句法错误总数/T 单位总数
	语法、词汇偏误比率	所有的语法、词汇偏误/T 单位总数
	连词偏误比率	所有的连词偏误总数/T 单位总数

关于 T 单位小句(分句)密度、AS 单位小句(分句)密度、小句(分句)密度的效度,学界观点不一。王亚琼(2015)、韩笑(2017)视其为有效指标,袁芳远(2012)、吴继峰(2016、2018)则得出了相反的结论。究其原因,主要在于各家对基本单位的提取标准存在差异,进而影响到了测量效度。话题链分句密度已被 Jin(2007)、吴继峰(2016)证明是有效的记叙文句法发展指标,但对其他文体是否有效,尚待验证。复杂 TTC 单位密度由 Yu(2016)提出,实验证明该指标的效度并不显著。嵌入式小句、关系小句、汉语特有短语类型密度三个指标的效度较低,这可能与其出现频率较低,并且隐现状况易受语境与学习者写作策略的影响有关。潘明珠(2017)、王玮(2018)的实验显示修饰成分密度、句法层次密度是检测口语复杂度的有效指标。复杂名词短语的密度通常与名词前复杂修饰语的平均长度、每百字复杂名词短语的总个数等指标共同使用来测量学习者的句法发展等级,由于在反映句法发展细节方面的优越性,该类指标已成为学界关注与验证的重点之一。四项难度指标均以《汉语水平等级标准与语法等级大纲》为参照,通过计算各类句法结构的平均等级或占比来测量句法发展水平,不足在于其效度易受语篇内容与文体的影响而发生波动。无误 T 单位、无误小句(句子)、T 单位句法错误、语法和词汇偏误比率已被任春艳(2004)、Jiang(2013)、王雪(2015)等学者证明是效度较

高的指标。连词偏误比率在逻辑性较强的论说文中效度较高，但对连词使用较少的文体，效度往往不明显。

2.4 基准指标

基准指标是指以汉语中能够有效反映句法层级的某些特殊语法结构作为句法复杂度判断标准的测量指标。目前，学界选用的基准语法结构主要包括九种：述补结构、主谓谓语句、把字句、被字句、重动句、连动句、兼语句、存现句和比较句。（王亚琼，2015；韩笑，2017）值得注意的是，几项相关实验均显示特殊结构不是高敏感度的句法发展指标。（王亚琼，2015；潘明珠，2017）韩笑、冯丽萍（2017）也认为基准型指标需要结合语料的特点，借助合适的测量模型，才能得到可靠的结论。这种状况可能受制于两种因素：一是篇章语境与语义条件的限制，二是留学生的"回避"策略。即某种基准句法结构，即使学习者已习得，也有可能因为上述因素而呈现频率较低的状态，从而影响到指标的效度。

总的来看，学界提出并使用的指标共有四十余种，其总体特征表现为：指标类型广，测量维度多。这一系列指标初步构拟出了一个多维度、多层次的汉语句法复杂度评估指数系统。其问题表现在：首先，各类指标存在不均衡性。频率指标的数量远高于其他指标；频度指标中的种类指标远低于数量指标；比率指标中的密度指标大大高于其他类型的指标。其次，由于各家对基本测量单位的认定标准不同，同类指标"名同实异"，测量结果大相径庭。再次，很多指标的有效性未经检验，信度、效度不明。

除以上共性问题外，口语指标构拟中的一些独有现象，也值得我们关注。与书面语不同，口语中存在着大量的特殊成分，比如无意义填充、话语重启、自我修复等。在口语指标体系的构拟中，如何处理这些特殊成分，目前学界的意见并不统一。（王亚琼，2015；陈默、李侑璟，2016）这些在一定程度上影响到了指标的构建、选择与效度。在之后的研究中，关于特殊口语现象，有必要作为专题进行探索，以优化现有的口语句法复杂度指标系统。

三、测量指标有效性验证研究

该类研究主要致力于依托各类截面或历时语料，验证各种指标的信度与效度。下面，我们以13项典型验证实验为例分析其范式、语料和研究发现。

3.1 验证范式

验证范式主要有以下三种：

其一，层级区分验证法。该方法是在搜集不同层级截面语料的基础上，通过各种统计手段,检测指标量化参数在不同层级语料中是否存在显著差异。能够有效区分不同发展阶段与水平,能够对不同层级语料间变异度做出最大程度解释的指标为有效指标,否则为无效指标。(Jin,2007;Jiang,2013;王雪,2015;Yu,2016、2021;吴继峰,2016、2018;王琤,2018)

其二,指标变化验证法。该方法主要通过长期跟踪分析各种指标量化参数在历时语料中的变化发展状态。量化参数对句法发展变化敏感,在发展过程中变化幅度显著且表现稳定的指标为有效指标,否则为无效指标。(韩笑、冯丽萍,2017;潘明珠,2017)

其三,混合验证法。该方法是指在实验中同时使用"层级区分"和"指标变化"两种方法进行指标验证的一种模式。(王亚琼,2015)

验证范式的使用主要有如下问题:首先是验证方法使用不均衡性。使用"层级区分"法的较多,使用"指标变化法"和"混合法"的较少。其次是截面语料典型性不足。部分实验由于缺少科学、明晰的语料选取标准,使用的阶段性截面"切片"无法有效反映句法的发展轨迹与梯级。① 再次,部分研究者采用"人工评分"的方式对共时语料进行分级,依据此种方式获得的分层语料极易渗入评分者的主观评判标准,掩盖句法的客观发展差异,导致验证结果失真。最后是部分研究使用的历时语料跟踪人数较少,时长偏短。人数过少,存在以个性替代共性的风险;时间过短,跨度小,则无法反映句法的真实变化发展过程。

3.2 验证语料

所谓验证语料指的是指标有效性验证研究中所使用的语料。下面将分别介绍验证语料的性质、来源、规模、语体与文体、母语背景。

其一,性质。分为共时截面语料与历时跟踪语料两类。前者通过收集不同学习阶段的语言材料,或通过特定的手段对共时语料进行"水平层"分离②而获得;后者主要通过对学习者的历时跟踪与定期测试获取。

其二,来源。主要有三个:一是日常自然产出,包括日常会话、作业、日记等;二是各种诱发实验,通过看图说话、故事复述、引导改写测验等方式获取语料;三是语料库,从各类已有中介语语料库或自建语料库中选取验证实验所需语料。

其三,规模。1万字以下的占30.8%,1—5万字的占38.4%,6—10万字的占

---

① 这种状况主要表现为两种情况:一是选取的各个截面语料来自句法发展的瓶颈期或僵化期,内部缺少变化发展,各个"切片"间的句法复杂度缺少差异性;二是"切片"间的时间跨度过小,各个截面语料处于同一发展期之内,无法反映句法复杂度的变化过程。

② 学界使用的"水平层"分离法主要有两种:一种是"评分法",通过人工评分划定语料所属的水平段与发展层次;另外一种是"实验法",通过"诱导模拟(Elicited Imitation)"等实验手段对语料进行分层。

7.7%,10万字以上的占23.1%。总体来看,5万字以下的研究居多,使用大规模语料的研究比例偏少。

其四,语体与文体。语料的语体可分为口语和书面语两种,其中38.5%的实验使用的是纯口语语料,46.1%使用的为纯书面语语料,15.4%使用的为口语、书面语混合语料。从文体特征看,8个标明文体的实验中,7个使用到了叙述文,即叙述文是使用率最高的文体类型。

其五,母语背景。使用英语母语者语料的实验最多,占61.5%,即对英语母语者句法复杂度的测量是目前学界关注的重点。其次是韩日母语背景者,占15.4%。

验证语料的使用,急需解决以下三个问题:其一,历时跟踪语料使用率偏低。跟踪语料偏少,不利于通过观测学习者的变化轨迹,寻找对句法发展变化敏感的指标。其二,语料规模偏小。语料规模越大,覆盖面越广,验证结论就越可靠;规模过小,则会降低其代表性,影响到验证的信度。其三,语料的文体与母语背景分布不均衡。文体主要以叙述文为主,验证对象则以英语母语者为主。这种状况虽有利于我们对某类语体或某种母语背景的留学生进行细致观察,但同时也降低了验证指标的普适性。

3.3 验证发现

各项验证实验发现的有效指标共有三大类十六项,[①]具体见表8。

表8 有效指标及其代表性实验

指标类型	指标名称	被试母语	代表性实验	测量单位
长度指标	T单位长度	英语	Jiang(2013)、潘明珠(2017)	T单位—Jiang
		韩语、日语	王 雪(2015)	
		韩语	吴继峰(2018)	
		英语	王亚琼(2015)	T单位—王、冯
		英语	韩 笑(2017)	T单位—Foster
	平均句长	英语	Jin(2007)	S单位
	话题链长度	英语	Jin(2007)	TTC单位
	TTC单位长度	英语	Yu(2016,2021)	
频度指标	每百字话题链数量	英语	吴继峰(2016)	TTC单位
		韩语	吴继峰(2018)	
	每百字话题链分句总数	韩语	吴继峰(2018)	
	每百字零形成分数量	英语	Jin(2007)、吴继峰(2016)	
		韩语	吴继峰(2018)	
	连词的使用数量	未说明	任春艳(2004)	S单位

---

① 这里所说的有效指标主要指在某一验证实验中被认为效度明显的指标,并非是被学界公认的、无异议的指标。实际上,表8列出的诸多指标中,部分是存在争议的。

续表

指标类型	指标名称	被试母语	代表性实验	测量单位
比率指标	T单位分句密度	英语	王亚琼(2015)	T单位—王、冯
			韩笑(2017)	T单位—Foster
	句法层次密度	英语	潘明珠(2017)	T单位—Jiang
	话题链平均分句数	英语	Jin(2007)、吴继峰(2016)	TTC单位
	单句使用密度	未说明	王琤(2018)	S单位
	句子修饰语密度			
	正确句子的比率	未说明	任春艳(2004)	
	语法偏误的比率			
	无误T单位百分比	英语	Jiang(2013)	T单位—Jiang
		韩语、日语	王雪(2015)	T单位—Jiang

已有验证实验呈现出三个特点：类型广，验证指标覆盖了所有类型；指标多，检测各类指标近40种；对T单位长度与分句密度、平均句长、话题链长度与数量等指标进行了重复验证，这对实验间的互参互验，对确认指标的实际效度、信度具有重要的参考价值。其问题如下：

首先，部分验证实验的设计不够规范，导致研究结论信度不足，验证指标适用性降低。这种不规范，或表现为被试偏少、语料不足、截面"切片"选取缺乏代表性，或表现为验证语料来源不明、性质不清，测算模型存在不足。此外，个别研究未对被试的国别、母语等背景信息进行说明，也给指标的适用对象、环境等带来了诸多的困扰。

其次，不同实验对同一指标的验证结果存在矛盾。Jiang(2013)、潘明珠(2017)以英语母语者为观察对象，对"T单位长度"进行了验证，结果显示该指标效度显著。同等条件下，吴继峰(2016)的实验却显示，该指标为无效指标。这种情况同样存在于"话题链长度""每百字话题链数量"(Jin,2007;吴继峰,2016)等指标的验证之中。

再次，部分重复性实验中，同一测量单位的提取标准不一，导致结论无法相互参验。比如T单位长度、无误T单位长度、T单位分句密度等，虽然不少实验都进行过验证，但由于各家采用的T单位提取标准不同，实际上验证结果之间并无可参照性。以S单位为基础的"平均句长"等指标也存在着类似的问题。

四、研究展望

关于汉语二语句法复杂度的测量研究，虽然学界取得了诸多成果，但也留下了一些问题。具体来说：

第一，急需跳出以印欧语为基础的分析框架，提取出能有效反映汉语二语句法复杂度发展特点的标志性语法项，构拟能体现汉语特征的测量单位与指标系统。要实现以上目标,学界急需突破两个难点。一是基本测量单位的选择。汉语属于话题突出型语言,(Chao,1968;Li et al.,1981;Chu,1998)我们可以尝试以"话题—评述"结构为基础进行基本单位构建,并且 Jin(2007)和 Yu(2016、2021)已沿着这条路子做了初步的研究,我们可以在此之上更进一步。二是符合汉语类型特征测量指标系统的构建。目前来看,吸收已被证明有效的旧指标,借鉴类型学的相关成果设立新指标,是较为可行的途径。具体说,我们可以从五个层面来设置指标。一是总体层,可以设置"话题—评述"结构的均长与使用密度、无误"话题—评述"结构比率、句法结构平均等级等指标来测量学习者的整体表现。二是句子(分句)层,除了纳入已被证明有效的指标之外,一些体现汉语特点的句序成分,比如比较句中形容词的位置、宾补共现的语序、疑问小词与否定助动词的句序特点等,也可纳入系统。三是短语层,可根据语序类型学的相关研究成果(刘丹青,2003;金立鑫、于秀金,2012;金立鑫,2016、2019)将名词前修饰语、小句定语、方式副词等语法成分选为指标。此外,复杂名词短语、复杂状中结构等反映句法发展细节的语法项亦可纳入指标体系。四是篇章层,能体现汉语篇章特点的回指与衔接成分、主述位推进方式可列为备选指标(徐赳赳,2003)。五是特殊形式,主要包括汉语中的各类特殊句式、话题链零形成分等。以上,我们从五个维度初步拟构了一个指标框架。这个框架比较粗糙,虽然如此,但我们认为依托汉语本体与习得研究的成果,并辅以各类实验来遴选与验证各种测量指标,是构建符合汉语特征指标体系的一条可行思路,最起码值得一试。

第二,需要扩展"测算指标"检测的范围,增大验证实验的频度与力度,尽快从庞杂多样的指数集合中筛选出高效度的句法复杂度测量单位与指标。目前,学界提出的各种句法复杂度测算指标共有四十余种,如果按指标名称进行统计,仅有不到 20% 的指标是未经检验的。但是由于各家采用的提取标准不同,因此实际上未经检验的指标要远超这个比例。也就是说,在未来的研究中,我们还需扩大检测范围,将更多未经检验的、"名同实异"的指标纳入到验证范围之内。此外,验证实验的力度也需加大。目前学界较具影响力的验证实验仅有十余项,数量偏少,高质量的实验尤为缺乏。要改变这种状况,一方面,学界需要进行更多的、高质量的验证实验;另一方面,要鼓励研究者进行复制性研究,通过不同实验验证结果之间的互参互验,筛选出真正有效的测量单位与指标。

第三,亟待优化与拓展已有的验证方法与思路,提高验证实验设计的科学性,增强验证结论的可靠性。结论信度不足是现有验证实验中最为凸显的问题之一。这种不足既表现为对同一指标的验证结果彼此矛盾,也表现为重复实验的结论大相径庭。要克服这一问题,我们需要在以下两个方面投入更多的精力。首先是验证方法的优化与创新。一方面,要更多地依托大规模截面语料与长时纵向语料,采用"混合法"进行验证;另一方面,要充分吸收心理学、认知科学、神经语言学的研究成果,利用 ERP、fMRI、眼动仪等研究工具,结合先进的语言能力分析技术,开拓新的验证思路与范式。其次是实验设计的精细化与规范化。实验采用的语料、被试者要"精挑细选",不仅要考虑到语料、被试的代表性,考虑到验证材料的性质、来源和规模,还要考虑到其语体特征与文体特点。实验细节要仔细斟酌,反复推敲,做到设计严谨,操作规范,最大限度地消除各类负面效应对验证结果的影响。此外,研究者还应根据实验特点遴选出合适的统计方法与测量模型。

参考文献

安福勇(2015)不同水平 CSL 学习者作文流畅性、句法复杂度和准确性分析——一项基于 T 单位测量法的研究,《语言教学与研究》第 3 期。

曹贤文、邓素娟(2012)汉语母语和二语书面表现的对比分析——以小学高年级中国学生和大学高年级越南学生的同题汉语作文为例,《华文教学与研究》第 2 期。

陈　默、李侑璟(2016)韩语母语者汉语口语复杂度研究,《语言文字应用》第 4 期。

邓思颖(2010)《形式汉语句法学》,上海教育出版社。

邓素娟(2011)《汉语母语和二语书面表现的测量和对比分析——以小学高年级中国学生和大学高年级越南学生的同题汉语作文为例》,南京大学硕士学位论文。

韩　笑(2017)《初级汉语二语者口语产出中句法复杂度和准确度的动态发展研究》,北京师范大学博士学位论文。

韩　笑、冯丽萍(2017)汉语口语句法复杂度发展测评中基准型指标的应用方法研究,《世界汉语教学》第 4 期。

简　象(2014)有提示和时间的任务前构想对留学生口语输出复杂度、准确度和流利度的影响,《国际汉语教育》第 2 期。

金立鑫(2016)普通话混合语序的类型学证据及其动因,《汉语学习》第 3 期。

金立鑫(2019)汉语语序的类型学特征,《解放军外国语学院学报》第 4 期。

金立鑫、于秀金(2012)从与 OV－VO 相关和不相关参项考察普通话的语序类型,《外国语(上海外国语大学学报)》第 2 期。

井　茁(2013)从中介语发展分析到高级汉语课程设置——内容依托型教学研究的启示,《世界汉语教学》第 1 期。

刘丹青(2003)《语序类型学与介词理论》,商务印书馆。

刘英林主编(1996)《汉语水平等级标准与语法等级大纲》,高等教育出版社。

潘明珠(2017)《初级水平汉语二语者口语句法复杂度测量指标研究》,北京师范大学硕士学位论文。

任春艳(2004)HSK 作文评分客观化探讨,《汉语学习》第 6 期。

施家炜(2002)韩国留学生汉语句式习得的个案研究,《世界汉语教学》第 4 期。

王　玲(2018)汉语二语学习者口语 CAF 发展的规律和特点研究,《对外汉语研究》第 1 期。

王　雪(2015)《T 单位在衡量汉语水平中的运用:一项基于初、中级汉语学习者写作的研究》,华东师范大学硕士学位论文。

王亚琼(2015)《汉语作为第二语言的句法复杂度测算方法研究》,北京师范大学博士学位论文。

王亚琼、冯丽萍(2017)第二语言习得研究中语料的基本单位及其在汉语中的切分方法——以T单位为例,《云南师范大学学报》(对外汉语教学与研究版)第5期。

吴继峰(2016)英语母语者汉语书面语句法复杂性研究,《语言教学与研究》第4期。

吴继峰(2018)韩语母语者汉语书面语句法复杂性测量指标及与写作质量关系研究,《语言科学》第5期。

吴继峰、陆小飞(2021)不同颗粒度句法复杂度指标与写作质量关系对比研究,《语言文字应用》第1期。

徐赳赳(2003)《现代汉语篇章回指研究》,中国社会科学出版社。

叶皖林(2015)英语母语者汉语口语水平发展研究,《南京师范大学文学院学报》第4期。

袁芳远(2010)课堂任务条件和篇章结构对输出语言质量和数量的影响,第十届国际汉语教学研讨会(沈阳)会议论文,收入《第十届国际汉语教学研讨会论文选》,万卷出版公司、北方联合出版传媒集团,2012年。

朱世芳(2009)《韩国汉语第二语言学习者口语语篇发展研究》,北京语言大学硕士学位论文。

Bulté, B. & Housen, A. (2012) Defining and Operationalizing L2 Complexity. In Housen, A., Kuiken, F. & Vedder, I. (eds.). *Dimensions of L2 Performance and Proficiency: Complexity, Accuracy and Fluency in SLA*. Amsterdam/Philadelphia: John Benjamins.

Chao, Y. R. (1968) *A Grammar of Spoken Chinese*. Berkeley/Los Angeles: University of California Press.

Chu, C. C. (1998) *A Discourse Grammar of Mandarin Chinese*. New York: Peter Lang.

Foster, P., Tonkyn, A. & Wigglesworth, G. (2000) Measuring Spoken Language: A Unit for All Reasons. *Applied Linguistics* 21(3): 354–375.

Hunt, K. W. (1965) *Grammatical Structures Written at Three Grade Levels* (Report No. 3). Champaign, IL: National Council of Teachers of English.

Jiang, W. Y. (2013) Measurements of Development in L2 Written Production: The Case of L2 Chinese. *Applied Linguistics* 34(1): 1–24.

Jin, H. G. (2007) Syntactic Maturity in Second Language Writings: A Case of Chinese as a Foreign Language (CFL). *Journal of the Chinese Language Teachers Association* 42(1): 27–54.

Jin, T. & Mak, B. (2013) Distinguishing Features in Scoring L2 Chinese Speaking Performance: How Do They Work?. *Language Testing* 30(1): 23–47.

Li, C. N. & Thompson, S. A. (1981) *Mandarin Chinese: A Functional Reference Grammar*. Berkeley: University of California Press.

Ortega, L. (2003) Syntactic Complexity Measures and Their Relationship to L2 Proficiency: A Research Synthesis of College-Level L2 Writing. *Applied linguistics* 24(4): 492–518.

Wolfe-Quintero, K., Inagaki, S. & Kim, H.-Y. (1998) *Second Language Development in Writing: Measures of Fluency, Accuracy, and Complexity*. Honolulu: University of Hawai'i Press.

Yu, Q. N. (2016) *Defining and Assessing Chinese Syntactic Complexity via TC-Units*. Ph. D. Dissertation. University of Hawai'i at Manoa.

Yu, Q. N. (2021) An Organic Syntactic Complexity Measure for the Chinese Language: The TC-Unit. *Applied linguistics* 42(1): 60–92.

Yuan, F. Y. (2009) Measuring Learner Language in L2 Chinese in Fluency, Accuracy and Complexity. *Journal of the Chinese Language Teachers Association* 44(3): 109–130.

(510006 广东广州,广州大学人文学院/国家语言服务与粤港澳大湾区语言研究中心)

外向型离合词学习词典的释义和用法问题：基于词典用户视角[*]

韩晓明[1] 王海峰[2]

摘 要：文章从现有的四部外向型离合词学习词典入手，以两部使用率较高的外向型学习词典——《商务馆学汉语词典》和《汉语教与学词典》为参照，对其中的释义和用法部分进行详细考察，寻找存在的问题，并结合问卷调查，分析词典用户的需求，最后从释义和用法两方面为外向型离合词学习词典的编纂提出改进建议。

关键词：离合词；学习词典；释义；用法；词典用户

〇、引言

离合词是现代汉语特有的一种语言现象，指意义上具有整体性、单一性，但结构上可以插进别的成分的合成词。（唐作藩主编，2007）如"见面、考试"。汉语母语者使用离合词时习焉不察，极少产生错误，但离合词可"离"可"合"的特性却常常使留学生感到困惑，进而产生偏误。这一定程度上是因为留学生学习离合词时存在困难，尚未完全掌握其用法，同时教师在教授离合词时也常常感到束手无策、无从参考。为解决以上问题，学界出现了一些外向型离合词学习词典，即为非母语使用者学习外语或第二语言而编写的学习词典（learner's dictionary），（于屏方等，2016）主要包括以下四部：《现代汉语离合词用法词典》（以下简称《用法》。杨庆蕙主编，1995）；《现代汉语离合词学习词典》（以下简称《学习》。王海峰等编，2013）；《汉语常用离合词用法词典》（以下简称《常用》。周上之主编，2011）；《边听边记 HSK 离合词》（以下简称《HSK》。高永安编，2009）。

作为语言学习的工具，这些词典为离合词的"教""学"提供了有利的参考，其中的释义部分和用法部分尤为重要。因为一部词典的质量高低很大程度上取决于释义的质

---

[*] 本文初稿曾在第十三届全国汉语词汇学学术研讨会（2021年4月）上宣读，修改过程中得到编辑部及匿名审稿专家的意见支持，谨致谢忱。王海峰为本文通讯作者。

量,(胡明扬等,1982)查词义是用户使用词典的主要目的和首要需求;而用法则是离合词的特殊之处,也是能够正确使用离合词的关键所在。① 已有研究对释义内容较为关注,主要包括对外向型学习词典中离合词释义部分的考察,(郑林啸,2012;周爱丽,2013)对内向型词典和外向型学习词典中离合词释义部分的对比考察,(董婷婷,2012;李敏、贺敬坤,2015;李斐,2016)但对用法方面的探讨较少。而针对专门离合词学习词典的释义和用法研究则更加匮乏,对其中是否存在问题、存在哪些问题、可做哪些改进等认识还不够清晰。

近些年来,词典编纂和词典研究逐渐发生用户转向。Hartmann(1983)提出的"用户视角"理念促使词典研究开始改变以"编者"为中心的旧状,步入以"用户"为中心的新轨道。学习词典专门为教学服务,同样应该关注用户视角,改变以"编者"为中心的传统面貌,但在词典编纂中,用户却长期被忽略,词典内容的呈现充满了主观性和随意性。随着社会对词典需求的增长以及用户对词典期望的提高,直接从用户视角入手进行的词典学研究已成为必然。

在此背景下,本文从四部外向型离合词学习词典入手,以两部使用率较高、极具代表性的外向型学习词典——《商务馆学汉语词典》(以下简称《学汉语》。鲁健骥、吕文华主编,2006)和《汉语教与学词典》(以下简称《教与学》。施光亨、王绍新主编,2011)为参照,对其中的释义和用法部分进行详细考察,寻找存在的问题,并结合问卷调查,分析词典用户的需求,为离合词学习词典的释义和用法编纂提出改进建议。

一、研究对象

据统计,四部词典的收词情况存在较大差异(见表1),重合的离合词仅有80个(见表2)。为了方便对比讨论,本文选取这80个共有离合词作为研究对象,考察其在四部词典中的释义和用法情况。

表1 四部离合词学习词典收词情况统计表

外向型离合词学习词典	收词/个
《用法》	1 738
《学习》	210
《常用》	268
《HSK》	188

---

① 章宜华、雍和明(2007)认为附加意义成分是学习型词典释义的重要组成部分,语词附加义的标注内容主要有注释信息、参见信息和用法说明,也即用法说明可视为释义的一部分。考虑到离合词用法的特殊性,本文将其单独列出,进行详细考察与分析。

表2 四部离合词学习词典均收录的离合词统计表(按音序排列)

音序	收词
B	罢工、拜年、办学、帮忙、报到、报名、毕业
C	参军、操心、吵架、吃惊、吃苦、出差、出面、出名、出院、吹牛、辞职
D	担心、道歉、动身
F	放假、放学
G	干杯、告状、鼓掌
H	害羞、化妆、怀孕
J	集邮、剪彩、见面、结果、结婚、敬礼、就业、鞠躬、决口
K	开刀、开工、开学、旷工
L	劳驾、离婚、理发、聊天(儿)
P	排队、拼命
Q	请假、请客
R	让步、入学
S	伤心、上当、上学、生气、失学、失业、睡觉
T	听话
W	问好
X	洗澡、下台、献身、泄气、行贿、宣誓
Y	延期、要命、用心、游泳
Z	遭殃、沾光、招手、照相、争气、执政、住院、作案、做主

二、外向型离合词学习词典的释义问题

释义质量的高低直接关系着使用者的体验。下面从释义方式、释义语言和释义配例等三个方面对四部离合词学习词典的释义问题进行考察和分析。

2.1 释义方式

词典释义的方式直接关系到词典信息的理解和使用。(章宜华,2015)针对学习型词典的释义方式,章宜华、雍和明(2007)认为应具有自己的特色,并将概念的释义划分为:直接释义(包括同义对释、反义对释、交叉释义)、解述性释义(包括上下义关系释义、迂回性释义、分析性释义、操作性释义、反义否定释义、指物释义)、复合释义(包括并列释义、选择释义、重叠释义、组合释义)和功能性释义(包括语法解释、语用解释)。①

结合以上释义分类,我们对四部离合词学习词典的释义方式进行了考察。分析之前,需对四部词典释义部分的编排方式做一说明。《用法》和《学习》在体例部分都做了

---

① 各种释义方式的具体内涵和差异不再赘述,可参看章宜华、雍和明(2007)。

如下说明:"各条目释义只选取(最)基本、(最)常用的义项。"但当义项不止一个时,前者用①②③……表示,后者则将同一词形不同义项意义差别较大的分为两个条目。《常用》对词条的释义包含对构词语素(词)和离合词的释义两种,释义时主要以《现代汉语词典》第5版为依据,采用中英对照的方式。《HSK》则没有中文释义,仅有英、日、汉文简单翻译。

经考察,我们发现这80个离合词在三部词典①中的释义方式有同有异。整体而言,释义类型比较丰富,如表3所示:

表3 三部词典的释义类型

释义类型		举例
直接释义	同义释义	吃惊:受惊。(《常用》)
	交叉释义	理发:剪短并修整头发。(《用法》)(《常用》)
解述性释义	上下义关系释义	化妆:用化妆品进行打扮和修饰,使容貌漂亮。(《用法》)
	迂回性释义	延期:推迟原来规定的日期。(《用法》)(《常用》)
	分析性释义	失学:因家庭困难或疾病等失去上学机会或中途退学。(《用法》)
	反义否定释义	生气:因不合心意而不愉快。(《用法》)(《常用》)
复合释义	并列释义	操心:担心,费心考虑或料理。(《学习》)
	选择释义	出面:亲自出来或以某种名义出来。(《常用》)
	重叠释义	动身:出发、上路;启程。(《学习》)
	组合释义	集邮:收集和保存邮票以及与邮政有关的用品。(《学习》)

由于离合词自身的性质,不存在指物释义和功能释义②等释义方式。同时,同一个离合词在不同词典中,释义方式也存在差异,如:

聊天儿:闲谈。(《用法》)(同义释义)

谈天,闲谈。(《学习》)(重叠释义)

原意是谈天气,现在是闲谈的意思。(《常用》)(词源释义③)

究竟哪种方式更易于理解和接受还有待考察。但有些释义方式在词典编纂中是不宜使用的,如"同义释义",无形之中会造成混淆,不利于离合词的学习。抛开单纯使用汉语进行释义的方式,四部词典中,三部都有英文(或其他语言)注释,仅《用法》没有,但绝大多数学习者乐意接受双解释义、极少人能接受只有汉语对等词释义(章宜华,2015),实践也表明双解释义对初级水平学习者来说更为友好。因此,用其他语言释义的方式也应纳入编纂者的考虑范围中来。同时,随着国际中文教育事业的发展,学习者对词典的要求越来越高,单纯以语言释义已不能完全满足用户的需求,有待增加可视化

---

① 由于《HSK》中没有中文释义,在此不列入考察范围。
② "指物释义"是指,在释文中直接引用人们所熟悉的某类物质或事物的典型样本来说明被释义词。"功能释义"是指,对于在语言系统中起语法功能作用的词,在释义中只描述其功能作用,而不解释其概念义。
③ 我们将说明原义和现义的释义方式称为词源释义。

的释义方式,如插图释义等。

除此之外,《常用》中还给出构成语素的释义,这在一定程度上有利于使用者的理解,但部分释义存在不准确的情况,如"吵架"中,将语素"架"解释为"殴打或争吵的事"。这可能会给学习者理解词义带来负面影响,也不利于相关同形语素词的学习和使用。采用哪种释义方式直接关系着用户的使用,而在确定释义方式的基础上,采用什么语言进行释义,是否分解语素进行释义也十分关键。

2.2 释义语言

学习词典的使用者主要为外国汉语学习者,甚至是初学者,释义语言往往由简单词汇组成。章宜华、雍和明(2007:260)也曾指出"学习型词典注重释义的详尽、易懂"。但经考察,三部离合词词典在释义语言方面均存在一定问题,主要包括:

第一,释文不够全面或过于简练,准确度不够。

通过比较三部离合词词典,并参照内向型词典,发现部分词典中离合词的释义省略了关涉对象、条件、原因、方式、结果等重要的语义特征或语用条件,不够准确。如:

> 罢工:职工为表示抗议或实现某种要求而集体停止工作。(《用法》)
>
> 为实现某种要求或表示抗议,停止工作。(《学习》)
>
> 工人为实现某种要求或表示抗议而集体停止工作。(《常用》)
>
> 工人为实现某种要求或表示抗议而集体拒绝工作。(《现代汉语词典》)

可以看到,三部离合词词典的编者都有意识地降低了用词的难度,如将"拒绝"改为"停止",但《学习》中却缺少了实施"罢工"行为的主体("工人")和方式("集体")等关键因素,造成释义的不全面和不准确。

第二,释文的释义范围过大或限定范围过小。

部分离合词的释义未对与语义相关的条件、原因、表现方式等做修饰性说明,或用上位词语直接解释下位词语,导致释义范围的扩大。如:

> 问好:打招呼;问候。(《学习》)

有的则对离合词的意义进行过度解释,将范围限定得过于狭窄,也导致了释义的不准确。如:

> 剪彩:在新造车船出厂、道路桥梁首次通车、大型建筑物落成或展览会等开幕时举行的仪式上剪断彩带。(《用法》)

第三,释义用语难度太高或常用度太低。

部分离合词的释词难度太高,甚至包含专业知识。如:

> 照相:通过胶片的感光作用,用照相机拍下实物形象。(《用法》)

或者采用较为复杂的结构,如:

  出名:名声为大家所知。(《用法》)

这些释词的难度可能会超出使用者的水平,有碍理解。同时,有些释词的使用率较低,有的甚至母语者都极少使用,如:

  见面:彼此对面相见。(《用法》)

  鼓掌:两手互拍以表示赞同、认可、欢迎等。(《学习》)

这些释义用词不属于规范的汉语用法,也会增加学习的难度。

以上问题的产生,很大一部分原因是学习型词典的编纂未以二语学习者为导向、使用适合二语学习者的释义语言或释义方式,而更多地参照或模仿内向型词典,导致用词生僻,难度增加,充满了"内汉"的痕迹。(蔡永强,2018)

2.3 释义配例

释义为使用者提供语义信息,配例则可以为使用者提供用法信息,词典使用者常常通过例句来了解词的用法。需要说明的是,此处的配例专指释义后的配例。针对离合词用法的配例,则在用法部分说明。

四部离合词学习词典中,仅《学习》在释义后加入了配例,而且是合成形式的配例。如:

  帮忙:有什么需要我～的,尽管告诉我。

  辞职:他在这个公司没干多长时间就～了。

这种安排方式有利亦有弊。"利"体现在例句直接安排在释义之后,为使用者提供了可供参考的语境,一定程度上可以加快理解;"弊"则体现在如果例句安排不当,所给用法为非典型用法或使用频率较高的用法,可能会带来负面影响。如上文"帮忙"后的配例,虽使用频率较高,但并非"帮忙""合"时最典型的用法,[①]也不利于学习者快速掌握离合词的用法。

综上,我们从释义方式、释义语言、释义配例等三个方面对四部离合词学习词典中的释义问题进行了考察和分析,发现四部词典的释义部分都或多或少存在一些问题。从释义方式来看,采用何种释义方式、是否采用英文和分解语素等释义方式值得关注;从释义语言来看,释义不够全面或过于简练、释文释义范围过大或限定范围过小、释义用词难度太高或常用度太低都需做进一步改进;从释义配例来看,例句是否典型也需再斟酌。

[①] 按照"语料检索与收集→语料筛选与抽取→语料分析与统计→确定编排方式"的步骤,对北京语言大学BCC语料库多领域部分"帮忙"一词"合"时的用法进行考察,发现"请/让/找 S 帮忙"是最典型的用法。

三、外向型离合词学习词典的用法问题

学习者查阅词典是以学习语言为目的的,他们期望从词典中获得比较系统的语言知识,包括语义信息、语法信息和语用信息,这些内容构成了学习词典释义的主要特征。(章宜华、雍和明,2007)离合词的用法是离合词学习的特殊之处,也是用户使用词典时最关注的内容,包含合成形式和离析形式两部分。

3.1 合成形式

合成形式就是离合词两语素之间不插入成分,作为一个整体来使用的形式。四部离合词学习词典中,合成形式的编写方式不同:《HSK》和《学习》未给出合成形式的相关用法说明,但后者在释文后给出一个例句,上文已做过分析。而《常用》和《用法》则给出了离合词合成形式的句法功能。以"宣誓"一词为例:

《常用》:

【句法功能】

(1)做谓语:新总统明天将宣誓就职。
(2)做定语:新政府举行了隆重的宣誓仪式。

《用法》:

【合①】

(1)合任主语:宣誓是十分严肃的事。
(2)合任谓语:入党时都要宣誓吗?
(3)合任宾语:他们在严肃的气氛中进行宣誓。
(4)合任定语:你还记得宣誓的日子吗?
(5)合带状语:他一只手举着,一只手按着那本《圣经》宣誓。

由上可知,部分词典在展示合成形式时,主要是对其入句后的句法功能做出说明,并在每种功能后配有例句。这种处理方式会使使用者更清晰地看到离合词"合"时的用法。但通过考察和对比,我们发现部分词典对于"合"时用法的说明存在一些问题,主要包括:

第一,缺少合成形式的用法说明。四部离合词词典中仅有两部对合成形式的用法进行了说明。虽然离合词的离析形式较为复杂,甚至有的编者认为离合词的难点不在

---

① "合"指"合成形式"。

意义而在用法,尤其是扩展形式的用法,(高永安,2009)但所谓离合词,实际上"合"是常态,"离"是"异态"。(王海峰,2011)因此,合成形式在日常生活中的使用频率极高,应该引起关注,而且合成形式是学习者首先接触到的离合词形式,在词典中应有所体现。

第二,句法功能的说明不太全面。部分词典对合成形式句法功能的说明不够全面。如上文中的"宣誓",《常用》只列出"做谓语""做定语"两种句法功能,《用法》则增加了"任主语""任宾语""带状语"等三种,后者更为全面,但编排顺序仅从形式而未以使用频率为依据。

第三,合成形式的配例不够典型。两部词典为各功能所配的例句中,部分未根据实际使用情况进行编写,缺乏典型性,如上文中的"合任谓语:入党时都要宣誓吗?"。据语料考察,此例并非"宣誓"做谓语时的典型例句,①也未能提供合适的使用环境,稍显随意。

以上,四部离合词词典中,仅两部词典对合成形式的用法进行了编写,仍存在一些问题有待解决。

3.2 离析形式

离析形式也可称为扩展形式,通过在离合词两个语素之间插入相关成分而使离合词得到扩展,扩展前后意义不发生改变。离析形式可用来表达一定的主观性,②使用频率极高。离合词学习词典在编纂过程中也极为关注这种特殊的用法。经考察,四部合离合词学习词典均给出了与离析形式相关的用法说明,下面以"帮忙"为例进行比较。

《用法》中对"帮忙"的离析形式说明如下:

【离】

(1)"帮"后带助词"了""过""的"等:在我碰到困难时,他是帮了忙的。/他多次为朋友帮过忙。/昨天朋友搬家,是他去帮的忙。

(2)"帮"后带补语:他帮完忙才回家休息。/他又给我帮了半天忙。

(3)"忙"提到"帮"前:看见人家有困难,你怎么连忙也不帮?

(4)重叠"帮":这事还得你帮一帮忙才成。

(5)"忙"前带定语:他谁的忙也不帮,就只帮你的忙。

《学习》③中对"帮忙"离析形式的说明如表4所示:

---

① 根据对北京语言大学BCC语料库多领域部分"宣誓"一词的使用情况进行考察,发现"S(+向+NP)+宣誓:具体内容"的形式更为典型,也更易理解,如:"近百名学生举起右手向国旗庄严宣誓:'一定努力学好科学文化知识。'"

② 相关论述见王海峰(2011)。

③ 《学习》对离析形式的用法说明非常丰富,主要包括"帮+名/代+(……)+忙、帮+了+(……)+忙、帮+(……)+忙、帮+数量+忙、帮+过(……)+忙、帮+的+忙、帮+补+(……)+忙、忙……帮"等八大类,各类下面还有次类,内容较多,无法一一列举,只列出前两个,方便说明。

表 4 《学习》中"帮忙"的离析形式

离析形式	所占比例①	例句
帮 + 名/代 + (……) + 忙 帮 + 名 + (……) + 忙	★★★	◇ 他这个人很热心,经常帮同学的忙。 ◇ 帮朋友的忙是应该的,你别再谢我了。 ◇ 妈妈开了家饭店,我经常去那儿帮妈妈的忙。 ◇ 我不会帮王平忙的,你别再说了,他是我的对手。 ◇ 你就帮叔叔一个忙吧,他这么多年也挺不容易的。
帮 + 代 + (……) + 忙		◇ 我知道你一定会帮我的忙的。 ◇ 帮我一个忙,把你的自行车借我用一下。 ◇ ……

《常用》②对"帮忙"的离析形式说明如下:

【插入成分】

(1)[动态助词]:过、了

　　在我遇到困难的时候,曾经请他帮过忙。

(2)[结构助词]:的

　　他帮的忙我都记得,所以这次我得帮他做点儿事了。

《HSK》对"帮忙"的离析形式说明如下:

帮 + 代词 + 形容词 + 忙

例 去年你帮了我不少忙,我还没感谢你呢!

例 今天你可帮了我的大忙了,我得好好谢谢你!

忙 + 帮 + 上

例 你要做的事我根本不会,所以我什么忙也帮不上。

例 他的忙我一点也没帮上,但他却帮了我不少忙。

通过比较,我们认为四部词典对离析用法的说明较为全面,主要包括"离析形式(部分包含次类)和相关配例"两部分内容。但部分词典仍存在一些问题:

第一,离析形式不全面。以"帮忙"一词为例是因为其离析形式较为丰富。《学习》和《常用》中所列举的离析形式较为全面,其中前者在归纳大类的基础上,还详细到每大类下

---

① "所占比例"为该离析形式在北京大学 CCL 语料库中出现次数与该词的所有离析形式在北京大学 CCL 语料库中出现次数的比例。比例用星号标识,"★"表示该词离析形式出现频率高,"★"越多表示出现频率越高。(王海峰等,2013:2)需要说明的是,仅在离析形式大类上做标识,内部各小类不做标识,因此"帮 + 代 + (……) + 忙"后没有标识。

② 《常用》对"帮忙"一词离析形式类型的说明内容较多,主要包括"动态助词、结构助词、可能补语、数量短语/量词、时量补语、限定性定语、疑问代词、表'人'宾语、(动态助词 +)修饰性定语、表'人'宾语 + 动量补语、表'人'宾语 + 数量短语/量词、可能补语 + 表'人'宾语(+ 结构助词)(+ 疑问代词)、动态助词 + 表'人'宾语(+ 结构助词)+ 修饰性定语"等 13 类,无法一一列举,只列出几个,方便说明。其中提到的插入"疑问代词"的方式是否看作离合词的离析形式,学界尚存争议。

的次类。其余两部词典都仅列出主要用法，不太全面，尤其是《HSK》在这方面急需加强。

第二，离析类型的呈现方式不清晰。有的词典虽然列出了详细的离析形式，但离析形式的呈现方式不够清晰，如《用法》和《常用》均主要以文字呈现，不够直观。

第三，离析形式的排列杂乱无序。不同离析形式存在使用频率上的差异，应考虑排列顺序。部分词典将不常使用的形式排列在前，使用率较高的却置于后面。《常用》就存在这方面的问题。

第四，缺少配例或配例不典型。部分词典给出了两种离析形式，却只配了一个例句，如上文所列的《常用》中插入"动态助词"这种形式的配例。还有的词典配例不典型或单一，如"这事还得你帮一帮忙才成。"（《用法》）并非重叠式的典型用法，再如"他这个人很热心，经常帮同学的忙。/妈妈开了家饭店，我经常去那儿帮妈妈的忙。"（《学习》），两个例句都充当谓语，无需重复出现。

综上，从离合词合成形式和离析形式两种用法来看，每部词典都或多或少地存在一些问题，有待结合对词典用户的调查结果做进一步改进。

四、词典用户调查结果及分析

结合上述考察结果，参照《学汉语》和《教与学》中离合词的编排方式，根据词典用户的类型，我们有针对性地设计了两套问卷：教师问卷和学生问卷。调查对象分别是教授汉语的教师和学习汉语的留学生，均不限制国别。最后收回教师问卷 38 份，学生问卷 38 份，信度（Cronbach's Alpha）分别为 0.751 和 0.769，均高于 0.7，信度较高。数据分析采用 SPSS20.0 统计软件。

4.1 教师问卷结果及分析

所调查的教师中，男性 10 名，女性 28 名。最少的教学时间为 40 小时，最多的长达 35 年，超过 2 年的有 24 名（63.16%）。教学地点分布在全球各个国家或地区。

问卷结果显示，36 名教师（94.74%）对离合词非常熟悉、比较熟悉或熟悉，有 21 名教师（55.26%）使用词典查过离合词，7 名（18.42%）使用过离合词学习词典，其中 3 名（7.89%）使用过《学习》和《常用》，2 名（5.26%）使用过《用法》。查词典时，教师比较关注离合词的用法（33 人，86.84%）、例子（30 人，78.95%）和意义（15 人，39.47%）。[①]

对于教师更喜欢哪部词典对"帮忙"一词的编排方式，17 名教师（44.74%）选择了

---

① 统计时以参与调查的教师总人数 38 人为计算基础，结果是选择人数与总人数之比，下文同。

《学习》,其次是《用法》和《常用》,均为 9 名(23.68%),选择《HSK》的有 6 名(15.79%),选择《学汉语》和《教与学》的均为 4 名(10.53%)(见图 1)。而他们的选择理由,通过提取关键词,大致可概括为三个方面,即呈现方式、呈现内容和呈现语言:

呈现方式:简洁/简明、清晰/清楚、一目了然、公式化表达/表格呈现……
呈现内容:全面/全、详细/详尽、实用、言简意赅、有例子/有偏误例子、有频率……
呈现语言:适合学习者、不受学习者母语影响、易懂、解释难度适中、没有太多专业术语……

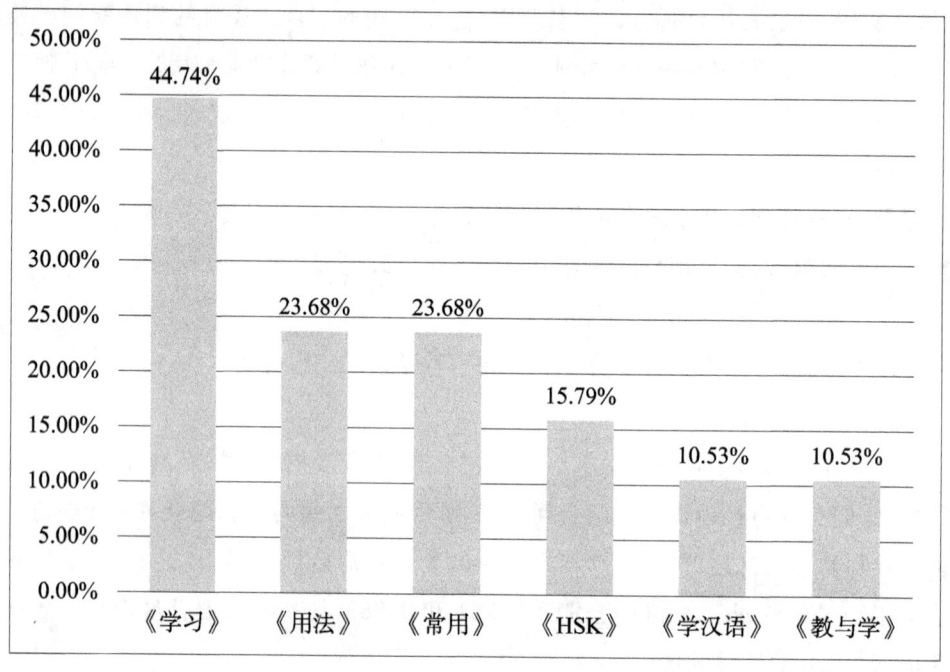

图 1　喜欢哪部词典对"帮忙"的编排方式

汉语教师既是词典的使用者,也非常关注学生对词典的使用体验,所以他们认为简洁清晰的呈现方式、全面详细的呈现内容、难度适中的呈现语言对留学生使用词典是最有利的。同时,多位老师提及"词典中有例子/偏误例子/改正后的例子"都对学生学习有较大帮助,而部分老师也指出"词典应给出不同形式的使用频率,方便识别,可以分批次根据水平教给学生"。

教师在教授离合词时,对于"无法判断一个词是不是离合词""不知道如何使用离合词"两方面存在较大困难,均有 18 人(47.37%)选择。关于希望从离合词学习词典中获取的帮助,提及最多的是"用法",包括离合词的形式、语义、语用信息等。离合词的判断标准和例句也是较为关注的方面。

教师为目前离合词词典提供的改进建议,与我们上文对词典的分析结果不谋而合,具体的建议包括:释义方面,"加强多语种释义""改变解释过于求全责备的情况";用法方面,"对离合词的非离析用法也做说明,不能只离不合""讲清楚用法和使用条件""加强用法、用例的实用性、准确性""用法不全,需要增加";配例方面,"增强例句的典型性""增加例句,给出更多丰富的情景""偏误例句类型再多一些"等。部分教师还提到"增加相近用法的对比,如'帮、帮忙、帮助'""说明离合词与其他词、短语的区别""加强词典电子化"等建议。这些建议都是从教师这一用户视角提出的,对离合词学习词典的编纂和改进具有很好的借鉴意义。

4.2 学生问卷结果及分析

所调查的学生中,男性16名,女性22名。来自印度尼西亚、韩国、泰国、美国、巴基斯坦、荷兰、意大利等20个国家。年龄集中在20至30岁之间,有27名(71.05%)学生的学习时间超过3年,通过HSK5级和6级的学生有23名(60.53%)。

问卷结果显示,30名学生(78.95%)对离合词非常熟悉、比较熟悉或熟悉。在判断是否为离合词的8个题目(帮忙、见面、生气、睡觉、结婚、复习、毕业、参观)中,准确率最高的是"复习"(37人,97.37%),准确率最低的是"毕业"(11人,28.95%),其余几个词的准确率集中在60%至90%之间①(见图2)。这说明无论学生的汉语水平如何,对离合词已有一定认知,但对个别离析形式较少的离合词,还缺乏足够的判断能力。

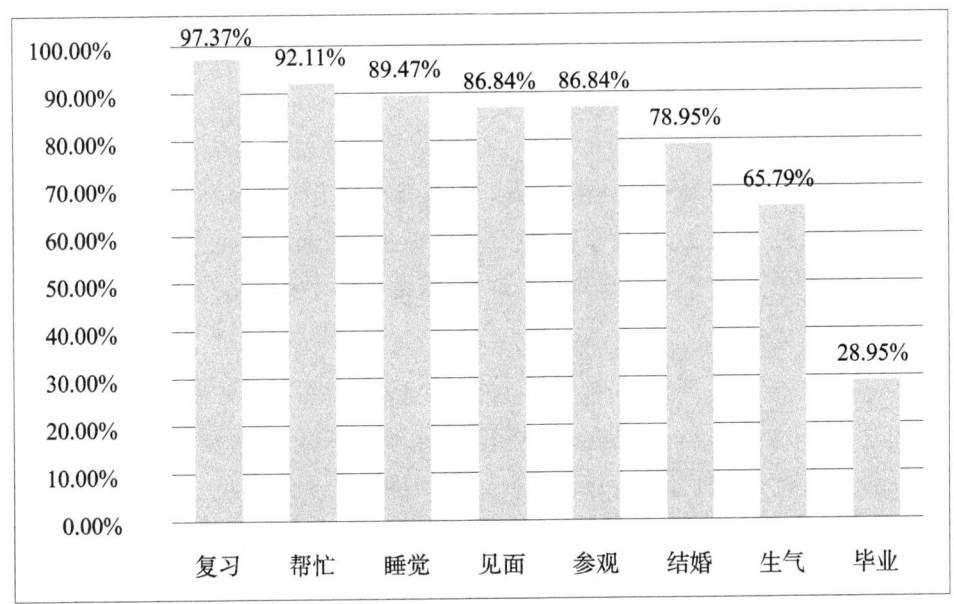

图2 "判断是否为离合词"的准确率结果

---

① 统计时以参与调查的学生总人数38人为计算基础,结果是选择人数与总人数之比,下文同。

18 名学生(47.37%)使用词典查过离合词,但仅有 6 名学生(15.79%)使用过离合词学习词典,其中 3 名使用过《HSK》,2 名使用过《学习》,1 名使用过《用法》,[①]还有 2 名学生使用《教与学》查过离合词。查词典时,对离合词的用法最为关注(33 人,86.84%),其次是例子(24 人,63.16%)和意思(22 人,57.89%)。

对于六部词典里六种不同的离合词呈现方式,学生与教师的选择有一定相似性,体现在选择《常用》《用法》《学习》的最多,但也存在差异:选择《常用》的最多(16 人,42.11%),其次是《用法》(13 人,34.21%)和《学习》(13 人,34.21%)(见表5)。

表 5　教师和学生对六种离合词呈现方式的选择情况[②]

词典 \ 被试	教师	学生	总计
《学汉语》	10.53%	26.32%	36.84%
《HSK》	15.79%	15.79%	31.58%
《用法》	23.68%	34.21%	57.89%
《教与学》	10.53%	10.53%	21.05%
《常用》	23.68%	42.11%	65.79%
《学习》	44.74%	34.21%	78.95%

关于选择理由,通过提取关键词,发现学生更关注词典对离合词内容的呈现,而对呈现方式和呈现语言则说明较少,其中呈现内容又包括对意义、用法和例子的关注,用法和例子则被提及最多。如:

呈现方式:清楚、明晰、舒服、直观、容易记住……

呈现语言:容易理解

呈现内容:

总体:全面、详细、具体、完整、丰富、包括很多方面……

意义:有英文,帮助理解;快速了解离合词的意思……

用法:说明了离合词的基本用法、展现了很多用法、用法解释得很清楚、用法格式分得又细致又多样……

例子:例子很有用,解释了如何使用;给了很多不同用法的例子;带有正误的例子;有许多例子;展示了偏误例子,降低偏误率……

学生在学习离合词时,同样在"无法判断一个词是不是离合词"(28 人,73.68%)、"不知道如何使用离合词"(21 人,55.26%)两方面存在较大困难。更希望从词典中获取关于用法及例子方面的帮助,同时还提出了一些具体要求,如:用法方面,应该说明

---

① 其中 1 名学生既使用过《HSK》,也使用过《学习》;还有 1 名学生既使用过《用法》,也使用过《学习》。

② 由于是多选题,教师和学生的合计占比结果均超过 100%。

"离合词的结构、常用搭配和使用规则""什么时候用、什么时候不用""如何使用、可以插入哪些成分""与其他词有何区别";例子方面,"提供正确、常用的例子"等。除此之外,不少学生还希望得到关于"如何判断离合词"的标准和方法。

对于目前离合词词典可以改进的地方,学生除了提出与用法及例子相关的建议(如"详细说明使用离合词的方法、给出更多的例子")外,还认为应该"给出更多的英文解释方便低水平学生理解""展示语法模式""编写国别化的离合词词典""改进词典编排文字密密麻麻的情况""加强词典的宣传和推广""编写掌上电子词典"等。这些建议不仅包括前期词典释义和用法编纂的呈现方式,还包括后期词典使用的途径和方式等,为词典的编纂和研究提供了诸多可供参考的方向和路径。

五、反思与建议

学习词典是词典编纂与语言教学直接结合的典型例证。(章宜华,2015)与内向型词典相比,外向型学习词典在释义和用法方面应该具有自己的特征。本文所考察的离合词学习词典还处于起步阶段,目前仅有四部,编纂还不成熟,释义和用法方面均存在许多问题。这些问题的产生很大程度上是因为许多问题在本体研究中还未得到很好的解释,难以达成一致意见。而目前又缺乏可行的解决方法,导致词典缺乏统一的标准和规范;同时部分离合词词典的编纂虽基于教学,却未从教学实践出发,虽针对用户,却未站在用户视角考虑问题,充满太多编者的意识,影响使用;除此之外,离合词词典的编纂缺乏明确的原则和依据,过于依赖内向型词典难免会留有"内汉"的痕迹。

根据以上分析和调查,目前离合词学习词典的释义部分和用法部分均可做些改进。

5.1 释义部分

对词典用户的调查显示,意义是用户使用词典时较为关注的内容。正如前面分析,离合词学习词典的释义方式较为多样,编纂者应该根据不同离合词的特点,选取适当的方式进行释义。针对用户对词典呈现方式和呈现内容的要求,释义应力求做到准确、直观、清晰、简洁,"改变解释过于求全责备的情况",避免偏误的产生,这对词典的编纂者提出了更高的要求。同时调查结果也启发我们要"加强双语/多语种释义""增加可视化呈现方式",保证释义容易理解、能够记住。

词典用户对释义语言关注不多,因为我们调查的对象大多为中高级水平,已具备一定的汉语词汇量。但也有部分被调查者提到"解释的语言要容易理解"。词典编纂应考虑使用者的语言水平,控制释义语言的用词难度,可以依据已有研究成果划定用词范围,选用简单易懂的常用词进行释义,如国外比较成熟的 OALD、LDOCE 等英语学习词典就将释义用词严格控制在 2 000～3 500 个词语,离合词词典的释义用词也可参考此做法。同时释义语言也要保证足够准确,尽量全面。

合成形式后应添加配例。调查结果显示,许多学习者对离合词的理解很大程度上依赖例子,所以他们对例子提出很多要求。而"例证是显示语词分布结构和用法的最有效、最直观的办法"(章宜华、雍和明,2007:130),对学习者正确使用离合词来说尤为重要。因此,离合词学习词典对"合成形式"的编纂也应关注配例的编排,同样可借助语料库选取典型例句予以呈现。

5.2 用法部分

离合词的用法是离合词"教"与"学"的关键,是词典用户最为关注的部分。离析形式虽然是离合词的特点,但合成形式也应在词典中有所体现,因为其使用频率极高,是"常态"。结合调查结果,本文认为应该在全面展示合成形式句法功能的基础上,突出搭配,同时要说明与其他动词之间的区别(如能否带宾语),意义相近的词也应对其使用条件等给出对比说明(如"帮""帮忙""帮助")。合成形式后应加上配例,因为调查显示,很多学习者对离合词的使用一定程度上依赖例子,所以他们对例子提出很多要求,"每种用法都要配例""提供常用、准确、典型的例子"等。

离析形式是词典编纂的难点。不同离合词的离析形式存在较大差异,这给词典编纂带来了困难。编纂者应对每个离合词的情况有足够的认知,对离析形式的归纳,可采用"语料库+母语者语感调查"的方式,形式应尽量全面。对于不同离析形式的呈现顺序,建议参考语料库,依据出现频率等量化指标进行编排,呈现方式尽量条理化,例如《学习》使用表格的形式,直观、清晰。离析形式的配例,除了要"增强典型性和准确性,给出更多丰富的情景",还要增加"偏误例句的类型",并给出相应的正确用例,以符合词典用户的需求。偏误用例可以参考中介语语料库,同样依据出现频率等量化指标进行编排。

离合词的特殊性给国际中文教学带来了诸多挑战,词典一定程度上可以作为教与学的参考。通过对四部离合词学习词典释义和用法方面的情况进行考察和分析,对目前离合词学习词典的编纂情况有了更全面的认识,同时也清醒地意识到这类词典的编写还不成熟,还存在着许多问题亟待解决。词典的使用对象是教师和学生,编者应站在使用者的角度思考问题,加强对词典用户的研究。期待本文的研究成果能为离合词学习词典的编纂提供一定的参考和借鉴。

参考文献

蔡永强(2018)外向型汉语学习词典的释义用词,《辞书研究》第4期。
董婷婷(2012)《现代汉语词典》(第5版)和《商务馆学汉语词典》中离合词释义对比分析,《牡丹江教育学院学报》第1期。
高永安(2009)《边听边记HSK离合词》,北京语言大学出版社。
胡明扬、谢自立、梁式中、郭成韬、李大忠(1982)《词典学概论》,中国人民大学出版社。
李　斐(2016)《内向型词典与外向型词典中离合词释义的对比研究——以〈现代汉语词典〉和〈商务馆学汉语词典〉为例》,四川外国语大学硕士学位论文。
李　敏、贺敬坤(2015)《现代汉语词典》与《商务馆学汉语词典》离合词释义配例的对比研究,载王仁强主编《学习词典学探索:第二届词典学与二语教学国际研讨会论文集》,上海外语教育出版社。
鲁健骥、吕文华主编(2006)《商务馆学汉语词典》,商务印书馆。
施光亨、王绍新主编(2011)《汉语教与学词典》,商务印书馆。
唐作藩主编(2007)《中国语言文字学大辞典》,中国大百科全书出版社。
王海峰(2011)《现代汉语离合词离析形式功能研究》,北京大学出版社。
王海峰、薛晶晶、王景璞(2013)《现代汉语离合词学习词典》,北京大学出版社。
杨庆蕙主编(1995)《现代汉语离合词用法词典》,北京师范大学出版社。
于屏方、杜家利、张科蕾、李明琳(2016)《外向型学习词典研究》,商务印书馆。
章宜华(2015)关于学习词典编纂和释义的国别化问题思考——中国学习者视角的英语学习词典研究,载王仁强主编《学习词典学探索:第二届词典学与二语教学国际研讨会论文集》,上海外语教育出版社。
章宜华、雍和明(2007)《当代词典学》,商务印书馆。
郑林啸(2012)外向型汉语学习词典中的离合词释文浅析——以"洗澡"为例,《辞书研究》第1期。
中国社会科学院语言研究所词典编辑室编(2016)《现代汉语词典》(第7版),商务印书馆。
周爱丽(2013)《学习型词典中离合词的释义对比研究——基于〈商务馆学汉语词典〉和〈汉语教与学词典〉》,鲁东大学硕士学位论文。
周上之主编(2011)《汉语常用离合词用法词典》,北京语言大学出版社。
Hartmann, R. R. K. (1983) Theory and Practice. In Hartmann. R. R. K. (ed.) *Lexicography: Principles and Practice*. London: Academic Press.

(1.100081　北京,中央财经大学国际文化交流学院;
2.100871　北京,北京大学对外汉语教育学院)

基于中高级汉语二语口语语篇的指示代词习得考察
——以"这"类指示代词为例[*]

黄长彬[1]　许迎春[2]

摘　要：指示代词的指示范畴可分为直接指示、间接指示、无指功能。文章通过人工转录方式建立中、高级自叙体口语语篇语料库,以"这"类指示代词为例,考察指示代词的习得情况并进行偏误分析。研究发现,汉语二语学习者口语语篇中"这"类指示代词总体使用频率排序为：间接指示＞直接指示＞无指功能,但其内部存在频率分布上的不对称。其中,直接指示在中级阶段多于高级阶段,间接指示和无指功能在高级阶段多于中级阶段。同时,间接指示范畴内部分类复杂,中高级阶段也存在频率分布上的不对称。偏误分析发现,中高级阶段"这"类指示代词不同偏误类型的总体出现频率排序为：误代＞指代不明＞误加/遗漏＞错序。据此,本研究提出"这"类指示代词的教学建议。

关键词：口语语篇；指示代词；二语习得；偏误分析；"这"

〇、引言

指示代词在四万多个词中占比仅为0.06%,(郭锐,2002:226)数量不多但使用频率极高,具有功能上的复杂性和使用上的高频性,是学习汉语的一个难点,值得深入研究。(吕叔湘,1985；崔潮,1989；高宁慧,1996)吕叔湘(1985)在序言中指出,这一类词的特点是它们不跟任何人、物、施为、形状发生固定的联系,可以在不同的场合指代不同的人、物、施为、形状,这类词数目不多而用法复杂,所联系的对象不但有实体和非实体的不同,还涉及有定和无定的不同、指示和称代的不同、实指和虚指的不同。

---

[*]　本研究得到教育部中外语言交流合作中心科研项目"尼日利亚'中文＋'复合型人才需求调查与培养方略研究"(项目编号:21YH96D)、江苏省研究生培养创新工程"江苏省研究生科研创新计划"(项目编号:KYCX21_1255)的资助。衷心感谢《对外汉语研究》编辑部及匿名审稿专家提出的宝贵修改意见。

指示代词中最典型的是单音节词"这/那",具有"指示代词原型性"。(刘悦明,2011)但在实际使用中,"这"类指示代词使用频率远高于"那"类指示代词;(徐丹,1988;王灿龙,1999;杨玉玲,2006)此外,"这"是建立话题的重要手段,也是说话人保持话题延续性的偏爱手段,还是体现话题链的重要手段。(方梅,2018:134)因此,本文将重点研究"这"类指示代词的习得情况。

一、研究的问题

"这/那"类指示代词的本体研究成果丰硕且越来越深入。吕叔湘(1985、1990)对"这/那"的用法进行描写后,徐丹(1988)、崔潮(1989)、崔应贤(1997)、沈家煊(2015)、曹秀玲(2000)、王道英(2005)、王灿龙(2006)、杨玉玲(2006)、方梅(2018、2019)等又从不同角度考察了"这/那"在篇章使用中的不对称现象。

但在汉语二语习得领域,指示代词的研究起步较晚、成果较少。有代表性的成果是杨永生和肖奚强(2020)对韩国学习者"这/那"类指示代词的习得状况进行的考察。此外,还有徐开妍和肖奚强(2008)、周晓芳(2011)等从照应或回指角度考察了留学生指示代词的习得情况。现有研究存在的局限性是:第一,语料来源均是书面作文语料,无法反映"这"类指示代词在真实口语语篇中的呈现和习得状况,口语语篇具有输出的即时性,更能反映语言加工处理过程;第二,现有研究局限在篇章回指、偏误分析上,未对该类词的直接指示、间接指示(句内回指、篇章回指等)、无指功能(话语标记、程度标记等)进行全方位考察。鉴于此,本文将首先建立小型"自叙体口语语篇"中介语语料库,而后围绕"这"类指示代词的习得情况展开考察。研究的问题包括:

第一,考察中高级汉语二语学习者"这"类指示代词的各类指示范畴习得情况。

第二,考察中高级汉语二语学习者"这"类指示代词的各类指示范畴偏误情况。

本研究的语料来源为人工转写的非目的语环境下非洲某国中高级[①]汉语二语学习者自叙体口语语篇,共122篇,总字数37 090字[②],转录时长约4小时。其中,中级

[①] 中级汉语水平指 HSK3 级、HSK4 级,高级汉语水平指 HSK5 级、HSK6 级。根据《国际汉语教学通用课程大纲》(2014),HSK3 级以上才有口语语篇表达的培养目标;能讲述简单的故事;能简单描述个人或日常生活中常见的事物、活动或一段个人经历。这是本研究选取中高级口语自叙体语篇为语料来源的缘由。

[②] 本研究自建的小型口语语料库规模与同类研究相当。比如,徐开妍、肖奚强(2008)《外国学生汉语代词照应习得研究》书面语料规模为 3 万字,初、中、高级各 1 万字;周晓芳(2011)《欧美学生叙述语篇中的"回指"习得过程研究》书面语语料库规模为 6 万字,其中,第一人称、第三人称叙述体语料各 3 万字。

72篇,总字数18 518字;高级50篇,总字数18 572字。中、高级口语语料库规模基本保持平衡。

二、指示范畴的理论框架

2.1 指示范畴

语义学中,指示范畴(如图1)分为直接指示、间接指示和无指功能。

第一,直接指示,又被称为"当前即指"(吕叔湘,1985:272),是指借助于手势、眼神等副语言手段的描述性词语和交际发生时刻所处的时间、空间等交际环境中的实物所提供的信息才能够确定"这"所指的指示。(王道英,2005:51)

第二,间接指示,即指示代词的回指功能,是"为了避免重复,人们常用一种语义上衰减的表达式,来代替前面出现过的全称表达式"(Cornish,1986:1;转引自徐赳赳,2003:43)。回指现象的研究,有助于探讨有关句法结构和话语篇章结构的特点,以及句法、语义和篇章及语用因素之间的相互关系,也有助于理解二语的生成。

回指又可分为句内回指、篇章回指。句内回指是指一类名词短语没有独立的指称,只能指称句子的某个其他组成成分。(戴维·克里斯特尔编,2000:19)篇章回指是语言交际中用一个表达式来指示一个之前已经引入的事物的语言现象。(Yule,2020:154)徐赳赳(2010:333)指出:"研究书面语篇章回指的较多,研究口语中的篇章回指相对较少。"因此篇章回指将作为本研究的重要组成部分,详见2.2节。

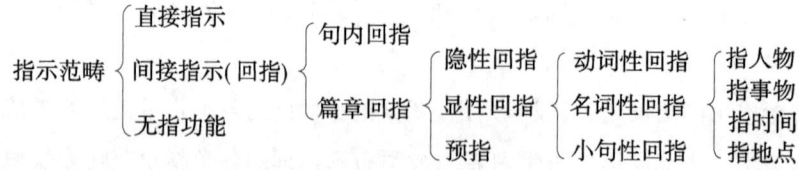

图1 指示范畴理论框架示意图

第三,无指功能。王灿龙(1999:3)认为"有"和"无"都是一种客观存在,语言系统是"有"和"无"的对立统一,对"有"的研究是以"无"为依托的,反过来,对"无"的探讨能全面深入地探讨"有"。有指功能是指示代词的典型语义范畴,无指功能是一种"去范畴化"现象。吕叔湘(1985:276)指出:"这"和"那"连用能代表无定的人或物,即虚指或无指。如:

(1)忽一日不自在起来,这也不好,那也不好。(吕叔湘,1985:191)

(2) 说那个不当这么着，这个不当那么着。（吕叔湘，1985：276）

另外，方梅（2019：50）提到"这"可用作建立新话题或用作话语标记、话题标记等，笔者认为这种用法具有无指功能，如"这"用于"非谓性短语标记"时：

(3) 我就佩服他这吃。（方梅，2019：33）

2.2 篇章回指

对篇章回指的理解直接影响到对篇章和话语的理解。指示代词的篇章回指功能可以依据其回指对象（或先行词）以及回指特征划分出不同的回指类型。如：Bühler（1934/2011：121）区分了语言中的"回指"和"预指"，[①]其中：回指时被指代项在前、回指项在后；预指时被指代项在后，回指项（指代项）在前，属于广义回指的一种，也被称为"下指"（徐默凡，2001）；Quirk et al.（1985：267）将回指分为"显性回指"和"隐性回指"，显性回指的特征是先行词和回指项之间是共指关系，隐性回指的特征是回指项与先行词之间是一种语义衔接关系。笔者根据国外学者分类标准，并结合王道英（2005）的研究，[②]将"这"类指示代词的篇章回指类型作如图1所示的划分。

三、中高级阶段"这"类指示代词使用统计

3.1 中级阶段"这"类指示代词使用统计

中级阶段口语语篇的语料来源为看图说话、回答问题，[③]共计72篇，转录时长约144分钟，总字数18 518字。结合图1，我们统计出中级阶段学习者"这"类指示代词各类指示用法使用情况，详见表1：

[①] Bühler Karl（1879—1963）是德国著名的心理学家和语言学家，也是格式塔心理学的代表人物之一。他于1934年在其德语著作 *Sprachtheorie*（Oxford，England：Fischer）中提出这两个概念。德语"Sprachtheorie"汉译为"语言理论"。本文参考的是其英译本（Bühler，2011）。

[②] 王道英（2005）结合中外研究对"指示"进行了集大成式的总结、归纳、分类，将指示分为六个层次并绘制"指示分类系统图"，是国内迄今最为详尽的指示分类系统，为本研究理论框架的制定提供了借鉴。

[③] 中级阶段学生回答的题目包括两个，第一个题目是"请你谈一谈你认为最有趣的一次旅行"；第二个题目是"如果你的一个重要决定没有得到家人或者朋友的支持，你会怎么做？"。

表1 中级阶段"这"类指示代词各类指示用法使用情况

指示范畴				数量/次		偏误数/次	偏误率①/%
直接指示				32			
间接指示	句内回指			4		25	20
	篇章回指	显性	动词性回指	8			
			名词性回指	指人物	1		
				指事物	23		
				指时间	2		
				指地点	9		
			小句性回指	39			
		隐性		1			
	预指			4			
无指功能				1			
合计				124			

需要说明的是,语篇中实际出现"这"类指示代词151次,但有些属于自我修正过程中的重复现象,这种情况只记1次,高级阶段的语料也照此统计。如:

(4) 还是可以先是告诉他们,为什么我选择(这个)这个决定。(中级)

排除这种无意义的重复后,中级阶段"这"类指示代词累计出现124次。

3.2 高级阶段"这"类指示代词使用统计

高级阶段口语语篇的语料来源为回答问题,②共计50篇,转录时长约120分钟,总字数18 572字。结合图1,我们统计出高级学习者"这"类指示代词各类指示用法使用情况,详见表2:

表2 高级阶段"这"类指示代词各类指示用法使用情况

指示范畴				数量/次		偏误数/次	偏误率/%
直接指示				8			
间接指示	句内回指			11		21	18
	篇章回指	显性	动词性回指	20			
			名词性回指	指人物	3		
				指事物	5		
				指时间	1		
				指地点	2		
			小句性回指	42			
		隐性		20			
	预指			3			
无指功能				3			
合计				118			

根据表2,高级阶段"这"类指示代词累计出现118次。

---

① 偏误率计算公式为:偏误数/("这"类指示词)总出现次数。
② 高级阶段学生回答的问题包括两个,第一个问题是"在与人交往的过程中,你认为表达自己的意见和倾听别人的意见哪个更重要? 为什么?";第二个问题是"你喜欢看电子书还是纸质书,为什么?"。

四、中高级阶段"这"类指示代词习得情况

为探究"这"类指示代词在不同学习阶段的习得情况,本文将中级、高级口语语料出现的"这"类指示代词进行对比考察。结果如下:

4.1 习得的总体情况

根据表 1、表 2,我们统计出不同阶段"这"类指示代词的使用情况。

表 3 "这"类指示代词使用总体情况

级别	指示范畴			总计
	直接指示	间接指示	无指功能	
中级	32 次(26%)	91 次(73%)	1 次(1%)	124 次
高级	8 次(7%)	107 次(91%)	3 次(3%)①	118 次

从"这"类指示代词的总量上来看,中级阶段略多于高级阶段,但二者之间差异并不明显。我们认为,高级阶段"这"类指示代词的使用量稍低可能有两方面原因:一是,中级语料来源包括看图说话,受试者在叙述过程中经常用到"这个/张图片"之类的直接指示功能,而高级语料并没有看图说话;二是,高级学习者能够灵活使用其他形式来表示指示功能,因而压缩了"这"类指示代词的使用量。由表 3 可知:

中级阶段出现直接指示 32 次、间接指示 91 次、无指功能 1 次,三大类指示范畴频率排序为:间接指示＞直接指示＞无指功能。

高级阶段出现直接指示 8 次、间接指示 107 次、无指功能 3 次,三大类指示范畴频率排序为:间接指示＞直接指示＞无指功能。

可见,中高级阶段三大类指示范畴频率排序一致,并呈现以下特点:

第一,间接指示使用频繁,在中高级阶段均为优势格式,但高级阶段比中级阶段更擅长使用间接回指(将在 4.2 小节详述)。

第二,直接指示是借助眼神、手势等副语言来指示交际情景中事物的现象,梁敬美(2002)称之为"直示功能"。例(5)中的"这"直接指示"图片"。

(5)这个图片上有一个男人,他看起来很累。(中级)

直接指示在中级阶段占比明显大于高级阶段,可能因为直接指示是"这"类指示代

---

① 本文表格中的百分比数值采用四舍五入的计算方法,会出现整行的百分比数值之合不等于100%的情况,在此一并说明。

词的最常用的"基本功能",(方梅,2019:40)在线加工①难度低,也是学习者在初级阶段就接触和习得的用法。

第三,无指功能是指示代词在篇章中作话语标记、话题标记等的功能,属于指示代词的"衍生用法"。(方梅,2019:47)无指功能在中高级阶段均有出现,所占比例不高,但高级阶段要多于中级阶段。如:例(6)中"这样"属于"填补空白标记",例(7)中"这么"也不具备指示功能,属于"性状或程度标记"。

(6)在我们国家,如果一个人从大学毕业后,他可能没有工作。这样我们交往的时候,我跟她表达自己的意见,因为关于来学汉语,那时候她没理解,觉得应该听她的意见。(高级)

(7)我准备我的面试,面试的时候,经理对我印象还不错,还通知我明天上班了。找工作这么顺利,要穿正式的衣服。(中级)

4.2 间接指示的习得情况

表4 "这"类指示代词间接指示使用情况

级别	间接指示		
	句内回指	篇章回指	总计
中级	4次(4%)	87次(96%)	91次
高级	11次(10%)	96次(90%)	107次

"这"类指示代词的间接指示功能包括句内回指和篇章回指。据表4可知,从总量上来看,高级阶段略多于中级阶段,呈现以下特点:

第一,间接指示不论在中级还是高级阶段,篇章回指的使用率都要高于句内回指。在间接指示范畴内,篇章回指为优势格式,句内回指为劣势格式。由于篇章回指使用频繁且下位范畴较多,将在4.3小节详述。

第二,就句内回指来看,我们发现:中级阶段句内回指仅出现4例,占比较低,形式较为单一,局限于"某人+'这个人'"此类句法形式,如例(8)和例(9):

(8)然后买这件衣服之后,就回来家的时候,这让我这个人也很吃惊。②(中级)

---

① 在线加工(online processing)是认知心理学术语,也称实时加工(real-time processing)。在线加工的效果受到认知负荷(cognitive load)及加工容量(processing capacity)等因素的影响,即时口语产出是在线加工的一种表现形式。在本研究中,直接指示功能作为常见用法,学习者易于实现自动化加工,占用的认知负荷较少,因而在线加工难度低。

② 二语学习者在口语加工和组织表达时存在大量的"自我修正"(repairment)现象,这种现象将另文研究。本文在引用例句时,在不影响研究开展的前提下,删除了无意义的重复现象。比如例(8)原文:然后买这件衣服后,就(R回到R回了R回R回来了)回来家的时候,这让(R我)我这个人也很吃惊。这里"R"表示自我修正,后文不再逐一说明。

(9) 我需要我的公司长大,虽然我这个人是一个很幸运的人。(中级)

高级阶段不但句内回指的数量多,而且回指的先行词也不仅限于人物,如:

(10) 从小时候,我总是会看电子书,但是呢,我的眼睛变坏。去了医院,医生跟我说,我要减少用电子书这个方法来看书。(高级)

(11) 那天是我们俩最开心的日子,就是因为我们去中国。可是,是因为中国这个国家非常非常漂亮。(高级)

另外,表4显示随着学生水平的提升,高级阶段句内回指的占比有所提升,篇章回指的优势在不断缩小。之所以存在这种情况,笔者认为,指示代词的篇章回指功能的可及性要高于句内回指,即:指示代词用于篇章回指更加自然和普遍,习得难度相对较低,故中级阶段占比高;而句内回指则更倾向于是汉语指示代词区别于其他语言的一个特点①,习得难度高,故高级阶段句内回指占比有所提升。笔者查阅了《对外汉语教学实用语法》(卢福波,1996)、《对外汉语教学语法》(齐沪扬主编,2005),均未提及指示代词的句内回指功能,可见教学过程中一般也不涉及,间接证实了这种用法的高阶(higher-order)属性。

4.3 篇章回指的习得情况

表5 "这"类指示代词篇章回指使用情况

级别	篇章回指			
	显性回指	隐性回指	预指功能	总计
中级	82次(94%)	1次(1%)	4次(5%)	87次
高级	73次(76%)	20次(21%)	3次(3%)	96次

"这"类指示代词的篇章回指包括显性回指、隐性回指和预指三类。从总量上来看,高级阶段使用的篇章回指略多于中级阶段。这可能是由于篇章回指属于指示代词的"衍生用法",(方梅,2019)因而高级阶段出现得更多。由表5可知:

中级阶段出现显性回指82次、隐性回指1次、预指4次,三类篇章回指的频率排序为:显性回指>预指>隐性回指。

高级阶段出现显性回指73次、隐性回指20次、预指3次,三类篇章回指的频率排序为:显性回指>隐性回指>预指。

可见,篇章回指在不同学习阶段的频率排序并不对称。具体特点如下:

第一,不论中级阶段还是高级阶段,显性回指均为优势格式(将在4.4小节详述),

---

① 笔者查阅了语言类型学相关文献,尚未有研究明确指出指示代词的"句内回指"用法是汉语的独特句法特征。但通过与英语对比,笔者认为像"中国这个国家很漂亮""他这个人很好"这样的句内回指在英语中是不存在的,在一定程度上证实了这种用法的特殊性。

隐性回指、预指均为劣势格式。

第二,预指在中高级阶段占比差异不大,使用量也不大。预指在功能上与回指相反,吕叔湘(1985)称之为"前指"。如例(12)中"这个话题"指称的就是后面的"请谈一谈你认为最有趣的一次旅行"。

(12)这个话题说,请谈一谈你认为最有趣的一次旅行。(中级)

(13)我朋友有这个问题,他的事情是他的家人不想他去中国留学,我的真正的朋友很生气。(高级)

第三,隐性回指在中级阶段仅出现1例,这可能与隐性回指的句法处理难度高有关。例(14)中"这种功能"就是一种隐性回指,因为先行词(句)中没有出现电子书的功能。可见,隐性回指中,先行词语与回指项之间没有直接关联,而需要进行推理和联想,进而做出符合语境或上下文的推断。也就是说,"隐性回指的所指存在于百科知识语境和语篇上下文语境中"(王道英,2005:54)。

(14)因为我上次读过那本书的时候,应该有一些不懂的东西,然后就标记了。或者在书上看到了一段自己喜欢的句子或者重点,也可以在书里面记一下,但是电子书没有这种功能。(高级)

总之,"隐性回指最主要的特征在于指示代词的所指不是明显地出现,而是隐含在语句的隐性所指对象中,是一种语义上的衔接"(王道英,2005:155),导致隐性回指的可及性低,习得难度大,因而到高级阶段才开始大量出现隐性回指,并且数量占比突增,超过预指占比。

4.4 显性回指的习得情况

表6 中高级阶段"这"类指示代词显性回指使用情况

级别	显性回指			
	动词性回指	名词性回指	小句性回指	总计
中级	8次(10%)	35次(43%)	39次(48%)	82次
高级	20次(27%)	11次(15%)	42次(58%)	73次

"这"类指示代词的显性回指包括动词性回指、名词性回指、小句性回指三类。从总量上来看,中级阶段使用的显性回指数量略多于高级阶段。由表6可知:

中级阶段显性回指出现动词性回指8次、名词性回指35次、小句性回指39次,三类显性回指的频率排序为:小句性回指＞名词性回指＞动词性回指。

高级阶段显性回指出现动词性回指20次、名词性回指11次、小句性回指42次,三类显性回指的频率排序为:小句性回指＞动词性回指＞名词性回指。

可见,显性回指在不同学习阶段的频率排序并不对称。具体特点如下:

第一，名词性回指在中级阶段呈现出较为明显的优势。这是因为名词性回指的先行词一般为单个的名词或短语，句法处理难度较低。虽然名词性回指难度较低，但其内部仍可划分为不同的小类（将在4.5小节详述）。

第二，小句性回指在中高级阶段均为优势格式。本研究中，小句性回指是指借助"这"或由其组合成的回指项来替代在同一段落中前文出现的小句。（王道英，2005：115）如例(15)"这点"回指前面的整个小句。

(15)我们没有什么话不能告诉彼此，但是我们大学放假了，我们俩突然不联系了。我对这点不解。新学期开始了，我们回到了学校。但是看到我的朋友的时候，他看到了我，但是感觉视而不见。（高级）

小句性回指的先行词(语)为小句，与名词性回指相比，小句性回指的先行词(语)更加复杂，句法处理难度和识别难度也更大。因此，虽然小句性回指在中高级阶段均为优势格式，但高级阶段小句性回指的优势更为明显。

第三，动词性回指在中级阶段使用率最低，到高级阶段使用率有所提升。如例(16)"这"回指前面的三个动词短语；例(17)"这"回指前面的"看电子书"。

(16)他们是中国人，我跟他们一起聊天、一起学习、一起吃饭，这提高我的汉语说的知识。（中级）

(17)如果我们在晚上看电子书，那么这对我们的眼睛真不好，那会害我们的眼睛。（高级）

4.5 名词性回指的习得情况

表7 中高级阶段"这"类指示代词名词性回指使用情况

级别	名词性回指				
	人物回指	事物回指	时间回指	地点回指	总计
中级	1次(3%)	23次(66%)	2次(6%)	9次(26%)	35次
高级	3次(27%)	5次(45%)	1次(9%)	2次(18%)	11次

就名词性回指来说，根据回指的先行词性质又可分为四类：人物回指、事物回指、时间回指、地点回指。从总量上来看，中级阶段名词性回指远多于高级阶段的名词性回指。出现这种现象，可能如前文所说，名词性回指的先行词一般为单个的名词或短语，句法处理难度较低，造成中级阶段较多使用。由表7可知：

中级阶段人物回指1次、事物回指23次、时间回指2次、地点回指9次，名词性回指的频率排序为：事物回指＞地点回指＞时间回指＞人物回指。

高级阶段人物回指3次、事物回指5次、时间回指1次、地点回指2次，名词性回指的频率排序为：事物回指＞人物回指＞地点回指＞时间回指。

针对名词性回指,杨永生、肖奚强(2020)借助于一定规模的汉语母语者书面语语料进行统计分析,研究表明汉语母语者名词性回指的频率排序为:事物回指＞人物回指＞时间回指＞地点回指。这一排序与中级阶段差异较大,但与高级阶段大体一致。说明随着汉语水平的提高,学习者的中介语特征不断逼近母语者。中高级阶段名词性回指具体特点如下:

第一,事物回指在中高级阶段均为优势形式。如:

(18)她也想买一个红色的衣服,她觉得如果她买这个衣服,她的爸爸对她印象很深。(中级)

(19)打工了不久后,我就用我血汗钱买了一部手机,这部手机我用来上网下载我们大学的材料。(高级)

不过,表7也显示高级阶段事物回指的优势不断下降,而人物、时间回指占比有所提升。

第二,人物回指、地点回指、时间回指在中高级阶段均为劣势形式。

语料中出现的人物回指,如例(20)"这个人"回指前面的第一人称"我":

(20)如果我不表达自己的话,他可能觉得这个人呢,你总是很沉默,你什么话都不知道,你什么想法都没有。(高级)

语料中出现的地点回指,如下例"这里"回指前面的地点"公园"。

(21)在公园,我玩得很开心。在这里,我遇到很多新朋友,也遇到很多外国人。(中级)

语料中出现的时间回指,如下例"这个时间"回指前面的时间段"下个星期"。

(22)是因为下个星期她有考试,所以她准备长时间了,现在她看了很多书,没有玩了。她不喜欢这个时间,她没有玩了。(中级)

五、"这"类指示代词使用偏误分析

偏误分析在语言习得过程中具有重要的理论价值和实践意义。从理论上看,偏误分析可深化对语言习得规律的认识;从实践上看,有助于预测可能出现的偏误进而指导教学(肖奚强,2001a)。学界对于"这"类指示代词的使用偏误关注较少,杨永生、肖奚强(2020)分析过"这/那"类指示代词的使用偏误,但仅从篇章回指的角度进行探讨,未兼及其他指示范畴。本文试图对"这"类指示代词的使用偏误进行全方位考察。

5.1 偏误总体情况

根据表1、表2,"这"类指示代词中级阶段共出现偏误25处,偏误率为20%;高级阶段共出现偏误21处,偏误率为18%。可见,中级阶段的偏误率略大于高级阶段,说明中级阶段学习者对"这"类指示代词掌握情况弱于高级阶段。

杨永生、肖奕强(2020)在考察韩国学生书面语中指示代词的偏误情况时,指出学习者总体偏误率为11.09%,比本研究的偏误率低。可能原因包括:一是语料类型不同,他们利用的是书面语语料库,而本研究为口语语料库,由于口语输出为在线加工导致偏误率提升;二是语言环境不同,他们的研究中学习者处于目的语环境,而本研究中学习者处于非目的语环境,不同的学习环境很可能导致学习效果的差异;三是学习者母语不同,他们的研究对象母语为韩语,而本研究中学习者母语为伊博语(Igbo Language),学习者母语句法系统的不同可能影响习得效果。

5.2 偏误类型分析

鲁健骥(1994)把汉语学习者出现的偏误分为四种类型:遗漏、误加、误代、错序。本研究中,我们发现"这"类指示代词还存在"指代不明"的情况,因而将偏误类型分为五种,进而考察其偏误分布情况,详见表8。

表8 中高级阶段偏误类型统计表

偏误类型	中级阶段/次	高级阶段/次	合计/次	比例/%
遗漏	3	3	6	12
误加	3	3	6	12
误代	17	12	29	57
错序	2	0	2	4
指代不明	5	3	8	15
合计	30①	21	51	100

由表8可知,中高级阶段"这"类指示代词不同偏误类型的出现频率排序为:误代>指代不明>误加/遗漏>错序。

5.2.1 误代偏误

误代本质上是词语误用。表8中,误代偏误占比为57%,是"这"类指示代词最常见的偏误,且中级阶段的这类偏误多于高级阶段。误代偏误可分为两种情况:

---

① 表1统计表明中级阶段"这"类指示代词出现偏误共计25处,但笔者统计偏误类型时发现,个别偏误涉及两种偏误类型,即偏误兼类。因此,表8显示中级阶段的偏误共计30种,而高级阶段偏误没有出现偏误兼类的情况。

其一,"这样/这种/这个/这些"等指示格式之间的误代。如:

(23)有那些积累知识,你的生活一定会丰富了。*这些比较收入更好。(中级)

(24)有一天,因为他*这个态度,犯了一个很大的错误,让他一生后悔了。所以,我觉得听别人的意见比较重要。(高级)

例(23)中的体词性指示代词"这些"应为单音节形式"这",回指前面小句中的集合抽象名词"知识",偏误原因在于学习者误以为"知识"为可数名词,正确应为"这比收入更重要"。例(24)中的指示代词"这个"应为"这种",直接指示"态度",偏误原因在于学习者泛化了"这个"的指示功能。

其二,"这+量词"格式中的量词误用,或者与"这"相关的整个短语的误代。如:

(25)现在我想买衣服,我告诉售货员*这个衣服你觉得怎么样?(中级)

(26)我以前很喜欢发表意见,每次和别人交往的时候,就会喜欢发表自己的意见,但是我刚发现在和他们说我的意见,他们已经知道了自己喜欢发表自己的意见,那么如果再说话,他们不可能听我往下说的话。那我发现*这个概念,然后改变了我的做法。(高级)

例(25)中"这个衣服"属于"这+量词"格式的误用,应为"这件",直接指示"衣服"。例(26)中学习者意在使用"这个概念"回指前面的整个语段,偏误在于选取了不合适的词语,属于整个短语的误代,正确应为"这种情况"。

5.2.2 指代不明

指代不明在本研究中是指"这"类指示代词所回指的内容不够明确,这类偏误占比为15%,偏误率仅次于误代。如:

(27)我坐在船上,一边看一边照片,一路上经过了很多地方,每个地方都不一样。我想把*这个地方发给大家,叫朋友们也高兴高兴。(中级)

(28)所以呢,每次让我表达自己,我都会好好想,想出一个好点子,让大家知道。第一次做*这件事,大家都对我刮目相看。(高级)

例(27)中"这个地方"无法根据上下文来判断具体所指;同理,例(28)中"这件事"也无法根据上下文来明确所指。语言表达总的原则是明确和经济,(肖奚强,2001b)指代不明类偏误出现的原因在于学习者过度追求语言经济性,忽视了语言的精确性。

5.2.3 误加和遗漏

误加和遗漏偏误出现较少,各占偏误总数的12%,且中高级此类偏误数量相当。其中,误加偏误也叫冗余,包括应为零形式而误用"这"类指示代词以及与"这"组合的其他成分的误加。如：

(29)所以*这些呢，因为他们没有支持我，我没有因为他而放弃，我就坚持下去。所以今天呢，我在中国留学，他们也很羡慕我。（中级）

(30)那时候我们也去天安门，*这个是一个很有名的地方，一看见就知道中国这个国家非常非常厉害。（高级）

例(29)中"这些"应为零形式，偏误原因在于学习者误加"这些"来回指前文。例(30)中"这个"应删除量词"个"，属于与"这"组合的其他成分的误加。

遗漏偏误在本研究中表现为与"这"存在组合关系的其他语言成分的丢失。如：

(31)但是我有一个最好的办法，如果每天等着做计划的事情时，在笔记本上提前安排自己的时间。*这个办法，你不会手忙脚乱了。（中级）

(32)我的老师也跟我说，如果我*这样，我也可以去一家中国公司工作，也拿高的工资。（高级）

例(31)中"这个办法"不能直接做句子主语，正确形式应为"采用这个办法"，该小句从认知语法上来说属于背景信息，"不便以等立的句法结构来表现，因而必须做句法降级，处理做从属句"（方梅，2018:344），句法降级后作为状语。例(32)中谓语部分不完整，应为"如果我这样做"。

5.2.4 错序偏误

错序是由于句中的某个或某几个成分放错了位置造成的偏误。（鲁健骥，1994）在本研究中，错序指"这"类指示代词与其他成分位置的颠倒。此类偏误共出现2例，占比仅为4%，是偏误率最低的一类，都分布在中级阶段。如：

(33)我和我的女朋友喜欢去外国人，看新地方是我的有趣，看新地方和…①是她的爱好，如果我们上飞机*在这地方，她很高兴。（中级）

(34)如果我的家人和朋友不坚持我的决定，我就先解释它为什么我*做的这个。（中级）

例(33)中地点状语"在这地方"应位于谓语"上飞机"前面，例(34)中"做的这个"属于兼类偏误，既属于错序又属于词语误用，正确应为"这样做"。错序偏误没有出现在高级阶段，说明高级阶段学习者对汉语语序有了较好的掌握。

---

① 符号"…"表示短暂停顿。

六、结语

现有对指示代词的研究多建立在书面语语料的基础上。本研究基于自建的口语语料库对"这"类指示代词的习得状况进行全方位考察,是对前人此类研究的补充。不过,本研究主要采用描述性统计方法,并不具有严格的统计学意义。主要结论如下:

第一,"这"类指示代词在中高级阶段总体使用频率排序为:间接指示＞直接指示＞无指功能。但其内部存在频率分布上的不对称,其中,中级阶段的直接指示多于高级阶段,高级阶段的间接指示和无指功能多于中级阶段。

第二,"这"类指示代词间接回指内部分类复杂且存在频率分布上的不对称,具体如表9所示:

表9 "这"类指示代词间接回指使用情况

间接回指	阶段	频率排序
篇章回指	中级	显性回指＞预指＞隐性回指
	高级	显性回指＞隐性回指＞预指
显性回指	中级	小句性回指＞名词性回指＞动词性回指
	高级	小句性回指＞动词性回指＞名词性回指
名词性回指	中级	事物回指＞地点回指＞时间回指＞人物回指
	高级	事物回指＞人物回指＞地点回指＞时间回指

第三,"这"类指示代词在中高级阶段不同偏误类型的总体频率排序为:误代＞指代不明＞误加/遗漏＞错序。

汉语学习者在初级阶段最早接触的是"这"类指示代词的直接指示功能,而到中高级阶段的语段或语篇中则更多使用间接指示(篇章回指、句内回指等)、无指功能(话语标记、程度标记等)。可见,对于"这"类指示代词,其不同指示范畴的习得具有阶段性和动态发展性。因此,教学过程中要注意按照指示代词的习得难度安排教学顺序。比如,石毓智(2010:379)曾提到:"现代汉语指代词的结构助词用法,是口语中很常见的现象。我们教母语为非汉语的学生时,就不能忽略这一点。"这类用法就应属于高级阶段的教学内容。另外,根据"这"类指示代词的偏误发生情况,教学过程应突出对"误代"类偏误的教学指导,减少"这样/这种/这些/这个"等混淆的情况,并减少"这+量词"组合的误用情况,从而提高语言产出的准确性,提升二语学习者与汉语母语者产出的相似性(native-like)。

参考文献

曹秀玲(2000)汉语"这/那"不对称性的语篇考察,《汉语学习》第4期。

崔　潮(1989)说说汉语的指示代词,《汉语学习》第5期。
崔应贤(1997)"这"比"那"大,《中国语文》第2期。
戴维·克里斯特尔编(2000)《现代语言学词典》(第四版),沈家煊译,商务印书馆。
方　梅(2018)《浮现语法:基于汉口语和书面语的研究》,商务印书馆。
方　梅(2019)《汉语篇章语法研究》,社会科学文献出版社。
高宁慧(1996)留学生的代词偏误与代词在篇章中的使用原则,《世界汉语教学》第2期。
郭　锐(2002)《现代汉语词类研究》,商务印书馆。
孔子学院总部/国家汉办(2014)《国际汉语教学通用课程大纲》(修订版),北京语言大学出版社。
梁敬美(2002)《"这—"、"那—"的语用与话语功能研究》,中国社会科学院博士学位论文。
刘悦明(2011)"这/那、this/that"心理距离指示现象分析,《西安外国语大学学报》第1期。
卢福波(1996)《对外汉语教学实用语法》,北京语言文化大学出版社。
鲁健骥(1994)外国人学汉语的语法偏误分析,《语言教学与研究》第1期。
吕叔湘(1985)《近代汉语指代词》,学林出版社。
吕叔湘(1990)指示代词的二分法和三分法——纪念陈望道先生百年诞辰,《中国语文》第6期。
齐沪扬主编(2005)《对外汉语教学语法》,复旦大学出版社。
沈家煊(2015)《不对称和标记论》,商务印书馆。
石毓智(2010)《汉语语法》,商务印书馆。
王灿龙(1999)《现代汉语照应系统研究》,中国社会科学院博士学位论文。
王灿龙(2006)试论"这""那"指称事件的照应功能,《语言研究》第2期。
王道英(2005)《"这"、"那"的指示功能研究》,学林出版社。
肖奚强(2001a)略论偏误分析的基本原则,《语言文字应用》第1期。
肖奚强(2001b)外国学生照应偏误分析——偏误分析丛论之三,《汉语学习》第1期。
徐　丹(1988)浅谈这/那的不对称性,《中国语文》第2期。
徐赳赳(2003)《现代汉语篇章回指研究》,中国社会科学出版社。
徐赳赳(2010)《现代汉语篇章语言学》,商务印书馆。
徐开妍、肖奚强(2008)外国学生汉语代词照应习得研究,《语言文字应用》第4期。
徐默凡(2001)"这"、"那"研究述评,《汉语学习》第5期。
杨永生、肖奚强(2020)韩国学生"这/那"类指示代词篇章回指习得考察,《汉语学习》第4期。
杨玉玲(2006)单个"这"和"那"篇章不对称研究,《世界汉语教学》第4期。
周晓芳(2011)欧美学生叙述语篇中的"回指"习得过程研究,《世界汉语教学》第3期。
Bühler, K. (1934/2011) *Theory of Language*：*The Representational Function of Language*. Translated by Goodwin, D. F.. Amsterdam/Philadelphia：John Benjamins Publishing Company.
Cornish, F. (1986) *Anaphoric Relations in English and French*：*A Discourse Perspective*. London：Croom Helm.
Quirk, R., Greenbaum, S., Leech, G. & Svartvik, J. (1985) *A Comprehensive Grammar of the English Language*, London：Longman.
Yule, G. (2020) *The Study of Language*(*Seventh Edition*). Cambridge：Cambridge University Press.

(1.210024　江苏南京,南京师范大学国际文化教育学院；
2.241002　安徽芜湖,安徽师范大学国际教育学院)

留学生书面作文中与时间有关的数字使用问题
——以 HSK 动态作文语料库为例*

钟小勇　盛梦明

摘　要：留学生书面作文中出现不少与时间有关的数字使用问题。文章探讨了"年、月、日"表达、概数表达、"〇"或"零"的使用、相关格式符号的使用等四个方面的问题，这些问题的产生跟汉语数字使用规范、留学生、教材和教师教学等都有关。汉语教师应熟悉汉语数字使用相关规范，引导学生正确使用数字。

关键词：书面作文；数字使用；时间；规范

〇、引言

用数字或数词[①]计量或编号，是日常生活中的重要语言活动，也是语言教学的重要内容。虽然不少汉语教材或汉语教学研究文献关注了数字，但往往偏重于探讨数字的文化、修辞内涵，如张清常（1990）、张德鑫（1999）等，探讨常用数词（如"一""几""半"等）的用法，辨析易混淆数词（如"二"和"两"、"几"和"多少"等）的差异，如刘月华等（2001：125）、齐沪扬主编（2005：71）等，而对数字使用关注较少。

本文所说的数字使用是指书面作文、考试或作业等活动中用数字计量或编号时，数字形式（汉字数字、阿拉伯数字）、格式（是否简写、占格等）以及相关符号等的使用或选用。笔者发现，留学生书面作文中出现不少数字使用问题，下面以《出版物上数字用法》（GB/T 15835—2011）、《标点符号用法》（GB/T 15834—2011)等标准或规范为参照，以HSK动态作文语料库（ver2.0）中与时间有关的数字使用问题为对象，探讨留学生书面

---

*　本文为国家社科基金重大项目"对外汉语教学语法大纲研制和教学参考语法书系（多卷本）"（项目编号：17ZDA307）阶段性成果之一。感谢匿名专家宝贵意见。文中尚存不足，概由笔者负责。

①　本文考察的数字形式包括记录数词的文字或符号。

作文中数字使用的问题。为使问题更集中,本文选取了较为常见、突出的四个方面①("年、月、日"表达问题、概数表达问题、"〇"或"零"的使用问题、相关格式符号的使用问题)加以重点分析,同时简要分析产生这些问题的主要原因,以期为汉语数字使用教学提供思路和资料。

一、主要类型

1.1 "年、月、日"表达问题

留学生在表达汉语的"年、月、日"时,常常出现一些问题,下面从四个方面做些分析(各类之间有交叉)。除非特别说明,本节统计时以语料库中 1980 年至 2010 年这 31 个年份及其所涉月份、日期等时间为对象。

1.1.1 "年、月、日"顺序不对

有些留学生作文"年、月、日"的顺序与汉语"年、月、日"顺序不一致,甚至是同一个国家留学生作文"年、月、日"的顺序也不完全一致,如②:

(1) a. 9 月 16 日 2005 年(新加坡)

b. 17 - 09 - 2005(新加坡)

c. 2005 年 9 月 17 日(新加坡)

(2) a. 3/6/95(马来西亚)

b. 19.3.95(马来西亚)

c. 95 年 3 月 19 日(马来西亚)

例(1)是新加坡学生作文,例(2)是马来西亚学生作文。例(1)a 和例(2)a 是"月—日—年"的顺序,例(1)b 和例(2)b 是"日—月—年"的顺序,例(1)c 和例(2)c 是"年—月—日"的顺序。

有些作文"年、月、日"顺序不易确定,主要是年份简写形式(前两个数字省略,未简写的称为"完整形式")为 01 至 12 的,或者月份、日期数字为 1 至 12 的,如上例(2)a,如果不知道考试时间是三月,则也可理解成是"日—月—年"的顺序。再如:

(3) 2001. 3. 9(日本)

---

① 各类之间有交叉,这样分类仅是为了便于分析,同时也参照了《出版物上数字用法》的相关处理。

② 一个用例可能有多个问题,分析时一般只涉及相关问题。例句用字等尽量遵照原文,有些例句后附原文图片。

(4) 2001.5.12(韩国)

(5) 01,05,12(韩国)

语料库中,包含"年、月、日"三项的时间表达(采用阿拉伯数字)有 371 例,其中符合汉语"年—月—日"顺序的有 284 例,占 76.5%;不符合汉语"年—月—日"顺序的有 56 例,占 15.1%;顺序不易确定的有 31 例,占 8.4%。表 1 是出现用例较多的六个国家学生作文"年、月、日"顺序情况①:

表 1 六个国家学生作文"年、月、日"顺序情况

	符合汉语"年—月—日"顺序		不符合汉语"年—月—日"顺序		顺序不易确定		小计/例
	例数/例	百分比/%	例数/例	百分比/%	例数/例	百分比/%	
韩国	130	80.7	2	1.2	29	18.0	161
马来西亚	13	44.8	16	55.2	0	0	29
日本	22	95.7	0	0	1	4.3	23
新加坡	89	71.8	35	28.2	0	0	124
印度尼西亚	10	100	0	0	0	0	10
越南	9	90	1	10	0	0	10
小计	273	76.5	54	15.1	30	8.4	357

由此看出,不符合汉语"年—月—日"顺序的主要是马来西亚和新加坡学生作文。顺序不易确定的主要是韩国学生作文,占韩国学生作文用例的 18.0%。日本学生作文"年、月、日"顺序与汉语几乎完全一致。

还有一个现象值得注意,年份为简写形式的 47 例中,不符合汉语"年—月—日"顺序(如"15/3/95""12 月 4 日 93 年")的用例有 31 例(占 66.0%),这一数量多于完整形式(324 例)中不符合汉语"年—月—日"顺序的用例(25 例,占 7.7%)。

《出版物上数字用法》(第 4 页)指出,汉语"年月日的表达顺序应按照口语中年月日的自然顺序书写",如写成"1998 年 8 月 25 日""1998 - 8 - 25""1998 - 08 - 25"(以上用阿拉伯数字)或"一九九八年八月二十五日"(用汉字数字)等。据此,留学生作文中不符合汉语"年—月—日"顺序或顺序不易确定的不规范形式有 87 例,占所有用例的 23.5%,近四分之一。

留学生作文"年、月、日"采用汉字数字的未见不符合汉语"年—月—日"顺序的。

1.1.2 年份数字简写

有些留学生作文用阿拉伯数字表示年份时,常常省略前面两个数字,如:

(6) 93 年 12 月 4 日(新加坡)

---

① 由于四舍五入的原因,有些项目的比例总和会比 100.0% 略多或略少,下同。

(7)93 年 12 月 3 日(蒙古)

(8)01,5,13(韩国)

语料库中,阿拉伯数字年份简写形式有 88 例,出现在以下国家学生作文中:新加坡(26 例)、日本(21 例)、马来西亚(15 例)、韩国(14 例)、印度(3 例)、阿曼(1 例)、澳大利亚(1 例)、法国(1 例)、蒙古国(1 例)、塞拉利昂(1 例)、泰国(1 例)、印度尼西亚(1 例)、越南(1 例)、中国(1 例)。① 其中"年""月""日"用标点符号代替的(如"04 - 12 - 93")有 39 例,占简写形式的 44.3%。

阿拉伯数字年份简写形式主要出现在 1980 年至 1999 年这 20 个年份,共有 77 例,占简写形式的 87.5%,表 2 是用例较多的四个国家学生作文这 20 个年份的简写形式和完整形式的比例情况:

表 2　四个国家学生作文阿拉伯数字年份简写形式和完整形式的比例

	简写形式/例	完整形式/例	(简写形式/完整形式)/%
韩国	10	58	17.2
马来西亚	14	41	34.1
日本	21	101	20.8
新加坡	21	83	25.3
小计	66	283	23.3

由此看出,马来西亚学生作文年份简写形式与完整形式之比为 1∶3 左右,新加坡学生作文约为 1∶4,日本和韩国学生作文也有一定比例。从平均比例来看,这四个国家学生作文年份简写形式与完整形式之比约为 1∶4。

根据《出版物上数字用法》(第 4 页),四位阿拉伯数字表示的年份不应简写为两位数字。主要是可能造成表意不清晰,甚至引起歧义。如"93 年"可以指"1893 年""1993 年"等,而且"93 年"还可以理解成计量,即九十三年。因而为了不引起歧义,阿拉伯数字表示年份时,数字不宜简写。而且,例(8)由于简写,年份不知是 2001 年还是 2013 年,或是其他年份,如果不简写,就不会出现这种情况②。

---

① 语料库中也有国籍标注为"中国"(未标明区域)的学生的作文,这些作文并不是留学生作文,为全面展示语料库中与时间有关的数字使用情况,本文也一并统计。

② 有些作文中汉字数字表示的年份也简写,语料库中,汉字数字年份简写形式有 36 例,占汉字数字年份表达的 14.9%,出现在以下国家学生作文中:新加坡(14 例)、日本(9 例)、马来西亚(4 例)、中国(3 例)、韩国(2 例)、法国(1 例)、美国(1 例)、印度尼西亚(1 例)、英国(1 例)。也主要出现在一九八〇年到一九九九年这 20 个年份,共 33 例,占 91.7%。根据《出版物上数字用法》(2011:4),用汉字数字表示的年份简写后的数字可以理解为概数时,一般不简写。根据《出版物上数字用法》解读(2012:25),不会违反表义清晰原则的可以简写,但该书认为如果强调系统一致原则(阿拉伯数字年份形式不简写,有歧义的汉字数字年份形式不简写——笔者注),也不宜简写。

1.1.3 汉字数字和阿拉伯数字混用

有些留学生作文表示"年、月、日"的数字形式不一致,汉字数字和阿拉伯数字混用,如:

(9)二〇〇一年 5 月 12 日(韩国)

(10)一九九三年十二月 4 日(新加坡)

(11)1999 年 10 月二一日(韩国)

(12)一九九〇年 4 月(日本)

(13)199 八年八月三日(日本)

例(9)年份采用汉字数字,月份和日期采用阿拉伯数字。例(10)年份和月份采用汉字数字,而日期采用阿拉伯数字。例(11)年份和月份采用阿拉伯数字,日期采用汉字数字。例(12)年份采用汉字数字,月份采用阿拉伯数字,没有日期。例(13)年份内数字不统一,前三个是阿拉伯数字,后一个是汉字数字。

语料库中,汉字数字和阿拉伯数字混用的有 24 例,①出现在以下国家学生作文中:韩国(12 例)、日本(6 例)、新加坡(3 例)、朝鲜(1 例)、印度(1 例)、越南(1 例)。

由于"年、月、日"都是表时间的,当它们同时出现时,应采用一种数字形式,如例(9)可写成"二〇〇一年五月十二日"或"2001 年 5 月 12 日",这样才符合系统一致原则(《〈出版物上数字用法〉解读》第 12 页)。例(11)标注者在日期两个数字"二""一"中间添加了"十",虽然仅就日期而言没什么问题,但从整个"年、月、日"表达来看,还是违背了系统一致原则(年份和月份是阿拉伯数字,日期是汉字数字),因而应将表日期的数字改为"21"。

1.1.4 数字间符号使用不规范

阿拉伯数字表示"年、月、日"时,"年""月""日"等字常常省略,"年""月"可用标点符号代替,留学生作文中有多种表示法,如:

(14)2001.4.15(泰国;原文:2001. 4. 15)

(15)2001/4/17(越南;原文:2001/4/17)

(16)4/12-93(印度尼西亚;原文:4/12-93)

(17)2005-09-17(新加坡;原文:2005-09-17)

---

① 语料库中还有无年份,月份、日期数字形式不统一的,如"12 月四日(新加坡)""五月 1 号到五月 3 号(日本)"等,共 6 例。

其至同一个国家不同学生使用符号都不一样,如以下都是韩国学生作文中的表达:

(18)2001/5/12(韩国;原文:2001/5/12)
(19)2001、5、12(韩国;原文:2001、5、12)
(20)2001,5.12(韩国;原文:2001,5.12)
(21)2001-5-12(韩国;原文:2001-5-12)
(22)2001,5 12(韩国;原文:2001,5 12)

语料中,这类表达有 81 例(年份为完整形式),出现在以下国家的学生作文中:韩国(44 例)、新加坡(17 例)、日本(9 例)、马来西亚(5 例)、加拿大(2 例)、越南(2 例)、泰国(1 例)、印度尼西亚(1 例)。表 3 是用例较多的四个国家学生作文情况①:

表3 四个国家学生作文年、月、日之间标点符号使用情况

	下脚点(.)		顿号(、)		斜线(/)		短横线(-)		其他		小计/例
	例数/例	百分比/%	例数/例	百分比/%	例数/例	百分比/%	例数/例	百分比/%	例数/例	百分比/%	
韩国	22	50.0	15	34.1	1	2.3	1	2.3	5	11.4	44
马来西亚	2	40.0	0	0	2	40.0	0	0	1	20.0	5
日本	9	100.0	0	0	0	0	0	0	0	0	9
新加坡	6	35.3	0	0	4	23.5	7	41.2	0	0	17
小计	39	52.0	15	20.0	7	9.3	8	10.7	6	8.0	75

由此看出,除日本学生只使用下脚点外,其他国家学生都使用几种符号。

根据《出版物上数字用法》(2011:4),当阿拉伯数字用于表示时间,"年、月、日"都完整时,"年""月"可以用短横线"-"替代且"日"字删去。当"月"和"日"是一位数时,出于对齐或排版美观要求,可在数字前补"0"(《〈出版物上数字用法〉解读》第 24 页)。据此,上例(17)和例(21)是规范的写法(还考虑了"年、月、日"顺序),而且语料库中,只有这两例是规范的。

此外,有两例印度尼西亚学生作文用汉字数字表示"年、月、日"时,"年""月"用标点符号代替,列举如下:

(23)一九九三.十二.四(印度尼西亚;原文:一九九三.十二.四)
(24)九三、十二、四(印度尼西亚;原文:九三、十二、四)

这些都是不规范的,用汉字数字表示"年、月、日"时,"年""月""日"等字应保留。

1.2 概数表达问题

不确定的时间可以用概数形式来表达。留学生作文中出现的主要问题是连用的汉

---

① "其他"是指使用了多种符号或符号不易辨识等情况。

字数字之间加标点符号,以及阿拉伯数字连用表示概数。

1.2.1 连用的汉字数字之间加标点符号

有些留学生作文用汉字数字连用的方式表示概数,但汉字数字之间有标点符号,如:

(25) 别的人工五、六点就回家了。但我不想走。(日本)

(26) 今年七、八月份是我的最后的假期。(日本)

《出版物上数字用法》(2011:5)指出,"两个数字连用表示概数时,两数之间不用顿号'、'隔开"。这样处理主要是为了避免歧义,从结构层次看,表达概数的连用汉字数字是一个整体,口语中,两个数字之间没有停顿;如果加上标点符号,则可能将两个汉字数字看作并列关系。(《〈出版物上数字用法〉解读》第 43 页)

语料库中,连用汉字数字之间加标点用于表时间的用例不多,只见到 4 例,表时点(3 例)和月份(1 例),均出自日本学生作文。语料库中,连用汉字数字之间加标点的更多见于表年龄或其他数量。①

1.2.2 阿拉伯数字连用表示概数

留学生作文中也可见到连用阿拉伯数字表示概数的现象,②如:

(27) 2000 年 78 月份,我回到印度尼西亚去了。(印度尼西亚;原文: 7 8 月份)

(28) 到了晚上 8,9 点钟,我一直在我的研究室读书。(韩国;原文: 8、9 点钟)

《出版物上数字用法》(第 2 页)指出,"数字连用表示的概数、含'几'的概数,应采用汉字数字",主要也是为了避免歧义,如果使用阿拉伯数字,则可能出现如例(27)"78 月份"这样的表达,其中"78"可看作一个数词结构。而且,即使阿拉伯数字之间有顿号,仍可能造成歧义,如例(28)"8、9 点钟"可能理解成 8 点或 9 点。

语料库中,连用阿拉伯数字表示概数的有 5 例,其中表时间的有 2 例,即上例(27)、例(28)。

1.3 "〇"或"零"的使用问题

"0"是阿拉伯数字,"〇"和"零"都是汉字数字。根据《出版物上数字用法》(2011:5),"〇"主要用于编号,而"零"主要用于计量。留学生作文可以见到将年份中的"〇"写

---

① 语料库中,连用汉字数字表概数(包括表时间),汉字数字之间有标点符号的有 47 例,主要出现在以下国家学生作文中:日本(14 例)、印度尼西亚(7 例)、新加坡(6 例)、韩国(6 例)、缅甸(4 例)、泰国(4 例)、澳大利亚(2 例)、中国(2 例)、朝鲜(1 例)、马来西亚(1 例)。没有标点符号的有 59 例。

② 两个阿拉伯数字之间有"-""~"等符号的形式(如"6—7 次""3~4 年")是规范的,不是这里讨论的现象。

作"零"的现象,①如:

(29) 我一九七零年在汉城出生,一直到现在在汉城长大。(韩国)

(30) 一九四零年我出生在邦加梧港市。(印度尼西亚)

(31) 一九四零年他认识了一位以色列人。(比利时)

(32) 本人今年三十四岁,于二零零一年在新加坡国立大学考获工商管理硕士学位。(新加坡)

(33) 零五年九月十日(美国)

语料库中,1980 年至 2010 年这 31 个年份中,出现"零"的用例有 46 个,占汉字数字表示年份用例(205 例)的 22.4%。其中完整形式 42 个,简写形式 4 个。出现"零"的年份出现在以下国家学生作文中:新加坡(23 例)、马来西亚(12 例)、印度尼西亚(3 例)、韩国(2 例)、美国(2 例)、澳大利亚(1 例)、日本(1 例)、希腊(1 例)和中国(1 例)。

根据《出版物上数字用法》(第 5 页),一个数字用作计量时,其中的"0"的汉字书写形式为"零",用作编号时,"0"的汉字书写形式为"〇",并举例:"公元 2012(年)"的汉字数字形式为"二〇一二"(不写为"二零一二")。年份主要是编号,而不是计量,因而不宜使用"零"。上面各例中的"零"都应写成"〇"。

1.4 相关格式符号的使用问题

使用数字时,往往需要采用一定的格式或使用标点符号,留学生作文在相关格式或符号的使用上也常常出现问题。

1.4.1 定型词语使用标点的问题

如关于五一国际劳动节,留学生作文中有如下表达:

(34) 对了,爸妈,我们学校"五一"时连续放七天假,我想去旅行。(蒙古;原文:"五一")

(35) 今年五·一放假的时候,我的亲妹来沈阳看看我。(日本;原文:五·一)

(36) "五·一"节放假的七天里,我们全家去了古镇周庄游览。(日本;原文:"五·一"节)

(37) 今年中国的"五.一节,假期是比较长期。(日本;原文:"五.一节)

(38) 最近的一个假期是"五一"劳动节。(越南;原文:"五一"劳动节)

---

① 留学生作文中,"零"也用于门牌号、邮编和手机号码等,如"联系地址:大牌三五五亢羊路一巷,三楼门牌七零一,陲局编号七三零三五五(马来西亚)"。语料库中,这类用例有 14 个,主要出现于马来西亚、新加坡等国学生作文。

(39) 这是为了记念"五一劳动节"所以我们放假的。(印度尼西亚;原文:"五一劳动节")

这些用例都采用汉字数字形式,尊重了传统。但由于五一国际劳动节是定型词语,而且是大家熟悉的节日,因而不需要加引号。同时,由于未涉及一月、十一月和十二月,"五"和"一"之间也不要加间隔号。(《〈出版物上数字用法〉解读》,第33页)因此,以上各例都不是规范表达。当然为使表意更明确,可以在"五一"后加上"劳动节"或"国际劳动节"等字。

语料库中,共有35例涉及五一劳动节。不带引号,也不带间隔号的有17例(占48.6%),它们可看作规范表达,其中日本学生作文15例,韩国学生作文2例。其他18例(占51.4%)是不规范形式,出现在以下国家学生作文中:日本(13例)、泰国(2例)、蒙古(1例)、印度尼西亚(1例)、越南(1例)。这些不规范形式中,带引号的有11例,"五"和"一"之间带间隔号或下脚点号的有12例。

1.4.2 数字占格问题

下面重点看阿拉伯数字占格问题。留学生作文阿拉伯数字占格很不统一,一至四个阿拉伯数字占一格的都有,甚至同一篇作文不统一的情况也可见到,如:

(40) a. 1989年10月我开始学习(奥地利)
     b. 1991年我留学生回(奥地利)

(41) a. 从1992年开始跟韩国外交关系(韩国)
     b. 从1992年开始汉语(韩国)

例(40)出自同一个奥地利学生作文,例(40)a 是两个数字占一格,例(40)b 是一个数字占一格。例(41)出自同一个韩国学生作文,同是1992,例(41)a 是两个数字占一格,例(41)b 是前三个数字占一格,后一个数字跨格。

笔者重点对1980年至2010年这31个年份(完整形式,共739例)占格情况进行了统计,显示一个数字占一格的有236例,占31.9%;两个数字占一格的有326例,占44.1%;四个数字占一格的有69例,占9.3%;其他的(包括跨格、不同行等现象)有108例,占14.6%。表4是用例较多的六个国家学生作文的情况:

表4 六个国家学生作文表年份数字占格情况

	一字一格		两字一格		四字一格		其他		小计/例
	例数/例	百分比/%	例数/例	百分比/%	例数/例	百分比/%	例数/例	百分比/%	
韩国	85	34.3	135	54.4	12	4.8	16	6.5	248
马来西亚	25	43.9	13	22.8	0	0	19	33.3	57
日本	55	44.0	52	41.6	7	5.6	11	8.8	125

	一字一格		两字一格		四字一格		其他		小计/例
	例数/例	百分比/%	例数/例	百分比/%	例数/例	百分比/%	例数/例	百分比/%	
新加坡	36	18.6	93	47.9	25	12.9	40	20.6	194
印度尼西亚	14	46.7	7	23.3	6	20.0	3	10.0	30
越南	1	5.6	4	22.2	8	44.4	5	27.8	18
小计	216	32.1	304	45.2	58	8.6	94	14.0	672

由此看出,这六个国家学生作文基本每一种数字占格都有用例,仅就一字一格和两字一格而言,印度尼西亚和马来西亚学生作文一字一格比例(46.7%、43.9%)高于两字一格的比例(23.3%、22.8%),而日本学生作文两者比例基本一致,韩国、新加坡和越南学生作文两字一格的比例(54.4%、47.9%、22.2%)高于一字一格的比例(34.3%、18.6%、5.6%)。

根据《出版物上数字用法》(2011:4),"出版物中的阿拉伯数字,一般应使用正体二分字身",即占半个汉字位置,据此两个数字占一格的是规范的。由上表可知,这六个国家学生作文年份数字占格不规范用例(368例,占54.8%)超过规范用例(304例,占45.2%)。相比较而言,韩国、新加坡和日本学生作文在年份数字占格方面更规范一些。

还应注意的是,有些留学生作文出现年份数字不在同一行的现象,如:

(42) [手写示例] (日本)

(43) [手写示例] (印度尼西亚)

语料库中,年份数字不在同一行的有19例,出现在以下国家学生作文中:日本(8例)、韩国(4例)、印度尼西亚(2例)、马来西亚(2例)、法国(1例)、科威特(1例)、中国(1例)。这类表达破坏了年份的整体性,是不规范的。

留学生作文中也见到一例汉字数字占格问题,如:

(44) [手写示例] (日本)

其中"一九九〇"两个汉字占一格,不符合规范,后文"二"一个汉字占一格,符合规范。

上文从四个方面探讨了留学生作文中与时间有关的数字使用问题。除此之外,语料库中还出现以下时间表达:

(45) 韩国在一九五十年的时候国家很难。(韩国)

(46) 自一九九十年在英国的维尔斯大学毕业后,我就一直担任这份工作。(新加坡)

(47) 他一九十一年在日本的高知县出生的。(日本)

例(45)涉及的年份是"1950年",但该例将其中数字分成两部分,前两个数字看作表编号,后两个数字看作表计量,破坏了年份的完整性。年份主要表示编号,因此可写成"一九五〇",当然特定情况下也可看作表计量,写成"一千九百五十"。其余两例也是破坏了年份的完整性。

这类现象不常见,语料库中只找到5例表时间的数字,出现在日本(2例)、韩国(1例)、新加坡(1例)和印度尼西亚(1例)等四个国家学生作文中。不过,类似现象也见于表年龄的数字中,如"我是三三岁的男人(韩国)"。

二、原因简析

关于产生以上数字使用问题的原因,笔者认为可以从汉语数字使用、留学生、教材和教师教学等几个角度分析。

从汉语数字使用角度看,阿拉伯数字和汉字数字使用和选用有多种规范,汉语数字使用规范与其他语言数字使用规范也不完全一致,如"年、月、日"的顺序、"零"的使用等。而且有些现象可能以前并不是不规范的,如连用汉字表概数且汉字之间出现顿号,以及"零"用于年份的现象,也可见于权威媒体[1]。不过既然有些表达可能引起歧义,国家也出台了相关标准,笔者认为,汉语教学时应遵循相关标准或规范,因为汉语教学语法毕竟是一种规范语法。

从留学生的角度看,他们对数字使用关注不够,或者学得不牢靠,使用时有时具有随意性,如"年、月、日"使用数字形式不统一、数字占格不统一等问题显然是随意所致。同时有些问题也可能受到自己母语数字使用规则的影响,如关于"年、月、日"顺序,新加坡学生作文中"1993年12月4日"这一时间有19例涉及,其中"日—月—年"顺序的有13例,"年—月—日"顺序的有4例,"月—日—年"顺序的有2例。"日—月—年"顺序是新加坡的默认顺序[2],新加坡学生作文中这种顺序最多(13例,占68.4%),显然是受母语影响。相反,日语"年、月、日"顺序与汉语一样,(郭晓青,2005)日本学生作文就未见这方面的问题。再如年份使用"零"主要见于新加坡和马来西亚学生作文(35例,占76.1%),这也是受母语影响,因为这两个国家"零"可对应于阿拉伯数字"0",语料库中,不仅年份,甚至邮编、路号和手机号中的"0",这两个国家学生的作文都有写成"零"的。再如连用汉字数字表示概数(表时间)、数字之间加顿号的现象只见于日本学生,这也是

---

[1] 如《人民日报》等,另参看郭龙生(2015)等。
[2] 参看尚国文、赵守辉(2014)举的例子。

因为日语中有这种表达。(陈庆红,1996)此外,日本学生代替"年、月、日"中的"年""月"只用下脚点".",也应是受母语影响。当然,有些问题还可能跟考试作文有关,由于紧张,一些符号(如标点符号、"〇"等)会写得不规范,漏写"年""月""日"等字。

从教材的角度看,大多数对外汉语教材对汉字数字使用规范强调得不够,如关于"年、月、日"顺序和概数表达,笔者查阅了七套对外汉语教材(综合类),①发现虽然这些教材涉及相关内容,但只是提到汉语采用"年—月—日"的顺序、汉语可连用相邻数字表示概数,未涉及年份是否可省略、"年、月、日"数字形式是否统一、"年""月"用符号(-)替代等内容,也未涉及连用相邻阿拉伯数字可否表概数、数字之间是否可用标点符号等内容。《汉语教科书》也提到"零"的用法,主要强调其补位用法。再如关于数字占格,笔者查阅了四种写作教材或资料,②只有两种提到写作格式(赵建华、祝秉耀,2003;宋长宏,2017),而且都只提到一个字占一个格,这对阿拉伯数字是不适用的。当然,教材这样处理可能有自身考虑(如为了简明),不过,扼要说明相应规范也是必要、可行的,留学生作文出现相关问题即可证明这种必要性。③

从教师教学的角度看,主要是教师对数字使用规范掌握得不够牢靠。下面从标注者标注、修改的角度加以分析,因为标注者往往是教师。如下列有关"0"或"〇"的修改:

(48)二十一岁的一九七零{CC 〇}④年九月三日他们俩结婚了。(韩国)

(49)二零零一{CC2001}年一{CC1}月十三{CC13}号⑤,我回到日本。(日本)

例(48)标注者将"〇"改为"零",其实"〇"主要是表编号的,"零"主要是表计量的,年份主要是表示编号,原文表达("一九七〇")才是规范的。例(49)标注者将阿拉伯数字表示的"年、月、日"改为汉字数字,这没必要,因为阿拉伯数字比汉字数字更经济、醒目(《〈出版物上数字用法〉解读》第10页);同时,标注者将"0"改为"零"也是不规范的。

基于以上原因,笔者认为教师教学时应树立规范意识,熟悉《出版物上数字用法》(GB/T 15835—2011)和《标点符号用法》(GB/T 15834—2011)等标准或规范,同时引导学生树立规范意识,通过比较不同语言数字使用规范以及不断训练来强化汉语数字

---

① 这些教材是:李泉主编(2011—2013),李晓琪主编(2012—2019),许金生、胡文华、吴中伟主编(2019—2020),陈绥宁、沈萌萌主编(2019),北京大学外国留学生中国语文专修班编(2020),杨寄洲主编(2016),刘珣主编(2010—2012)。

② 这些写作教材或资料是:李泉主编(2011—2013),赵建华、祝秉耀(2003),宋长宏(2017),王素梅主编(2014)。

③ 笔者查阅了六种相关论著:王还主编(1995),刘月华等(2001),齐沪扬主编(2005),陆庆和(2006),李德津、程美珍(2008),耿二岭(2010)。这些论著关于连用数词表概数的处理与以上汉语综合类教材基本一致。关于"零",也只涉及其补位用法。

④ 原文是:|十|九七|〇|。

⑤ 原文是:|2|0|0|1|年|1|月|13|号|。

使用规范。此外还应注重国别教育,如"年、月、日"顺序问题,主要出现在马来西亚和新加坡等国家学生作文中,教学时可主要对这两个国家学生予以强化。当然教材、专著和大纲等也可引入相应数字使用规范。

三、结语

以上从"年、月、日"表达、概数表达、"〇"或"零"的使用、相关格式符号的使用等四个方面探讨了留学生书面作文中与时间有关的数字使用问题。这些问题主要涉及的是不同数字形式或不同符号的选用问题,似乎是小问题,大概正因如此,汉语教材较少涉及相关内容,研究文献也很少探讨,汉语教师也未引起足够重视。

但笔者认为,这些问题不容忽视,留学生作文中出现不少数字使用问题即是明证。而且这些问题看似只出现于考试作文,如数字占格只跟稿纸有关,但不可否认,书面作文仍是检测留学生汉语水平的重要手段,而且有些问题不仅跟一般书面交际有关,与口语交际也具有一致性(如"年、月、日"顺序、年份数字简写等),因而不容忽视。汉语教师应熟悉相关规范,并引导学生注意规范。

当然,本文主要探讨了与时间有关的汉语数字使用问题。数字还可用于其他领域,如计算重量、面积、编号等,这些领域是否出现以上问题值得进一步探讨。而且由于受语料库的限制,本文主要探讨的其实是韩国、日本、新加坡、马来西亚等亚洲国家学生书面作文数字使用问题,其他国家或地区学生作文是否也存在这些问题值得进一步探讨。

参考文献

北京大学外国留学生中国语文专修班编(2020)《汉语教科书》(上、下册),北京语言大学出版社。
陈庆红(1996)日语"概数"的表示方法,《日语知识》第8期。
陈绥宁、沈萌萌主编(2019)《基础汉语40课》(第2版)(上、下册),华东师范大学出版社。
耿二岭(2010)《图示汉语语法》,北京语言大学出版社。
郭龙生(2015)数词"零"的不同形式及其应用现状分析,《语言文字应用》第2期。
郭晓青(2005)《日语基础语法整理》,世界图书出版公司。
教育部语言文字信息管理司组编(2012)《〈出版物上数字用法〉解读》,语文出版社。
李德津、程美珍编著(2008)《外国人实用汉语语法》(修订本),北京语言大学出版社。
李　泉主编(2011—2013)《发展汉语》(综合类、写作类教材)(第二版),北京语言大学出版社。
李晓琪主编(2012—2019)《博雅汉语》(综合类教材)(第2版),北京大学出版社。
刘　珣主编(2010—2012)《新实用汉语课本》(第2版),北京语言大学出版社。
刘月华、潘文娱、故　韡(2001)《实用现代汉语语法》(增订本),商务印书馆。
陆庆和(2006)《实用对外汉语教学语法》,北京大学出版社。
齐沪扬主编(2005)《对外汉语教学语法》,复旦大学出版社。

尚国文、赵守辉(2014)新加坡华语的时间表达与规范,《南开语言学刊》第1期。
宋长宏(2017)《初级汉语写作教程》,北京语言大学出版社。
王　还主编(1995)《对外汉语教学语法大纲》,北京语言学院出版社。
王素梅主编(2014)《新HSK应试全解析——六级》,北京语言大学出版社。
许金生、胡文华、吴中伟主编(2019—2020)《速通汉语》,北京语言大学出版社。
杨寄洲主编(2016)《汉语教程》(第3版),北京语言大学出版社。
张德鑫(1999)《数里乾坤》,北京大学出版社。
张清常(1990)汉语的15个数词,《语言教学与研究》第4期。
赵建华、祝秉耀(2003)《汉语写作教程》,北京语言大学出版社。
中华人民共和国国家质量监督检验检疫总局、中国国家标准化管理委员会(2011)《出版物上数字用法》(GB/T 15835—2011)。
中华人民共和国国家质量监督检验检疫总局、中国国家标准化管理委员会(2012)《标点符号用法》(GB/T 15834—2011)。

(311121　浙江杭州,杭州师范大学人文学院)

张宝林《汉语中介语语料库建设研究》出版

张宝林《汉语中介语语料库建设研究》由商务印书馆出版。该书详细、系统地介绍了汉语中介语语料库建设的1.0时代和2.0时代,可以让读者对汉语中介语语料库建设形成完整的了解和认识。

全书共六章,从汉语中介语语料库建设的发展、现状与对策,两个汉语中介语语料库的案例分析,汉语中介语语料库标注规范,汉语中介语语料库建设标准,汉语中介语语料库软件系统等方面进行了全面的研究和探讨,并从学科宏观角度对汉语中介语语料库建设进行了理性思考与总结,包括语料库建设的根本目的与宗旨、语料采集和标注的基本原则、语料库开发和运用的问题和方法等。既有原则性、纲领性的理论观点,也有应用性、实操性的指导建议。为国际中文教育专业的研究者和从业人员了解汉语中介语语料库及其相关应用,提供了较为全面的专业知识和翔实准确的数据信息。本书是汉语中介语语料库建设的实践综述和理论指导,也可作为国际中文教育专业及相关专业研究生的专著型教材。

实境直播短期中文教学模式
师生互动研究*

丁　涵　丁安琪　刘青华　宋艳杰

摘　要：实境直播短期中文教学模式的构建是线上中文教学的新尝试。本研究结合实境直播模式特征，通过修改完善互动分析工具，采用视频分析法及滞后序列分析法，对课堂的师生交互行为、教师提问与学习者发言、沉寂等进行量化分析。结果显示，该教学模式下师生互动形式多样、教学以学习者为中心、互动效率较高、课堂氛围愉悦、路人与学习者互动需授课教师言语引导，并提出优化提问技巧、鼓励移动学习、指导生生互动和传递有效反馈等建议。

关键词：实境直播模式；线上中文教学；师生互动；iFIAS；滞后序列分析

〇、引言

现今，随着新冠疫情防控常态化与教育信息化的深入发展，线上第二语言教学（以下简称"二语教学"）成为主要教学样态。因此，线下到线上教学模式的转变引发课堂互动之变，互动制约线上教学成效。疫情期间线上学习需求的增长、移动辅助语言学习的高速率发展、在线直播教学的广泛运用以及目的语环境语言文化优势的发挥，促使实境直播短期中文教学模式（以下简称"实境直播模式"）构建并实践。（丁安琪、王维群，2021）该模式具有师生时间同步、同步多元互动、临场感强等特征，能够最大限度地贴近疫情前学习者短期来华留学需求，帮助学习者提高中文综合运用能力。直播式实时课堂在网络直播教学模式中更能营造真实的课堂氛围，师生互动水平较强，（焦建利等，2020）能满足汉语技能课所必需的互动需求，（史金生、王璐菲，2021）可提高学习者学习绩效。（焦建利等，2020）

---

* 本研究得到教育部中外语言交流合作中心2021年度国际中文教育研究课题重点项目"国际中文教育专职教师职业身份认同研究"（项目编号：21YH21B）的资助。本文初稿曾于以"新需求、新理念、新路径——新时代国际中文教育高质量发展"为主题的世界汉语教学学会第十四届国际中文教学研讨会（2021年12月）上做学术报告，修改过程中得到了《对外汉语研究》匿名审稿专家的宝贵意见，特此致谢！

一、文献回顾

1.1 实境直播课堂师生互动的理论依据

课堂互动指课堂上言语和非言语的交际模式,是课堂上的一种社交关系,(Richards & Schmidt,1985/2010)也是二语教学的本质特点,(祖晓梅,2009)是促进二语学习者提升语言能力的重要途径。二语课堂互动的心理语言学视角以 Long"互动假说"、Swain"输出假说"和 Schimdt"注意假说"为代表,认为学习者通过互动实现可理解性语言输入,通过认知加工完成语言输出,促进语言习得,提升学习效果;社会文化视角理论来源主要是 Vygosky"最近发展区",即互动的脚手架支持,强调社会因素在学习者语言发展的重要作用。

建构主义理论认为学习者基于自身经验和理解构建新知。因此,实境直播课堂教学提供学习者真实的任务情境,帮助他们发现、分析与解决问题。学习者建构学习的社会实践,塑造其自身语言发展的轨迹(Ellis,1999)并促进线上教学互动。

1.2 线上教学师生互动现状

线上教学互动主要包含学生—老师、学生—学生和学生—内容三种互动形式。(Moore,1989)师生互动是课堂教学的主要环节。线上教学促使传统的师生互动变革,教学方式与互动行为向着"以学习者为中心"转变。线上教学师生互动可通过在线会议工具同步或学习管理平台异步进行。(Le et al.,2022)互动空间分隔、情感阻隔、边界区隔等特点增加互动的不确定性,因此急需加强线上二语课堂师生互动研究。

现今线上中文二语教学师生互动研究成果集中于四个方面:一是对线上中文教学平台建设与虚拟空间构建实现有效互动的畅想,如史金生、王璐菲(2021);二是对线上教学师生互动模式的探索,如李宇明等(2020);三是线上教学师生互动有效性研究,如肖锐、赵晶(2021);四是线上教学师生互动言语行为研究,如李亚男(2021)。已有研究多偏向定性研究,定量研究少,定量研究中研发的互动分析工具易忽视师生互动行为表现等非言语信息。此外,需重点关注的师生互动行为序列没有明确的路径衡量标准,以及对不同教学模式、有效互动教学等多样性研究的探讨。有鉴于此,本研究聚焦于实境直播模式师生互动,借助修改完善后的 iFIAS 分析系统尝试探究师生互动行为频次与特征,采用滞后序列分析法揭示师生互动背后的特点、规律,以期提升线上中文教学互动性和教学效果。

二、研究设计

2.1 研究对象

本文考察的实境直播模式采取小班化教学形式,按照中文水平分为初、中、高三个级别的班级,包含主讲教师5名,助教20名,学习者64名,学习者来自诺丁汉大学、杜伦大学等7所高校。课程每节4课时,共计200课时。随机在每班抽取2节课实录,剪辑去除与教学无关视频后,得到实录共1 647分钟。

2.2 研究方法

基于实境直播模式实情和研究问题,本研究尝试使用iFIAS与滞后序列分析法,分析课堂中师生互动行为模式与特征。

Flanders互动分析系统(FIAS)于20世纪60年代提出,能够量化分析师生互动的过程及影响,是一种有效的、应用广泛的课堂观察分析方法。伴随着教学环境、教学手段、互动类型的更新,国内学者对分析系统实行本土化、个性化的改进设计,结合现代信息技术特点,提出ITIAS(顾小清、王炜,2004)、iFIAS(方海光等,2012)、OOTIAS、IWIAS、SCIAS-T等分析法,场景从计算机辅助教学(CAI)到多媒体教室和智慧课堂,丰富并细化师生互动言语行为、学生沉寂状态以及人与技术、资源、环境等多元、多层次互动。针对新兴的实境直播模式,iFIAS编码系统能够更为客观、全面地反映课堂师生互动,具有科学性和可操作性,增加沉寂行为和信息技术的描述,详细分类编码各类行为、技术模块,量化统计师生互动言语行为,有效评估课堂教学师生互动言语行为质量。

由于师生互动的行为分析方法主要呈现行为频次与占比,并未衡量教学过程中行为转换的重要程度,因而借助Sackett提出的滞后序列分析法(Lag Sequential Analysis,简称"LSA"),可以分析某种行为发起之后产生伴随行为的可能性,以及发起行为与伴随行为的行为序列之间在统计意义上的显著性。(Hawks,1987;江毅等,2019)目前,LSA在教育领域得到广泛应用,如师生互动行为、(江毅等,2019;王觅等,2020)课堂教学行为、学生话语分析、学生学习行为,近年来也运用于英语教学界,如英语学习者学习行为、(李绿山等,2020)教学环境涵盖智慧课堂、移动技术环境和同步课堂。因此,LSA在师生互动分析领域有较好的应用前景,能够分析互动中存在的显著行为序列,挖掘背后的行为特征与规律,帮助教师把握学习者潜在的言语行为模式,更好地说明实境直播模式课堂师生互动特征。

2.3 研究过程

2.3.1 师生互动行为编码及检验

首先,依据实际需要,改进补充 iFIAS 编码系统。编码系统包含教师言语、学习者言语、沉寂及技术四类。实境直播模式打破了传统教学中教师"一人言"的固有形式,互动者扩展至真实学习情景和情境中的普通中文母语者(即路人)。路人在教学活动中扮演重要角色,在主讲老师与助教的协助下,就某一话题或问题与学习者交流,承担教师角色,配合学习者练习对话,分担部分主讲老师和助教的任务,增加课堂交际互动的真实性。由于路人地域、职业、年龄等因素不同,在语音、语调、语速、用词等方面存在差异,其语料使教学更具实感和自然,(丁安琪、王维群,2021)与学习者的对话更具开放性与不确定性。因此,"教师言语"分为主讲老师、助教和路人言语三类。

"沉寂"维度调整为"消极沉寂"与"积极沉寂"。"消极沉寂"细分为三种情况:一是混乱,包括线上教学平台卡顿、设备操作不当导致短暂安静及暂时停顿;二是教师对学习者非预设提问与行为的沉默,教学中思维卡顿;三是学习者对教师命令或教学做出错误理解或不愿回答。"积极沉寂"也细分为三种情况,分别是:其一,教师针对某问题或任务给予学习者独立思考、练习、课堂笔记的时间;其二,教师为教学所做的非言语行为(包含词卡呈现、白板书写、知识对接等教学准备),以及学习者回应教师的非言语行为(包含学习者对教师发放的指示或问题做出点头、举手、表情等非言语行为);其三,实境感知引发的短暂安静。

接着对教学视频进行编码分析。以 3 秒作为取样时间,记录取样时间内的主要互动行为类别。为提高编码信度,2 名研究者协同编码,共包含三个环节:首先,熟悉编码类别与相应行为,保证理解一致;其次,研究者预编码,就有分歧的编码协商讨论;最后,独立正式编码。根据视频编码结果,最终得到编码数量为 35 577 个。经计算,编码结果的 Kappa 一致性系数为 $0.901(P<0.01)$,大于 0.75,信度可靠。

2.3.2 编码数据分析

编码数据通过 GSEQ5.1 软件进行滞后序列分析,生成行为转换频次表和调整后的残差表,分别呈现某种行为引发特定伴随行为的频次,以及依据行为转换频次表生成的残差参数。若 Z-score 大于 1.96,则该行为序列具有统计学意义上的显著性($P<0.05$)。(Bakeman & Gottman,1997)最终根据调整后的残差表,绘制实境直播课堂具有显著意义的行为序列转换图,可视化展现师生互动规律与特点。

三、研究结果

3.1 师生互动言语行为频次及比率分析

依据研究需要重新设定编码序号,对实境直播课堂的 iFIAS 编码详情与数据统计见表1。编码行为出现频次最高的依次为:主讲老师讲授(T6)、学习者被动回应(S1)和积极沉寂(O2),发生频次分别为 6 216、5 577 和 3 676;频次最低的为教师负向反馈(T8、Z8、L8)、路人表扬或鼓励(L2)及路人指令(L7),发生频次分别为 0、4、4。

表1 实境直播课堂师生互动编码行为频次统计表

维度		编码	表述	频次	百分比/%
教师言语	主讲老师	T1	主讲老师接受情感	1 091	3.22
		T2	主讲老师表扬或鼓励	604	1.78
		T3	主讲老师采纳观点	2 181	6.44
		T4	提出封闭性问题	2 969	8.77
		T5	提出开放性问题	812	2.40
		T6	主讲老师讲授	6 216	18.36
		T7	主讲老师指令	1 751	5.17
		T8	负向反馈	0	0
	助教	Z1	助教接受情感	285	0.84
		Z2	助教表扬或鼓励	62	0.19
		Z3	助教采纳观点	164	0.49
		Z4	提出封闭性问题	462	1.36
		Z5	提出开放性问题	54	0.16
		Z6	助教讲授	2 556	7.55
		Z7	助教指令	228	0.67
		Z8	负向反馈	0	0
	路人	L1	路人接受情感	128	0.38
		L2	路人表扬或鼓励	4	0.01
		L3	路人采纳观点	35	0.10
		L4	提出封闭性问题	69	0.20
		L5	提出开放性问题	8	0.02
		L6	路人讲授	247	0.73
		L7	路人指令	4	0.01
		L8	负向反馈	0	0
学习者言语		S1	学习者被动回应	5 577	16.47
		S2	学习者主动回应	603	1.78
		S3	学习者主动提问	138	0.41
		S4	学习者讨论	789	2.33

续表

维度	编码	表述	频次	百分比/%
沉寂	O1	消极沉寂	594	1.76
	O2	积极沉寂	3 676	10.86
技术	TT	教师操纵技术	2 467	7.29
	ST	学习者操纵技术	86	0.25

我们在整合表1数据后,进一步分类师生行为编码并统计分析师生互动编码行为,绘制图1的师生互动行为统计图。在该复合饼图中,主图包含师生互动行为类别,右边的小型饼图分别详细展示教师言语行为中主讲老师、助教和路人三类数据的构成情况。线上实境直播课程的教学并未对教师教学行为产生根本性影响,能保证教学活动的正常开展。结果表明,教师言语行为占比最高(58.85%),低于常模[①](68.00%),说明教师在课堂中引领学习者探究真实中文场景,符合大部分综合课中文教师话语量占比;学习者言语行为占比20.99%,略高于常模(20.00%),表明课堂不是教师权威型的课堂,学习者拥有一定的话语权;沉寂占比12.62%,略高于常模(12.00%),其中86.09%的沉寂情况为学习者思考、准备任务、实境感知等积极沉寂,体现无效言语行为较少,课堂参与度与效率较高,教师课堂管理较为有效;技术应用比率为7.54%,96.63%为教师操纵,说明教师是使用技术的教学主体,运用教学平台打字、课件展示、音视频播放等信息技术辅助完成实境教学的互动交流和任务。教师言语与学习者言语比率为280.43%,低于常模(340%),说明教师言语能够激发、引导学习者表达想法,有一定启发诱导作用。

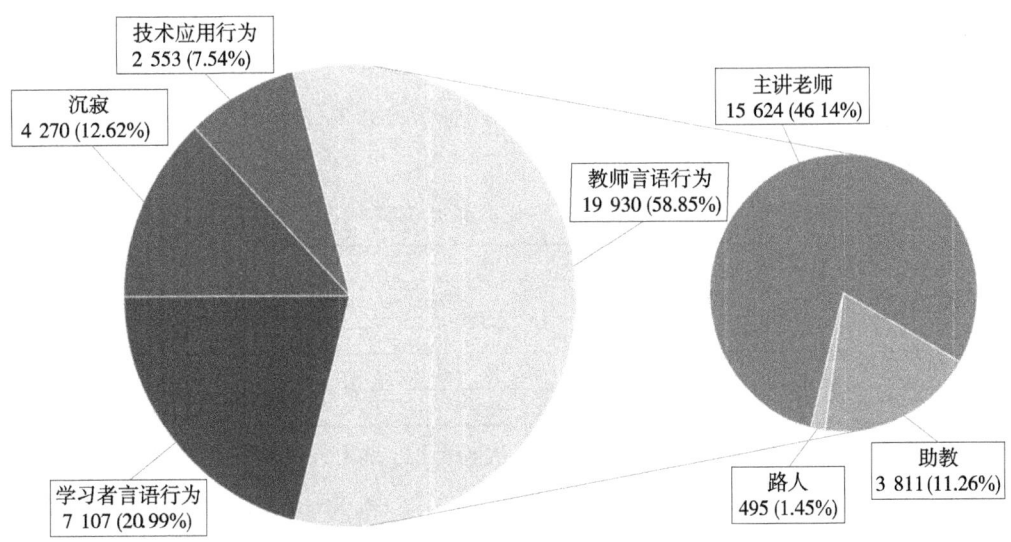

图 1 师生互动行为统计图

---

① 常模是Flanders研究团队分析大量课堂得出的课堂教学行为变量的平均数,下同。

进一步分析得知,教学整体属于混合型课堂,(程云等,2016)涵盖练习、讲授与对话。具体来看,初级、中级和高级中文水平班级分别归属于练习型、混合型和对话型课堂,初级教师话语量高于中高级教师话语量,反映学习者中文水平与言语互动的关联。

3.1.1 教师言语作用分析

间接与直接言语比率为81.15%,小于常模(100%)。由此可知,教师侧重于向学习者施加直接影响,教师讲授占直接影响的81.98%,说明教学互动以知识传授、情境解析为主。主讲老师、助教、路人三类教师间接影响与直接影响的比率分别为96.11%、36.89%和97.21%,由于助教与路人在场景联动的分课堂主要配合主讲老师讲授实境知识点,并且助教没有注重与学习者的互动形式,多为实境讲授指令,如2班助教间接与直接言语比率仅为9.04%,因此比率远低于其他两类教师。

教师积极与消极影响比率为229.65%,远大于常模(100%),说明教师倾向于使用积极方式肯定、鼓励、表扬、接受学习者,重视学习者学习的情感体验,使学习者专注于线上课程内容。教师发挥线上教学优势,通过合理调动空间转化与延展,对实地实物实景直接教学,使用积极言语策略激发学习者学习动机与情感期待,呈现人本主义精神。

因此,教师的教学倾向是实施以讲授为主的教学,在教学过程中作为促进者,给予学习者积极反馈与体验,课堂教学风格轻松愉快。

3.1.2 教师提问与学习者发言分析

教师言语中提问比率为21.95%,低于常模(26.00%),说明提问占比有待增加。提问类型主要是封闭性问题和开放性问题。针对学习者不同中文水平、教师不同教学方式,对教师提问进行统计,结果见表2。

表2 实境直播课堂教师提问互动行为分析结果

	中文水平					平均
	初级		中级		高级	
	1班	2班	3班	4班	5班	
封闭性问题	88.47%	91.83%	79.05%	88.87%	59.29%	80.02%
开放性问题	11.53%	8.17%	20.95%	11.13%	40.71%	19.98%

根据教学内容的复杂程度,当复杂性层次较低时,封闭性问题与开放性问题最佳比值为7∶3;当复杂性层次较高时,其最佳比值为3∶2。(顾小清、王炜,2004)如表2,所有班级封闭性问题与开放性问题比值约为4∶1,偏重于训练型问答(方海光等,2012),以实境知识教授与解读为主。初级班教师的封闭性问题提问类型占比高。这是因为学习者的中文平均学习时长较短,其中包含零基础学习者,语言水平有限,教学中感知输

入与理解输入(Gass,1988)过程较长。教师以练习式、辐合性提问为学习者搭建支架,帮助学习者逐步理解教学内容。中级班教师测重语言点教学,重视语言形式,以提问展示性问题(display questions)为主,测试学习者的基础知识与理解能力。不同班级的教师提问类型比例差异较大,这与教师提问方式有关。例如,4班教师封闭性问题中包含与课堂程序、常规以及课堂管理相关的程序性问题(procedural questions)(Richards & Lockhart,1994),对于参考性问题(referential questions)的提问以趋同性问题(convergent questions)为主,如"你去过北京吗?",通过提问使学习者回忆相关信息进行教学。高级班教师能够较好把握提问技巧,引导学习者高阶思维活动,就所互动事件通过探究、推理、评估等分享个体见解,符合该水平学习者认知特点。

表3 学习者言语行为互动分析结果

	中文水平					平均
	初级		中级		高级	
	1班	2班	3班	4班	5班	
被动应答	72.11%	53.89%	87.55%	88.77%	73.64%	78.47%
主动说话	24.04%	14.33%	6.16%	8.70%	5.70%	10.43%
讨论	3.85%	31.78%	6.29%	2.53%	20.66%	11.10%

表3为学习者发言数据分析。其中,学习者被动应答是通过问题情境学习中文,该比率为78.47%。这远高于主动说话与讨论比率,说明学习者言语行为多受制于教师言语行为的推动,较少由学习者自发产生。学习者主动说话在学习者言语行为中占比最低,主动回应和主动提问分别占81.38%和18.62%,说明自发言语行为尤其是主动提问比率较低,积极性和主动性有所欠缺。该互动频率与封闭性问题活动设计、线上条件的局限性、学习者居家学习环境有关。从不同中文水平来看,学习者水平与主动说话比率呈负相关,中文水平越高,主动说话比率越低,其原因在于学习者母语背景和学习环境。高级中文水平部分学习者拥有华裔背景,且大部分有来华学习中文的经历,多受中国文化的同化影响,学习风格多倾向于沉思型和个体型。初级中文课堂主动说话率高于平均水平,和学习者课堂媒介语、实境教学情境相关。课堂言语普遍出现学习者母语,学习者能够自由表达想法。学习者对陌生国度好奇,学习动机较强,学习风格以视觉型、依赖型、合作型为主。学习者言语中讨论比率略高于主动说话比率,其中初级2班和高级班都高于平均水平。这与教师教学方式相关。教师开展学习者集体讨论与两两讨论,是影响讨论实施与讨论时长的主要因素。在讨论比率高的班级中,教师布置任务开展生生互动,合作探究与讨论交流,学习者注意中文形式,交际压力减少,提升开口度,提供纠正性反馈、修正性产出(modified output)、自发修正(self-correction/self-repair)等独特的中文学习机会和加工环境,激发学习者课堂学习积极性,促进师生互动

的动态平衡。可见,教师提问策略和教学活动的开展影响学习者互动的参与度和积极性。

3.1.3 沉寂分析

课堂沉寂的具体分类统计详见表4,共包含消极沉寂13.91%,积极沉寂86.09%。

表4 实境直播课堂沉寂分析结果

		中文水平					平均
		初级		中级		高级	
		1班	2班	3班	4班	5班	
消极沉寂	混乱	56.45%	50.00%	71.23%	52.69%	52.38%	59.23%
	教师	9.68%	20.65%	23.11%	11.38%	1.59%	15.77%
	学习者	33.87%	29.35%	5.66%	35.93%	46.03%	25.00%
积极沉寂	独立思考	28.18%	41.35%	48.65%	26.83%	37.52%	35.77%
	无声行为	23.32%	10.14%	14.48%	17.38%	6.57%	14.86%
	实境感知	48.50%	48.51%	36.87%	55.79%	55.91%	49.37%

积极沉寂中占比最大的是实境感知,符合实境直播的教学模式。其次为独立思考,体现于教师指令或提问学习者后的片刻思考、练习、笔记时间,给予学习者较为充分的思索时间及表达机会。教师起到教学活动的引导者作用,学习者也在互动中发挥课堂主体地位。积极沉寂在课堂沉寂中比例高,反映沉浸感较强,课堂节奏掌控较好,时间利用率较高。消极沉寂占比最大的是混乱,客观反映线上授课的最大弊端,即实境网络不稳定导致教学真空,影响教学流畅性;占比最小的是教师消极沉寂,主要在于教师没有充分备好课程,导致不够熟悉教学环节,教学思路中断;还有部分原因是教师针对学习者回答或提问不能及时给予反馈与指导,出现教学停滞。学习者消极沉寂在于两点,一是线上自主学习能力较低,思维游离,降低学习效率与听课质量;二是对教学内容不能做出正确、实时回应。此外,教师与学习者消极沉寂占比呈负相关,原因是教师下达指令或提问越多,教师消极沉寂越少,学习者相应的无助于教学的沉寂越多。

3.2 师生互动言语行为序列分析

本研究基于LSA,进一步分析实境直播模式中达到显著水平的师生互动言语行为序列。其中,行为转换频次表的列代表起始行为,行表示伴随行为,列与行交汇的数值是行为转换频次。(江毅等,2019;王觅等,2020;李绿山等,2020)接着对师生互动言语行为转换进行显著性研究,生成调整后的残差表。残差表共存在117组显著行为序列,包含指向自身的28组和其他89组,共同反映实境直播教学师生互动行为的规律特征。绘制图2至图8的行为序列转换图。Z值越大,连线越粗,行为序列显著水平越高。

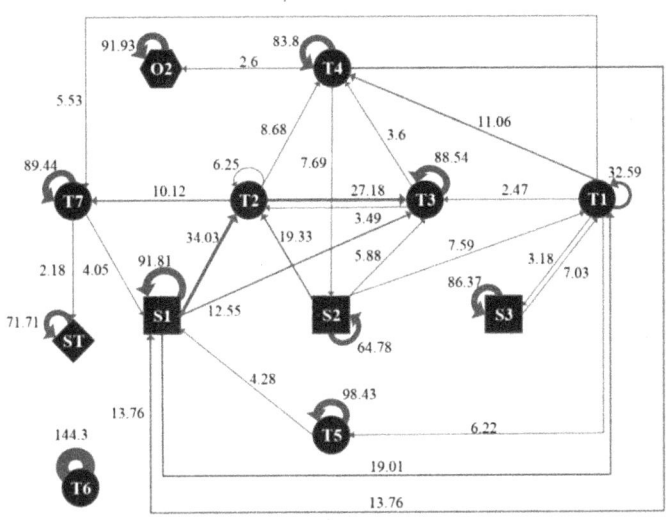

图 2 主讲老师和学习者行为序列转换图

如图 2 所示,从主讲老师与学习者互动来看,达到较高显著性水平的行为是 T4→S1,T1→T4,S1→T1/T2/T3,S2→T2,T2→T7/T3。主讲老师倾向于提问封闭性问题(T4→S1)。待学习者回答后,主讲老师对学习者回答注重运用接受、鼓励、认同等积极反馈(S1/S2/S3→T1,S1/S2→T2/T3,T3→T2,T1/T2→T3)。积极强化行为还会引发进一步提问、指令行为(T1→T4,T2→T4,T3→T4,T1→T5,T2→T7),主讲老师在其中转换课堂角色。主讲老师的指令除了积极强化后指示学习者回答(T1/T2→T7→S1),还体现在指定学习者通过操纵技术互动(T7→ST)。主讲老师提问时能够延长等待时间,帮助学习者思考教学内容(T4→O2)。主讲老师讲授(T6→T6)显著性极高,是独立存在的行为。结合行为转换频次表和视频分析,主讲老师对实境教学知识、语言点的讲解十分关注,讲授时间长、次数多,远大于与其他教学主体的互动频次。可见,主讲老师在以讲授为主的课堂中,充当实境知识传授者和学习过程促进者,关注学习者情感体验,其积极反馈语是激励学习者思考、参与的重要因素。主讲老师提问以封闭性问题为主,考虑等待时间的提问技巧,有助于发挥学习者主观能动性,提高参与课堂学习质量。

在图 3 的助教与学习者的互动规律层面,S2→Z2/Z3,Z4→S2,Z2→Z3,Z3→Z1,Z2→Z7 等行为达到了较高显著性水平。与主讲老师和学习者互动类似的是,助教提问时以封闭性问题为主,给予学习者多种积极回应(S2/S3→Z1,S1/S2→Z2,Z1/Z2→Z3,Z3→Z1/Z2,S2→Z3),并在积极反馈后指令学习者回答(Z7→S1);不同之处在于学习者主动回应助教的显著性较回应主讲老师的更高(Z4→S2 和 T4→S2,Z 值分为 11.24 和 7.69),学习者与助教的互动显著性行为序列较学习者与主讲老师的更少,助教侧重于

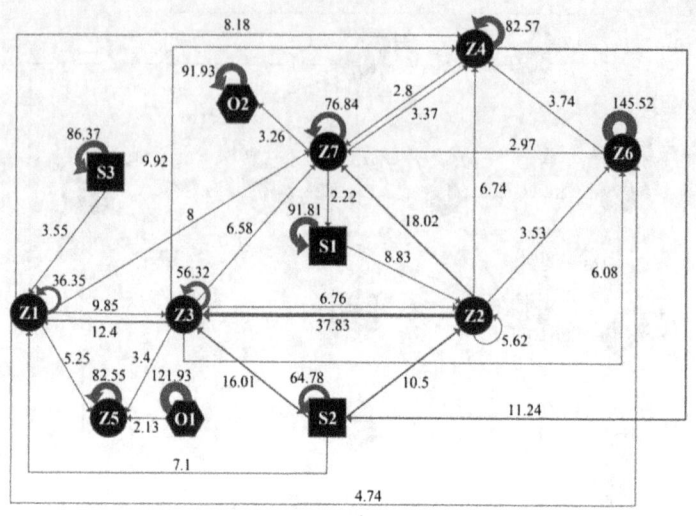

图 3 助教和学习者行为序列转换图

通过讲授后指令学习者感知实境(Z6→Z7→O2),提问封闭性问题后指令学习者回答,或先指令学习者让其回答某一问题,两种行为交替出现(Z4→Z7,Z7→Z4)。学习者主动回应助教的原因与助教演示汉字教学、实境云购物等趣味教学环节相关,可理解输入多,学习者求知欲与积极性较强,参与度较高。然而助教与学习者的互动方式较为单一,缺少一定的提问技巧,存在思路中断等教学停滞现象(O1→Z5)。

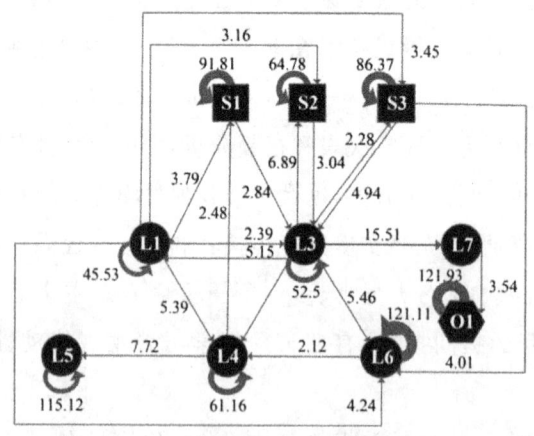

图 4 路人与学习者行为序列转换图

图 4 中,学习者与路人的互动和学习者与授课教师团体的互动相比,主要差异在于采访环节,学习者主动提问路人后出现实境讲解和采纳观点的行为(S3→L6/L3)。路人在互动中存在两类问题,一是提问后没有等待学习者回答,而是继续提问多个问题(L4→L5);二是教学指令模糊,学习者不能迅速准确完成教学要求(L7→O1)。路人

采纳学习者三类言语的行为都达到了显著水平（S1/S2/S3→L3），包含重复学习者主动提问行为，高于授课教师团队采纳学习者言语行为。这体现路人言语在语用层面的真实性，重复学习者话语表示认同，并转接话题，但存在反馈形式单一，缺少言语重构功能。路人言语行为在教师言语行为中占比最少（见图1，1%），因此与学习者互动行为的显著水平不太高。路人在采纳授课教师观点后对学习者指令或提问封闭性问题（L3→L7/L4）是较高显著行为，说明路人按照主讲老师和助教的教学要求与学习者互动，侧面反映授课教师起到课堂的引导者作用，帮助提高路人自然语料的可理解性。

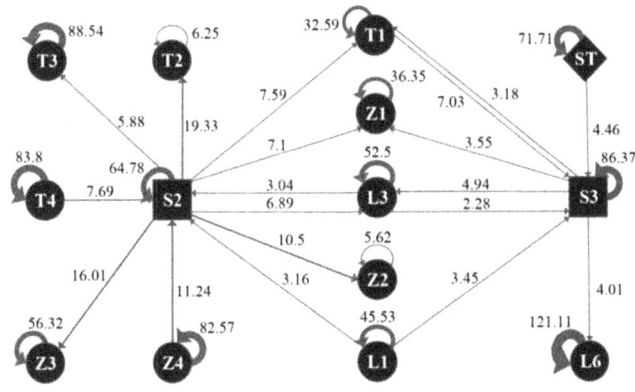

图5 学习者主动说话行为序列转换图

在学习者主动说话方面，图5出现行为序列显著水平最高的依次为 Z4→S2 和 T4→S2，说明学习者主动回应主讲老师和助教言语，学习者有效接收并互动的授课教师团队的言语比率高于路人的言语，这与教师言语的重复、语速、音量、停顿等调适语、积极反馈语（如显著性较强的 S2→T2/Z2/Z3）及教学节奏相关。学习者主动回应助教的显著性水平高于回应主讲老师的，原因在于：一是普遍原因，即助教在实境中担任重要角色，架起学习者与路人良好沟通的稳定桥梁；二是个案原因，3班主讲老师授课存在较多感知失配现象，不能预判学习者语言输出时的真实意图，降低学习者与其互动的积极性。学习者主动提问路人的显著性水平略高于提问主讲老师的（L1→S3，T1→S3，Z值分别为3.45和3.18），原因是学习者希望通过与中文母语者交际对话及完成真实场景的任务，系统、动态地提升跨文化能力，了解目的语社区的多元文化语境。从学习者中文水平来看，学习者主动提问的显著性都不太高，原因是初级水平学习者虽然主动说话比率较高，但用中文表达对事物认识的能力较低；中高水平学习者因受学习风格和线上教学的局限影响，主动提问比率较低。

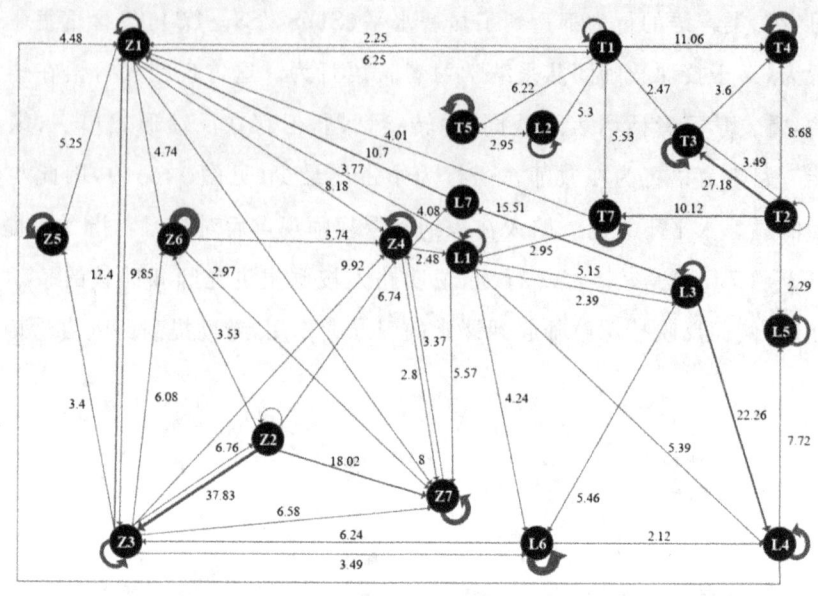

图 6　主讲老师、助教和路人行为序列转换图

　　师师互动主要包含三类。第一类是指令学习者表达观点,行为序列是主讲老师指示路人,路人接受并复述主讲老师的教学内容,对学习者发出指令(T7→L1→L3→L7);第二类是路人介绍实境主题的教学内容,行为序列是主讲老师指令、助教提问或打招呼后,路人问候并讲授(T7/Z4/Z1→L1→L6);第三类是向学习者展示中文母语者的会话交际,包含助教提问路人问题,待路人表达情感或下指令后助教接受并讲授(Z4→L1/L7→Z1→Z6),或者路人提问助教,助教接纳后询问路人细节,路人指示后助教接受与复述(L4→Z1→Z4→L7→Z1→Z3)。在师师互动中,主讲老师、助教和路人是团队合作者和教学材料的提供者。互动以授课教师和路人一对一或多对一为主,强调实境教学的生活性与知识性,通过授课教师引导学习者理解当下语境、语汇,作为鲜活的实境教学材料。

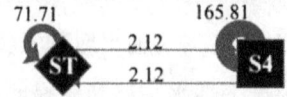

图 7　生生互动行为序列转换图

　　如图 7,生生互动达到了极高的显著水平(S4→S4,Z 值为 165.81),同伴小组练习与讨论持续时间较长。然而行为序列较为单一,体现于生生互动中操纵技术(S4→ST),或技术使用中合作学习(ST→S4)两种行为。这说明学习者与同伴积极交流讨论,但生生互动较少出现教师干预与指导,学习者协作互动效果易打折扣。从视频可知,这限于教学平台分组讨论时教师互动存在盲区,以及教师在小组互评时发挥的支架作用不够充分。

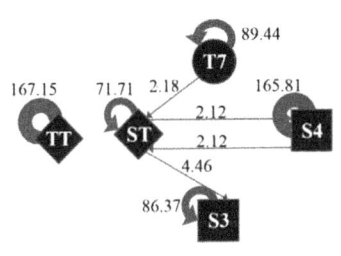

图 8 师生使用技术行为序列转换图

在图8师生使用信息技术方面,教师操纵技术(TT→TT)和学习者操纵技术(ST→ST)分别都达到了很高的显著性水平,说明教师与技术、学习者与技术的互动行为出现的可能性很高。TT为独立产生的行为,并未和其他行为产生显著行为序列。结合视频分析,教师借助技术打字呈现教学内容为2.88%,通过PPT等多媒体展示课件为11.01%,音视频播放占比86.11%。ST一般由教师指令(T7)引发,紧接出现技术使用中学习者主动提问(ST→S3)或生生互动(ST→S4)。互动行为具体包括教师指示学习者线上投票参与实境体验(24.05%),学习者打字说明观点(30.38%),学习者展示课件、图片辅助互动、小组互评(45.57%)。因此,教师使用技术多发挥媒体呈现的作用,拓展实境主题内容,在线上画质、音质不清等突发情况下保证教学进度。学习者在教师指导、生生互动下使用技术,促进中文加工,外显思维活动,提升协商水平。由于学习者使用信息技术的频次及占比低(0.25%,见表1),说明信息技术促进互动的作用还需加强,与教学融合程度还需深入。

四、结论与启示

通过以上对师生互动言语行为频次及比率、师生互动言语行为序列分析,研究发现:师生互动形式多样,包含主讲老师、助教、路人与学习者的互动、师师互动、生生互动和人机互动等。教师角色是中介者,体现在教学中充当知识传授者、活动引导者、过程促进者、团队合作者和材料提供者。课堂呈现"以学习者为中心",以任务为导向,学习者通过实境感知、路人采访、小组探讨,有较多机会参与师生互动,表达自己想法,学习真实语料。授课教师倾向于讲授教学,喜欢提问封闭性问题,对学习者回答注重积极反馈,但存在提问技巧不足、感知失配、教学停滞等问题;路人在师生互动中的重要性、趣味性、时效性凸显,学习者参与度高,但存在提问不够有效、教学指令模糊、反馈形式单一等问题。此外,路人在互动中还出现口音、新词新语等词语"非常规"用法、简短重复及社会文化语境现象,其与学习者的互动需要在授课教师团队的言语引导下进行。师师互动内容是教学材料,帮助学习者了解真实中文语料与教材语言点的差异,教学自由度较大。教学有一定的生生互动,然而教师较少干预和指导。在人机互动中,教师频繁使用技术,发挥媒体呈现作用,学习者在教师指导和生生互动中使用技术,但技术应用不够深入。

基于上述发现,实境直播中文教学互动水平的提升可从以下四个方面着手:

第一,分级差异提问,了解学生情况。结果显示,提问偏重于训练型问答,多为封闭性问题,很大程度上影响学习者互动的积极性。此外,教学内容开放性较大,学习者的具体学习进度存在差异。教师需多增强学习者互动话语权,提升其说话意愿,设计问题要考虑层次性、序列性、衔接性,借助学习者对实境好奇心设置疑点,提供更多实境信息与线索。同时,设计好不同中文水平学习者的学习脚手架,对初级水平学习者以拓展真实语料中的词汇为主,根据路人引入地道、鲜活的生活化词汇,帮助学习者补充词汇教学,提升其自我效能感;针对中高级水平学习者,拓展或引入更多话题,多提问与实境主题相关的,以及拓展的过程性、推理性、参考性问题,培养学习者问题意识。教师也应提前通过邮件帮助学习者了解教学内容,收集学习者学习建议,以便及时更新教学内容。

第二,鼓励移动学习,指导生生互动。实境直播模式下的学习者教育和网络技术应用能力不足,教师缺少对生生互动的技术干预。因此,教师可提前对学习者简单地培训技术,通过课前小游戏、活动等形式,帮助其快速熟悉教学平台的操作。另外,鼓励学习者使用交互式移动设备,给学习者布置真实任务并加以监控,适时提供必要指导。在问题探究与解决中,学习者将移动设备作为认知工具,整合到实境学习环境里。(吴忭、蔡慧英,2015)同时,教师应在生生互动中提供教学干预,优化互动行为,提供以知识为主导和以任务为主导的学习支架,帮助生生探究和建构知识。

第三,减轻感知失配,传递有效反馈。教师在互动中出现实境直播的意外情况,以及教学经验相对匮乏等问题,如不清楚学习者意图,对其错误提供简单回应、仅重复正确目标语形式等模糊反馈,会造成不良的教学效果。因此,教师可在课前设计导学任务单,在布置任务前提供简洁准确的指导,使用实境场景、网络资源、文化移情、生生互动等手段创设教学特定情境,配合多模态教学手段缩短感知距离。教学时,综合运用提问、反馈、小组讨论、路人采访等方式,从学习者需求出发确定互动性决策。在学习者与路人互动过程中,助教的复述能够帮助解决指令模糊、提问不够有效的问题。选择路人时注意甄别,尽量避免严重口齿不清晰者;在路人展开与学习者的对话前,由助教对路人简单培训,增强对话的丰富性与有效性。此外,教师需增强积极反馈的情感意识,认真诊断学习者,采用形式协商的更正性反馈。针对消极沉寂,教师应明晰教学目标、内容与环节,提前规划好教学场景与互动任务,根据实境教学网络质量随机应变,保证教学连贯性。

第四,创设任务互动,重视反思能力。教师应当根据学习者水平给予差异化任务和具体教学任务,将教学内容与学习者生活、实践经验关联,鼓励学习者与路人积极互动,感受实境具身效应。此外,创造利于反思的条件,在课后以团队讨论形式实现有意义的反思,针对实境突发情况及时调整教学内容和顺序,做好教学备选方案,发掘教学实境和教学活动的互动、多种教学手段优势互补的互动等多维互动。课后也可收集学习者反馈和学习日志,采纳并据此调整教学,提高教师自我反思、评估能力和教学效果,以及学习者学习效果。

线上教学为实境直播教学提供了契机,将中文教学扩展到以学习者为中心和现实世界情境中,使学习者意识到中文存在多种变体,在提升学习者自信心的同时,使学习者学到实用的中文用语,掌握应对真实交际环境的能力。实境直播教学的社会临场感、认知临场感、情感临场感较强,呈现教学内容把控特色化、课堂氛围调控积极化、知识建构过程有效化、师生互动方式多元性、交际任务语料真实性的特点,为实境多感官互动增加了可能性。实境教师团队也形成了"多主体对话"的互动状态,既推动了教师资源与教学资源共享,也促进了师生互学关系的发展。我们相信实境直播中文教学将可持续地发展,后疫情时代线上中文教学师生互动水平也将不断提升。

参考文献

程　云、刘清堂、王　锋、王艳丽(2016)基于视频的改进型 S-T 分析法的应用研究,《电化教育研究》第 6 期。
丁安琪、王维群(2021)实境直播短期中文教学模式的构建与实践研究,《国际汉语教学研究》第 4 期。
方海光、高辰柱、陈　佳(2012)改进型弗兰德斯互动分析系统及其应用,《中国电化教育》第 10 期。
顾小清、王　炜(2004)支持教师专业发展的课堂分析技术新探索,《中国电化教育》第 7 期。
江　毅、王　炜、李辰钰、康苗苗、沈　洁(2019)智慧教室环境下师生互动行为研究,《现代远距离教育》第 3 期。
焦建利、周晓清、陈泽璇(2020)疫情防控背景下"停课不停学"在线教学案例研究,《中国电化教育》第 3 期。
李绿山、赵　蔚、刘红霞(2020)基于滞后序列分析的移动英语学习行为研究,《外语电化教学》第 5 期。
李亚男(2021)《基于 IFIAS 系统的一对一线上口语教学互动研究》,北京外国语大学硕士学位论文。
李宇明、李秉震、宋　晖等(2020)"新冠疫情下的汉语国际教育:挑战与对策"大家谈(上),《语言教学与研究》第 4 期。
史金生、王璐菲(2021)新冠疫情背景下高校留学生线上汉语教学调查研究,《语言教学与研究》第 4 期。
王　觅、文欣远、李宁宁、陈焕东(2020)大单元教学视角下基于 LSA 的同步课堂师生交互行为研究,

《电化教育研究》第 8 期。
吴怍、蔡慧英(2015)实境学习:让学习在学习者的手中和脑中同时发生——访澳大利亚莫道克大学教授扬·哈灵顿博士,《现代远程教育研究》第 5 期。
肖锐、赵晶(2021)后疫情时代线上汉语教学有效互动实现路径研究,《国际汉语教学研究》第 3 期。
祖晓梅(2009)汉语课堂的师生互动模式与第二语言习得,《语言教学与研究》第 1 期。
Bakeman, R. & Gottman, J. M. (1997) *Observing Interaction: An Introduction to Sequential Analysis*. Cambridge: Cambridge University Press.
Ellis, R. (1999) *Learning a Second Language through Interaction*. Amsterdam: John Benjamins Publishing Company.
Gass, S. M. (1988) Integrating Research Areas: A Framework for Second Language Studies. *Applied linguistics* 9(2): 198–217.
Hawks, I. K. (1987) Facilitativeness in Small Groups: A Process-Oriented Study Using Lag Sequential Analysis. *Psychological Reports* 61(3): 955–962.
Le, T. V., Nguyen, H., Tran, T. L. N., Nguyen, L., Nguyen, T. A., & Nguyen, M. T. (2022) The Interaction Patterns of Pandemic-Initiated Online Teaching: How Teachers Adapted. *System* 105(2–3): 102755.
Moore, M. G. (1989) Editorial: Three Types of Interaction. *American Journal of Distance Education* 3(2): 1–7.
Richards, J. C. & Lockhart, C. (1994) *Reflective Teaching in Second Language Classrooms*. Cambridge: Cambridge University Press.
Richards, J. C. & Schmidt, R. (1985/2010) *Longman Dictionary of Language Teaching and Applied Linguistics* (4th edtion). London: Longman.

(200062 上海,华东师范大学国际汉语文化学院)

《对外汉语研究》征稿启事

《对外汉语研究》由上海师范大学对外汉语学院主办,由商务印书馆出版,向国内外发行。本刊以"促进国内外对外汉语教学与研究,及时反映汉语教学与研究领域的最新成果和学术动态,全面提升对外汉语教学界的教学和科研队伍,为学术讨论、研究和理论创新提供平台"为宗旨。竭诚欢迎世界各地从事汉语研究和教学的学者、专家、教师、研究生围绕以上栏目及相关内容给《对外汉语研究》赐稿!

栏目设置:

作为第二语言的汉语本体研究;语言测试研究;语言学习理论;汉语作为第二语言的习得与认知;中外汉语教学的历史与现状;语言文化教学;对外汉语学科教学论;教材建设;对外汉语教育技术;学术评论和学术动态等。本刊特别欢迎论证充分、材料翔实,联系实际的新观点、新成果。

来稿注意事项:

1. 字数:论文以 8 000 字左右为宜,重要文章可作适当调整。
2. 题目、摘要和关键词:摘要一般不超过 200 字,关键词一般不超过 5 个。
3. 例句:

例句全部用小五号宋体,用(1)(2)(3)……统一编号,按顺序排列,并在例句后面用小括号注明出处。

4. 注文:注文一律采用脚注,用①②③……编号。
5. 参考文献:

例如:马箭飞(2001)以"交际任务"为基础的汉语短期强化教学教材设计,《对外汉语教学与教材研究论文集》,华语教学出版社。

沈家煊(1994)"语法化"研究综观,《外语教学与研究》第 4 期。

朱德熙(1982)《语法讲义》,商务印书馆。

Wilkins, D. A. (1976) *National Syllabuses*, Oxford University Press.

6. 投稿要求:来稿请以 WORD.DOC 格式用 E-mail 通过附件的方式发送至本刊编辑部。详细的格式、体例请参看本刊近期文献。

7. 来稿时写明:作者姓名,工作单位,通信地址(含邮政编码),联系电话,E-mail 地址和主要研究方向等内容。

8. 来稿审读时间一般为 6 个月,6 个月内未接到用稿通知,可自行处理。

《对外汉语研究》编辑部
邮政编码:200234
地址:上海市桂林路 100 号上海师范大学对外汉语学院
电话:021-64328691;电子信箱:dwhyyj@shnu.edu.cn
联系人:杜轶

图书在版编目(CIP)数据

对外汉语研究. 第27期/上海师范大学《对外汉语研究》编委会编. —北京:商务印书馆,2023
ISBN 978-7-100-22270-9

Ⅰ. ①对… Ⅱ. ①上… Ⅲ. ①汉语—对外汉语教学—教学研究—文集 Ⅳ. ①H195.3-53

中国国家版本馆 CIP 数据核字(2023)第 057539 号

权利保留,侵权必究。

DUÌWÀI HÀNYǓ YÁNJIŪ

对 外 汉 语 研 究

第 二 十 七 期

上海师范大学《对外汉语研究》编委会 编

商 务 印 书 馆 出 版
(北京王府井大街36号 邮政编码100710)
商 务 印 书 馆 发 行
北京虎彩文化传播有限公司印刷
ISBN 978-7-100-22270-9

2023年5月第1版	开本787×1092 1/16
2023年5月北京第1次印刷	印张14½

定价:78.00元